Sociologia brasileira

SÉRIE ESTUDOS DE FILOSOFIA

intersaberes

Sociologia brasileira

2ª edição

André Marega Pinhel
Benno Warken Alves

inter saberes

Rua Clara Vendramin, 58 . Mossunguê
CEP 81200-170 . Curitiba . PR . Brasil
Fone: (41) 2106-4170
www.intersaberes.com
editora@intersaberes.com

Editora-chefe
Lindsay Azambuja

Gerente editorial
Ariadne Nunes Wenger

Assistente editorial
Daniela Viroli Pereira Pinto

Edição de texto
Monique Francis Fagundes Gonçalves

Capa
Sílvio Gabriel Spannenberg (*design*)
matakeris.creative/Shutterstock (imagem)

Projeto gráfico
Bruno Palma e Silva
Sílvio Gabriel Spannenberg (*design*)
clivewa/Shutterstock (imagens)

Diagramação
Estúdio Nótua

Designer *responsável*
Sílvio Gabriel Spannenberg

Iconografia
Maria Elisa de Carvalho Sonda

Dados Internacionais de Catalogação na Publicação (CIP)
(Câmara Brasileira do Livro, SP, Brasil)

Pinhel, André Marega
Sociologia brasileira / André Marega Pinhel, Benno Warken Alves. -- 2. ed. -- Curitiba, PR : InterSaberes, 2025. -- (Série estudos de filosofia)

Bibliografia.
ISBN 978-85-227-1463-6

1. Antropologia 2. Economia 3. Política 4. Sociologia – Brasil I. Alves, Benno Warken. II. Título. III. Série.

24-221210 CDD-301.0981

Índices para catálogo sistemático:
1. Brasil: Sociologia 301.0981

Cibele Maria Dias – Bibliotecária – CRB-8/9427

1ª edição, 2019.
2ª edição, 2025.

Foi feito o depósito legal.

sumário

prefácio

Sociologia ou pensamento social brasileiro? De fato, a denominação *sociologia brasileira* poderia remeter-nos, num primeiro momento, a estudos sociológicos de vários matizes teóricos feitos em nossa sociedade. Já a expressão *pensamento social brasileiro* nos remete a uma questão mais específica: Como as ciências sociais construíram a visão hegemônica de Brasil ao longo de nossa história republicana? E a quantas anda o debate em torno desse tema? Aqui, não entra apenas uma sociologia do Brasil, mas também estudos antropológicos e políticos. Temos de levar em conta a dificuldade em situar os primeiros estudiosos, como Nina Rodrigues e Arthur Ramos, em algumas dessas áreas. Originalmente, foram pesquisadores na Escola de Medicina da Bahia; porém, tornaram-se referência obrigatória para um campo de pesquisa totalmente distinto – e novo – no país.

Os temas desse pensamento social sobre o Brasil (povo, nação e raça) são recorrentes, exigindo um esforço intelectual não apenas para defini-los, mas também para criá-los na prática, dentro de um Estado nacional republicano em formação. Assim, o próprio Estado, a constituição da sociedade de classes, as distinções raciais, tudo o que formaria ou deveria formar a nação brasileira tornou-se objeto desse pensamento sociológico.

Este livro está muito bem dividido em capítulos, replicando divisões didáticas para aulas. Inclui leituras e atividades complementares, elaboradas para pensar temas relevantes para o Brasil. Uma análise fundamental tem como foco o projeto da grande imigração europeia, que veio "branquear" o Brasil. As consequências dessa iniciativa são percebidas até hoje, em campos como a identidade nacional e o reconhecimento étnico. Influenciou ainda a dinâmica do racismo brasileiro, a constituição da sociedade de classes, o capitalismo nacional, além de produzir transformações no campo religioso.

Este livro também expõe os grandes eixos de nossa vida política, considerando as distinções iniciais entre civilização e primitividade que, depois, direcionaram-se para o tema do desenvolvimento nacional. Ao serem acompanhados na ordem em que estão apresentados, os capítulos abordam tanto o estudo da sociedade republicana brasileira quanto a sua história, num exercício intelectual bastante promissor.

Sociologia brasileira apresenta uma reflexão atualizada sobre a história mais recente do Brasil: o período ditatorial, a redemocratização dos anos

1980 e as transformações a partir da década de 1990 que culminaram no momento atual, no início do século XXI. São novos tempos com velhas questões a serem atualizadas, tais como as noções de raça vigentes no país. Felizmente, há entidades como o Movimento Negro Unificado (MNU), que nos conduzem a uma revisão conceitual e política dessa questão. De forma semelhante, os movimentos indígenas questionam a noção de etnia em virtude das novas mobilizações por terra, língua e religião. E como pensar, contemporaneamente, os conceitos de classe, raça e etnia sem falar das relações de gênero? Os temas tradicionais da sociologia abrem cada vez mais espaço para questões contemporâneas: o trabalho, o emprego e o desemprego, as políticas salariais e previdenciárias, o mercado, as dinâmicas sociais do mercado de trabalho e as diversas facetas da economia de mercado implantadas no Brasil. Para o seu devido entendimento, é preciso conhecer tais questões e os estudos que as envolvem. Com este livro, o estudante poderá orientar-se em seus primeiros passos rumo à compreensão sociológica do Brasil.

A obra termina propondo um interessante exercício autobiográfico para o leitor. De fato, depois de um contato inicial com as questões históricas e estruturais da vida brasileira, nada melhor que refletir, a partir da história familiar e pessoal, sobre o lugar do indivíduo (ou seja, você) dentro dela.

A todos que se aventurarem por esses caminhos, desejo uma boa e satisfatória jornada!

Marcos Silva da Silveira

Antropólogo

Universidade Federal do Paraná

Departamento de Antropologia

Programa de Pós-Graduação em Antropologia

apresentação

Nesta publicação, você encontrará um quadro geral do conteúdo de sociologia brasileira, seus principais debates, conceitos e contexto histórico. Trata-se de um desafio significativo, dada a riqueza e originalidade do pensamento sociológico nacional. O ponto de partida será a compreensão da sociologia produzida no Brasil, seu desenvolvimento como disciplina e a evolução de sua agenda de pesquisa. Esses fatores estão inseridos em um campo de estudos mais amplo e interdisciplinar: o pensamento social brasileiro. Em outras palavras, buscaremos esclarecer como o desenvolvimento da teoria sociológica se articulou no âmbito de uma problemática interdisciplinar de pensar o povo brasileiro.

Tendo em vista esses objetivos, organizamos o conteúdo com base em uma combinação cronológica e temática. Reconhecemos a ordenação histórica e conjuntural dos debates sociológicos, porém identificamos igualmente a persistência de certos temas e problemas ao longo do tempo. Se partiremos dos clássicos rumo à produção contemporânea, será importante seguirmos um fio condutor, uma rede de conceitos-chave. Adotaremos, para isso, a relação entre os conceitos de raça, classe e povo, interpretando a forma como se articulam e embasam as formulações intelectuais sobre a nação brasileira, seu mito de origem e seu horizonte de destino.

Dessa forma, este livro é composto por cinco capítulos, além de uma introdução e um glossário. No primeiro capítulo, recuperaremos as discussões clássicas sobre a formação do povo brasileiro, desde o chamado *racismo científico* até os ensaístas da década de 1930. No segundo capítulo, abordaremos o surgimento da sociologia institucionalizada e sua crítica ao método histórico-ensaístico da geração anterior. No capítulo seguinte, apresentaremos a solução sociológica para o problema do desenvolvimento econômico nacional e as implicações da inserção do país numa economia de mercado global. Chegando ao quarto capítulo, trataremos da redemocratização do país e dos desafios para a Nova República. No último capítulo, examinaremos a produção contemporânea da sociologia brasileira, fazendo uma crítica aos conceitos clássicos próprios dessa disciplina.

Boa leitura!

Como aproveitar ao máximo este livro

Empregamos nesta obra recursos que visam enriquecer seu aprendizado, facilitar a compreensão dos conteúdos e tornar a leitura mais dinâmica. Conheça a seguir cada uma dessas ferramentas e saiba como estão distribuídas no decorrer deste livro para bem aproveitá-las.

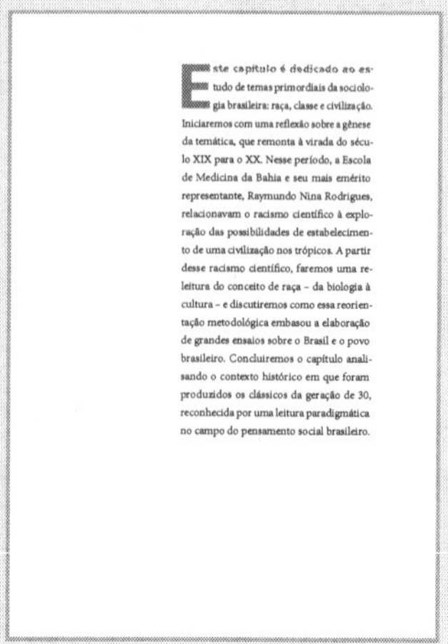

Este capítulo é dedicado ao estudo de temas primordiais da sociologia brasileira: raça, classe e civilização. Iniciaremos com uma reflexão sobre a gênese da temática, que remonta à virada do século XIX para o XX. Nesse período, a Escola de Medicina da Bahia e seu mais emérito representante, Raymundo Nina Rodrigues, relacionavam o racismo científico à exploração das possibilidades de estabelecimento de uma civilização nos trópicos. A partir desse racismo científico, faremos uma releitura do conceito de raça – da biologia à cultura – e discutiremos como essa reorientação metodológica embasou a elaboração de grandes ensaios sobre o Brasil e o povo brasileiro. Concluiremos o capítulo analisando o contexto histórico em que foram produzidos os clássicos da geração de 30, reconhecida por uma leitura paradigmática no campo do pensamento social brasileiro.

Introdução do capítulo

Logo na abertura do capítulo, informamos os temas de estudo e os objetivos de aprendizagem que serão nele abrangidos, fazendo considerações preliminares sobre as temáticas em foco.

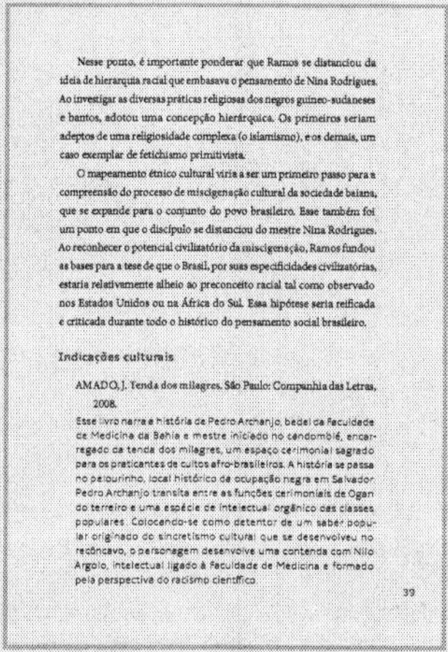

Nesse ponto, é importante ponderar que Ramos se distanciou da ideia de hierarquia racial que embasava o pensamento de Nina Rodrigues. Ao investigar as diversas práticas religiosas dos negros guineo-sudaneses e bantos, adotou uma concepção hierárquica. Os primeiros seriam adeptos de uma religiosidade complexa (o islamismo), e os demais, um caso exemplar de fetichismo primitivista.

O mapeamento étnico cultural viria a ser um primeiro passo para a compreensão do processo de miscigenação cultural da sociedade baiana, que se expande para o conjunto do povo brasileiro. Esse também foi um ponto em que o discípulo se distanciou do mestre Nina Rodrigues. Ao reconhecer o potencial civilizatório da miscigenação, Ramos fundou as bases para a tese de que o Brasil, por suas especificidades civilizatórias, estaria relativamente alheio ao preconceito racial tal como observado nos Estados Unidos ou na África do Sul. Essa hipótese seria reificada e criticada durante todo o histórico do pensamento social brasileiro.

Indicações culturais

AMADO, J. Tenda dos milagres. São Paulo: Companhia das Letras, 2008.

Esse livro narra a história de Pedro Archanjo, bedel da Faculdade de Medicina da Bahia e mestre iniciado no candomblé, encarregado da tenda dos milagres, um espaço cerimonial sagrado para os praticantes de cultos afro-brasileiros. A história se passa no pelourinho, local histórico de ocupação negra em Salvador. Pedro Archanjo transita entre as funções cerimoniais de Ogan do terreiro e uma espécie de intelectual orgânico das classes populares. Colocando-se como detentor de um saber popular originado do sincretismo cultural que se desenvolveu no recôncavo, o personagem desenvolve uma contenda com Nilo Argolo, intelectual ligado à Faculdade de Medicina e formado pela perspectiva do racismo científico.

39

Indicações culturais

Para ampliar seu repertório, indicamos conteúdos de diferentes naturezas que ensejam a reflexão sobre os assuntos estudados e contribuem para seu processo de aprendizagem.

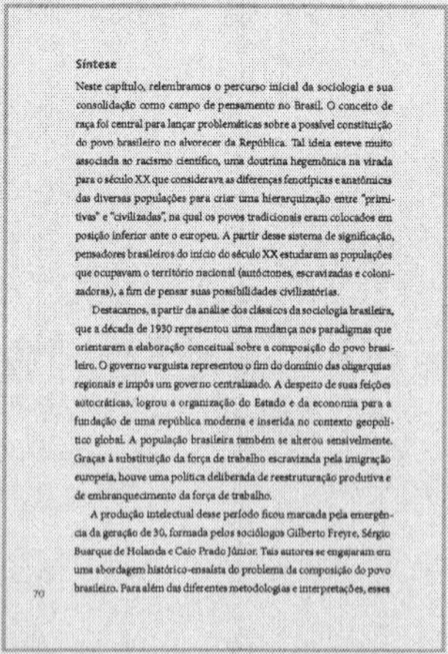

Síntese

Neste capítulo, relembramos o percurso inicial da sociologia e sua consolidação como campo de pensamento no Brasil. O conceito de raça foi central para lançar problemáticas sobre a possível constituição do povo brasileiro no alvorecer da República. Tal ideia esteve muito associada ao racismo científico, uma doutrina hegemônica na virada para o século XX que considerava as diferenças fenotípicas e anatômicas das diversas populações para criar uma hierarquização entre "primitivas" e "civilizadas", na qual os povos tradicionais eram colocados em posição inferior ante o europeu. A partir desse sistema de significação, pensadores brasileiros do início do século XX estudaram as populações que ocupavam o território nacional (autóctones, escravizadas e colonizadoras), a fim de pensar suas possibilidades civilizatórias.

Destacamos, a partir da análise dos clássicos da sociologia brasileira, que a década de 1930 representou uma mudança nos paradigmas que orientaram a elaboração conceitual sobre a composição do povo brasileiro. O governo varguista representou o fim do domínio das oligarquias regionais e impôs um governo centralizado. A despeito de suas feições autocráticas, logrou a organização do Estado e da economia para a fundação de uma república moderna e inserida no contexto geopolítico global. A população brasileira também se alterou sensivelmente. Graças à substituição da força de trabalho escravizada pela imigração europeia, houve uma política deliberada de reestruturação produtiva e de embranquecimento da força de trabalho.

A produção intelectual desse período ficou marcada pela emergência da geração de 30, formada pelos sociólogos Gilberto Freyre, Sérgio Buarque de Holanda e Caio Prado Júnior. Tais autores se engajaram em uma abordagem histórico-ensaísta do problema da composição do povo brasileiro. Para além das diferentes metodologias e interpretações, esses

70

Síntese

Ao final de cada capítulo, relacionamos as principais informações nele abordadas a fim de que você avalie as conclusões a que chegou, confirmando-as ou redefinindo-as.

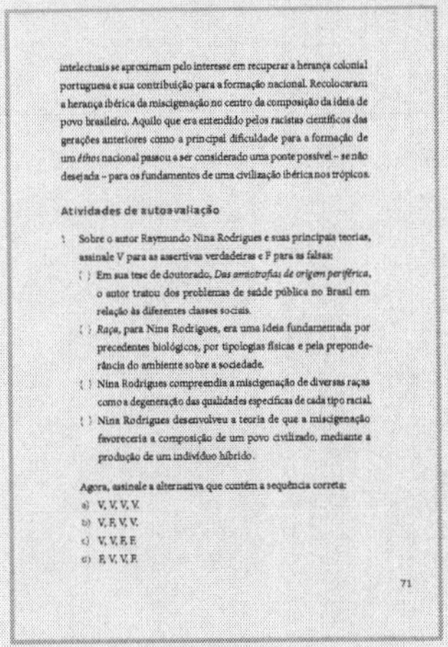
intelectuais se aproximam pelo interesse em recuperar a herança colonial portuguesa e sua contribuição para a formação nacional. Recolocaram a herança ibérica da miscigenação no centro da composição da ideia de povo brasileiro. Aquilo que era entendido pelos racistas científicos das gerações anteriores como a principal dificuldade para a formação de um *éthos* nacional passou a ser considerado uma ponte possível – se não desejada – para os fundamentos de uma civilização ibérica nos trópicos.

Atividades de autoavaliação

1. Sobre o autor Raymundo Nina Rodrigues e suas principais teorias, assinale V para as assertivas verdadeiras e F para as falsas:
   ( ) Em sua tese de doutorado, *Das amiotrofias de origem periférica*, o autor tratou dos problemas de saúde pública no Brasil em relação às diferentes classes sociais.
   ( ) *Raça*, para Nina Rodrigues, era uma ideia fundamentada por precedentes biológicos, por tipologias físicas e pela preponderância do ambiente sobre a sociedade.
   ( ) Nina Rodrigues compreendia a miscigenação de diversas raças como a degeneração das qualidades específicas de cada tipo racial.
   ( ) Nina Rodrigues desenvolveu a teoria de que a miscigenação favoreceria a composição de um povo civilizado, mediante a produção de um indivíduo híbrido.

   Agora, assinale a alternativa que contém a sequência correta:
   a) V, V, V, V.
   b) V, F, V, V.
   c) V, V, F, F.
   d) F, V, V, F.

71

Atividades de autoavaliação

Apresentamos estas questões objetivas para que você verifique o grau de assimilação dos conceitos examinados, motivando-se a progredir em seus estudos.

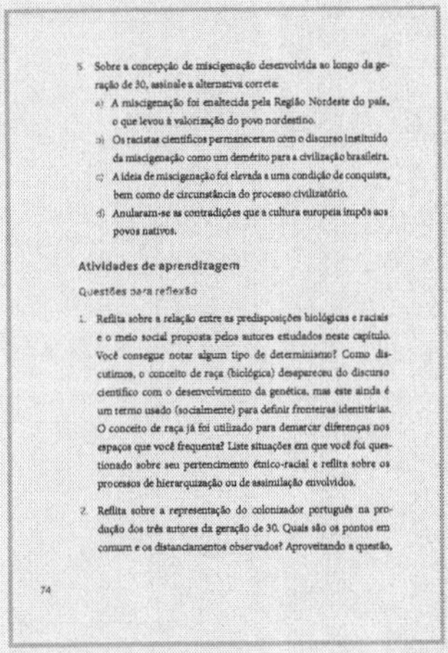
5. Sobre a concepção de miscigenação desenvolvida ao longo da geração de 30, assinale a alternativa correta:
   a) A miscigenação foi enaltecida pela Região Nordeste do país, o que levou à valorização do povo nordestino.
   b) Os racistas científicos permaneceram com o discurso instituído da miscigenação como um demérito para a civilização brasileira.
   c) A ideia de miscigenação foi elevada a uma condição de conquista, bem como de circunstância do processo civilizatório.
   d) Anularam-se as contradições que a cultura europeia impôs aos povos nativos.

Atividades de aprendizagem

Questões para reflexão

1. Reflita sobre a relação entre as predisposições biológicas e raciais e o meio social proposta pelos autores estudados neste capítulo. Você consegue notar algum tipo de determinismo? Como discutimos, o conceito de raça (biológica) desapareceu do discurso científico com o desenvolvimento da genética, mas este ainda é um termo usado (socialmente) para definir fronteiras identitárias. O conceito de raça já foi utilizado para demarcar diferenças nos espaços que você frequenta? Liste situações em que você foi questionado sobre seu pertencimento étnico-racial e reflita sobre os processos de hierarquização ou de assimilação envolvidos.
2. Reflita sobre a representação do colonizador português na produção dos três autores da geração de 30. Quais são os pontos em comum e os distanciamentos observados? Aproveitando a questão,

74

Atividades de aprendizagem

Aqui apresentamos questões que aproximam conhecimentos teóricos e práticos a fim de que você analise criticamente determinado assunto.

bibliografia comentada

ARAÚJO, R. B. de. Guerra e paz: *Casa-grande & senzala* e a obra de Gilberto Freyre nos anos 30. São Paulo: Ed. 34, 2005.

O foco desse livro é a análise de *Casa-grande & senzala*, famosa obra de Gilberto Freyre situada no contexto das publicações do sociólogo nos anos 1930. A obra está dividida em duas partes: na primeira, o autor elenca os principais argumentos de *Casa-grande & senzala* e, na segunda, relaciona esses argumentos com as demais publicações do período, levantando questões paralelas

303

Bibliografia comentada

Nesta seção, comentamos algumas obras de referência para o estudo dos temas examinados ao longo do livro.

introdução

Em 2011, Lilia Moritz Schwarcz e André Botelho organizaram um dossiê para a revista *Lua Nova* sobre a pesquisa e o ensino no campo do pensamento social brasileiro. A publicação chamou atenção pelo interesse em estudar a história dos intelectuais que se ocuparam em pensar a nação. A diversidade temática dos textos contrastava com certa tradição acadêmica, quase sempre voltada a grandes narrativas e interpretações sobre o Brasil. Nessas abordagens, as idiossincrasias locais ou regionais, caso sejam consideradas, ocupam um modesto segundo plano. Seria esse relance de criatividade o suficiente para sepultar abordagens e problemas clássicos do pensamento social brasileiro, antes tão fundamentais para a constituição das ciências sociais em geral e da sociologia em particular?

O dossiê apresenta várias informações para pensarmos a atualidade dessas discussões. É digno de nota um pequeno ***survey*** realizado com um grupo de 12 acadêmicos, vinculados a diversas instituições de ensino, como Sérgio Miceli (USP), Luiz Werneck Vianna (IUPERJ) e Lúcia Lippi Oliveira (FGV). O grupo, formado por alguns dos principais historiadores das ideias e dos intelectuais brasileiros, foi submetido a um questionário com cinco perguntas abertas, que inquiriram sobre as especificidades acadêmicas, teóricas e metodológicas de suas atuações no campo do pensamento social brasileiro.

A análise das respostas sugere uma constante que queremos aqui destacar. Os acadêmicos afirmam, majoritariamente, que o pensamento social é uma área interdisciplinar. É comum a menção à importância do pensamento sobre o **povo** brasileiro para a formação das três áreas das ciências sociais – antropologia, ciência política e sociologia – e também para a composição de outras disciplinas das ciências humanas, como a história e a filosofia. A economia é mencionada com menos regularidade, sendo por vezes entendida como uma disciplina que adotou "princípios mais formalistas, mais calcados em modelos que tomam o indivíduo como centro de decisões racionais" (Schwarcz; Botelho, 2011, p. 145). Ou seja, os resultados do *survey* indicam que, para esses intelectuais, só é possível estudar o desenvolvimento da sociologia brasileira como área afiliada a um campo envolvente e plurimetodológico.

As respostas também refletem uma tendência latente de especialização nas ciências sociais, em que as diversas áreas desenvolvem abordagem metodológica e escopo conceitual próprios. Apesar disso, o chamado *campo do pensamento social brasileiro* parece, de fato, ter resguardado certa interdisciplinaridade: submete-se constantemente aos clássicos da disciplina, dialogando com autores que escreviam sem os rígidos receituários técnico-burocráticos de cada disciplina (uma postura que as instituições contemporâneas de fomento à pesquisa científica vão tolher quase até a extinção). Como então conciliar o desenvolvimento conceitual intrínseco da sociologia e recuperar a tradição interdisciplinar do campo do pensamento social brasileiro em um programa de ensino?

Para este livro, buscamos inspiração na tradição do pensamento social, promovendo um diálogo muito intenso entre a sociologia e a antropologia, a economia e a história. A antropologia aparecerá em momentos-chave do programa, como no realinhamento metodológico do conceito de **raça** para o conceito de cultura – trunfo conceitual que consagrou a geração de 30, resguardadas as críticas e idiossincrasias relativas a cada autor. A conexão com essa área também se manifestará nos estudos de **comunidade**, nos quais percebemos um método de pesquisa intimamente relacionado ao trabalho de campo e à pesquisa etnográfica – terrenos férteis para o pensar antropológico. Por fim, reencontraremos a antropologia no estudo das manifestações religiosas afro-brasileiras, um campo de pesquisa fundamental para analisar fenômenos culturais como a aculturação e o sincretismo, que atraíram a atenção da sociologia ao longo do século passado.

Frequentemente, a história e a economia assumem importância central no desenvolvimento dos problemas sociológicos. Não é mero formalismo didático situar os autores e as ideias em seu contexto. Entendemos que os objetos de estudo estão subordinados a determinados períodos históricos. Por vezes, a própria sociologia se volta para a história, buscando no passado as ferramentas para melhor compreender o presente.

Em outros momentos, concentra-se em questões da atualidade, principalmente quando estas parecem exigir atenção urgente. Em ambos os casos, o olhar é direcionado pela consciência dos problemas. A busca por respostas aponta ora para o passado, ora para o presente. Se, em alguns pontos, este livro soar como uma contínua reavaliação do passado, o melhor modo de aproveitá-lo será manter-se duplamente atento. Primeiro, convém prestar atenção à própria história em discussão: estruturas, agentes, processos de mudança, possibilidades e hipóteses explicativas. Em segundo lugar, é preciso questionar por que elementos do passado são tidos como importantes para compreender contextos contemporâneos.

A sociologia também encontrará pontos de contato com a economia. Em algumas passagens, como no Capítulo 3, a convergência ficará muito evidente. Na década de 1950, ambas se dedicaram a formular um modelo de desenvolvimento econômico e social baseado na ação modernizadora do Estado nacional. Consolidou-se um conjunto de ideias e, a partir delas, de forças políticas a nortear toda a história brasileira desde então. A relação entre as duas áreas, portanto, extrapola o utilitarismo metodológico e coloca-se como um campo fértil para discutir o papel do conhecimento acadêmico na construção de uma sociedade mais justa, próspera e igualitária. Não é à toa que vários dos problemas ressurgirão, renovados, no Capítulo 5. Nessa parte, abordaremos a retomada recente de um projeto de desenvolvimento nacional, bem como as transformações e reações que impulsionou. Discutiremos conceitos essenciais da economia e utilizaremos recursos metodológicos típicos dessa disciplina, como gráficos e tabelas.

Raça, classe e povo: conceitos atados pela sociologia brasileira

Precisávamos, então, de um fio condutor conceitual para amarrar nossa matriz interdisciplinar, organizando problemas de pesquisa e os respectivos debates. Nossa escolha foi o conceito de **raça**, motivada pelo conhecido artigo de Antonio Sérgio Guimarães intitulado "Como trabalhar com 'raça' em sociologia". O texto foi publicado na revista *Educação e Pesquisa* em 2003, um período paradigmático para a luta antirracista no Brasil. Nesse ano, a Universidade de Brasília (UnB) se tornou a primeira instituição de ensino superior (IES) a implementar um sistema de cotas raciais. Na medida em que os programas de cotas se expandiram para outras universidades, o debate sobre a adoção das políticas de ação afirmativa deixou de ser somente acadêmico, alcançando também a mídia e o Poder Judiciário.

Quando o Supremo Tribunal Federal (STF) sancionou a legalidade das cotas, em 2012, os "dogmas" raciais mais arraigados da sociedade brasileira pareciam ter sido abalados em suas estruturas. A universidade reagiu com a mesma intensidade, polarizando as posições contrárias e favoráveis acerca dessas políticas. A discussão sobre o conceito de raça foi reaberta, exigindo perspicácia dos acadêmicos que pesquisavam as relações raciais no Brasil. Houve ainda um efeito secundário positivo: o debate conduziu o interesse de uma geração de cientistas sociais para os problemas clássicos do pensamento social brasileiro.

Em um contexto acadêmico conturbado, o artigo de Antonio Sérgio Guimarães foi uma referência essencial para os jovens cientistas sociais em formação. O texto apresenta uma análise didática e acessível do conceito de raça, considerando sua utilização para a ciência em geral e para a sociologia em particular. O autor lembra que esse conceito desapareceu do discurso científico à medida que os avanços da biologia demonstraram não haver diferenciação biológica suficiente no *pool* genético da espécie humana para admitir uma diferenciação em subespécies. Apesar disso, aponta ele, *raça* continua sendo utilizado como um conceito **nativo**, recuperado para demarcar semelhanças e diferenças entre grupos humanos. Ou seja, o discurso sobre a raça – como se vê no cotidiano da experiência cultural brasileira – é uma construção social e, como tal, deve ser estudado.

Sob essa ótica, Guimarães (2003, p. 96) complementa: "O que são raças para a sociologia, portanto? São discursos sobre as origens de um grupo, que usam termos que remetem à transmissão de traços fisionômicos, qualidades morais, intelectuais, psicológicas etc., pelo sangue (conceito fundamental para entender raças e certas essências)".

Essa seria, pois, a única maneira de a ciência conceber o conceito de *raça humana*: como um discurso nativo de origem de um determinado grupo. Esse tipo de discurso de origem – que atrela determinado grupo a uma característica física ou hábito cultural – informa a construção de comunidades humanas, como sugeriu Max Weber. Quando tais grupos se constituem em comunidades e passam a reivindicar, além da origem comum, um discurso de destino e autodeterminação política, estamos diante de um processo de formação de um horizonte de nação. Se a nação é o destino da comunidade, qual é a abstração de sua coletividade? Ou seja, o que significa **povo**?

> O povo é justamente o sujeito dessa comunidade imaginária de origem ou de destino, o conjunto das pessoas da comunidade: o povo de santo, o povo brasileiro, o povo baiano, o povo paulista. Nenhum povo existe sem a comunidade que lhe oferece uma origem ou um destino: o candomblé, o Brasil, a Bahia, São Paulo. (Guimarães, 2003, p. 97)

Ao tratarmos de uma sociologia que considera *povo* como uma categoria analítica, necessariamente estamos incluindo na análise esse

sujeito imaginado, produto de certa ordenação discursiva. O que os textos apresentados neste livro têm em comum – em maior ou menor medida – é uma preocupação analítica com o conceito de povo. Se tal concepção é imaginada e abstraída, parece se tornar concreta na medida em que o discurso letrado produz um corpo analítico e teórico para lhe dar forma. E, sendo a sociologia – ou o pensamento sociológico – um desses discursos, certamente se construiu como um domínio específico em que são discutidas as especificidades culturais do povo brasileiro.

Para entender a contiguidade entre o conceito de povo e a sociologia brasileira, é necessário inseri-la no processo econômico e histórico de constituição da nação brasileira, correlacionando-o ao desenvolvimento intrínseco da disciplina. Uma das questões a inaugurar as pesquisas sociológicas no Brasil – como veremos no Capítulo 1 – é a compreensão de como a origem e as características raciais atribuídas ao Brasil deram forma ao povo que sustentou a República em formação. Assim, a reflexão sociológica sobre o conceito de povo foi sendo modulada a partir das transformações que a República enfrentou (mudanças políticas e inserção numa economia capitalista de mercado) e da mudança de **paradigmas** que a disciplina vivenciou – da raça à cultura. A pergunta sobre a origem e o destino do povo brasileiro sempre esteve no fundo dessas reflexões, e gostaríamos que você refletisse sobre isso ao ler este livro.

Um último conceito importante para pensar a relação da sociologia brasileira com a formulação sobre o povo é o de **classe**. Sua definição foi fundamental para demarcar os contornos desse objeto abstrato de pesquisa – o povo –, especialmente após o advento da chamada Escola Paulista de Sociologia. No momento da emergência de uma sociologia que se pretendia científica, a principal referência para a formulação do conceito de classe recaía sobre a teoria marxista. Como sabemos, o marxismo posiciona um indivíduo em determinada classe a partir do lugar que ele ocupa na estrutura produtiva. Por muito tempo, a sociologia usou a classe como conceito analítico, visando entender a evolução histórica do país. No período escravocrata, por exemplo, não existiam classes, mas **estamentos**, sendo o período de formação das classes concomitante com a instauração de uma economia tipicamente capitalista.

O texto de Antonio Sérgio Guimarães nos convida a olhar *classe* para além de seu sentido analítico, percebendo também seu sentido nativo. Nessa abordagem, *classe* indicaria como determinado indivíduo se vê na estrutura produtiva. Portanto, não retrata necessariamente sua posição econômica estrita. É, sobretudo, uma representação identitária:

> Podemos pensar em classe em termos analíticos e em termos nativos. Analiticamente, podemos pensar classe como uma associação ou como uma comunidade. Quando pensamos classe como uma comunidade, geralmente é uma comunidade de destino, mas às vezes também pode ser uma comunidade de origem, pode ser um discurso igual a esses sobre raças, etnias etc. Alguns estudiosos (Thompson 1958; Pzreworski 1977; Burawoy 1979; Wright 1985), com os quais simpatizo muito, trabalham com a ideia de formação de classe, justamente para dizer que a classe, enquanto comunidade, está sempre em processo de formação ou dissolução, ela nunca é permanente; porque, para criar essa comunidade, precisa-se criar um discurso de origem ou um discurso de destino. Ou seja, construir uma comunidade de destino ou a comunidade de origem exige tempo, história, política – não é algo que se faça automaticamente. (Guimarães, 2003, p. 98)

Queremos que você, leitor, tenha em mente a distinção entre os usos analíticos e nativos destes três conceitos: raça, classe e povo. Como eles aparecem em sua formação individual? Como eram utilizados em diversos espaços de convivência, como trabalho e vida familiar? Tais usos nativos se aproximam ou se distanciam do sentido analítico formulado pela sociologia? Essas perguntas devem nortear sua leitura. Ao final do estudo, esperamos que você esteja um pouco mais próximo da resolução.

Como usar este livro

Estamos reproduzindo ou derivando certas operações próprias do pensamento sociológico, como estudar conceitos e sua inserção em debates, conjunturas históricas e políticas específicas. Nesse sentido, este livro é mais guia que manual. O conteúdo analisado é apenas uma trilha que julgamos essencial a todo percurso de reflexões teóricas sobre o povo brasileiro.

Em alguns momentos, foi necessário resumir argumentos complexos em poucas páginas. Nesses casos, a discussão pode ser aprofundada com a consulta à bibliografia original e suplementar. As referências encontram-se ao final do livro, e boa parte desse material está disponível *on-line*.

Além disso, como mencionamos anteriormente, nossa temática depende de outros campos de produção intelectual, o que também inclui manifestações artísticas e culturais. Esperamos que você sempre atente às indicações culturais ao longo dos capítulos.

As atividades ao fim de cada capítulo complementam o projeto, inserindo a discussão sociológica em nossa vida. Construímos o livro de modo a encorajar o leitor a articular os conceitos a sua própria trajetória formativa. A sociologia acadêmica é uma ferramenta, mas as conexões com a experiência cotidiana dependem da "imaginação sociológica" de cada um.

Ao final do livro, disponibilizamos um glossário, e as palavras que o compõem estão grifadas em **negrito** em sua primeira ocorrência no texto, a contar desta seção introdutória. A intenção é apresentar brevemente no glossário o termo utilizado para desenvolver determinado argumento. A definição instrumental desses termos é embasada em dicionários de termos de ciências sociais e na própria bibliografia utilizada neste volume. Algumas definições, no entanto, podem divergir da fundamentação adotada. Use-as como uma referência ou inspiração para o prosseguimento da leitura e procure explicações mais elaboradas sempre que sentir necessidade.

Ao longo do texto, fazemos uso de uma série de elementos de compreensão, tais como organogramas, tabelas, imagens, gráficos e boxes. Ao se deparar com esses elementos, redobre a atenção. Esses recursos quase sempre sintetizam contextos ou argumentações detalhadas no corpo do texto. Sempre que possível, redija notas explicativas em um fichamento. Tenha em mente que produzir um bom esquema para destacar os principais pontos de um texto e sistematizar as ideias ali encontradas vale tanto quanto a própria leitura.

Bons estudos!

1 Uma nação, uma raça e um povo: primeiros passos para a constituição de um pensamento sociológico brasileiro

André Marega Pinhel

Este capítulo é dedicado ao estudo de temas primordiais da sociologia brasileira: raça, classe e civilização. Iniciaremos com uma reflexão sobre a gênese da temática, que remonta à virada do século XIX para o XX. Nesse período, a Escola de Medicina da Bahia e seu mais emérito representante, Raymundo Nina Rodrigues, relacionavam o racismo científico à exploração das possibilidades de estabelecimento de uma civilização nos trópicos. A partir desse racismo científico, faremos uma releitura do conceito de raça – da biologia à cultura – e discutiremos como essa reorientação metodológica embasou a elaboração de grandes ensaios sobre o Brasil e o povo brasileiro. Concluiremos o capítulo analisando o contexto histórico em que foram produzidos os clássicos da geração de 30, reconhecida por uma leitura paradigmática no campo do pensamento social brasileiro.

1.1
Uma raça para pensar o povo brasileiro

Nosso percurso pela sociologia brasileira começa pela retomada das questões que motivaram os primeiros estudos sociais sistematizados do país. Nesse primeiro momento, buscava-se pensar o povo brasileiro, suas especificidades demográficas, culturais e históricas. Desembarcamos nas primeiras décadas do século XIX e percebemos um contexto social agitado por transformações sociais e políticas, como a abolição da escravidão e a proclamação da república. Ainda que, por vezes, a dimensão dessas transformações seja relativizada e elas sejam caracterizadas como movimentos desencadeados pelas elites, é inegável que lançaram questões fundamentais sobre o futuro da jovem república, tais como: Quais seriam os elementos socioculturais próprios do povo brasileiro? Seriam esses elementos condizentes com o estabelecimento de uma sociedade civilizada nos trópicos?

Arbitrariamente, podemos situar a origem da história do pensamento social no Brasil em estudos sistematizados sobre **raça** desenvolvidos pela Faculdade de Medicina da Bahia. Destacamos a vida e a obra de Raymundo Nina Rodrigues, antropólogo, físico e médico legista. Ao longo da carreira, estudou perfis criminosos, associando-os a tipologias raciais. Nina Rodrigues representa a ambiguidade interpretativa que pretendemos explorar: ora é visto como representante do racismo científico sistemático próprio da época, ora é entendido como um representante da gestação do pensamento racista nacional.

Em primeiro lugar, é importante lembrar que a obra de Nina Rodrigues é fruto do **racismo científico**, uma **episteme** científica internacional que, no caso dele, mistura-se ao contexto político do Brasil daquele período. As publicações iniciais de Nina Rodrigues concorreram com o início da República brasileira e seus efeitos: a implantação de um sistema político moderno e de uma economia baseada no trabalho livre e assalariado e as transformações sociais que acarretaram. Essas influências são percebidas, principalmente, em sua tese de doutorado *Das amiotrofias de origem periférica*, um tratado sobre os problemas de saúde pública das populações periféricas.

Nina Rodrigues estudava as mazelas biológicas do povo brasileiro no momento em que a elite política brasileira fundava todo o aparato ideológico que daria corpo à moderna república, como a flâmula brasileira e os heróis nacionais. A pergunta sobre a natureza e as particularidades do povo a ser identificado por esses símbolos era latente. A discussão sobre a raça do brasileiro promovida por Nina Rodrigues se encaixava perfeitamente nessa busca por um conceito de povo.

Antes de prosseguir, é importante esclarecer em que termos o conceito de raça era imaginado e aplicado. Não havia, ainda, uma divisão bem delimitada entre a influência dos meios naturais/biológicos e das disposições sociais para a constituição de determinada sociedade. Ambos os campos eram pensados como concorrentes e determinantes. A biologia em geral e a genética em particular não haviam chegado a um patamar de conhecimento aprofundado sobre as diferenças fenotípicas. As características aparentes dos indivíduos eram tomadas como evidências da existência de subespécies humanas, uma concepção que só seria completamente desconstruída em meados da década de 1950, com a descoberta da molécula de DNA.

Esse pensamento era complementar à tese amplamente aceita do **evolucionismo social**, que hierarquizava as sociedades coexistentes em um mesmo tempo histórico em escalas de desenvolvimento cognitivo e civilizatório. Os povos nativos e indígenas se encontrariam nos estágios mais inferiores, enquanto os povos europeus se situariam nos mais avançados. O conceito de raça estava em função dessa hierarquia de humanidade, atribuindo-se a determinadas características fenotípicas – cor da pele e textura do cabelo, por exemplo – o *status* de marcador de complexidade social. O europeu caucasiano, de cabelos lisos e nariz fino, representaria uma raça superior, o que legitimaria sua **dominação** sobre as demais.

A ideia de raça explorada por Nina Rodrigues era fundamentada em precedentes biológicos, em tipologias físicas e na preponderância do ambiente sobre a sociedade – preceitos típicos da antropologia criminal da época. Trata-se de um esquema de pesquisa e de uma concepção metodológica que se utilizam de padrões corporais, como medições anatômicas, inscrições corporais e tipologias fenotípicas, para estabelecer padrões e correlações e, com base nessas observações, analisar fatos sociais, como o crime e a pobreza. Tal **metodologia** foi desenvolvida pelo antropólogo italiano Cesare Lombroso para encontrar o criminoso original, ou seja, o indivíduo com predisposição biológica para a transgressão social. A admiração pelo antropólogo italiano conduziu o colega brasileiro na reflexão sobre a natureza do povo de seu país.

A importância de Nina Rodrigues para a trajetória do pensamento social no Brasil está na iniciativa, até então inédita, de sistematizar informações sobre a população brasileira, em especial negros e mestiços. Essa preocupação com o estudo sistemático do negro aparece em algumas passagens emblemáticas, como em sua obra mais conhecida, *Os africanos no Brasil*:

> Mas no Brasil não nos temos limitado a desprezar o conhecimento dos povos negros que tanto concorreram para a colonização deste país e a manter a mais completa ignorância sobre tudo que lhes diz respeito; vão se acreditando mesmo, entre nós, ideias errôneas sobre a procedência dos nossos negros, sobre o grau e as manifestações de suas culturas. (Rodrigues, 1976, p. 18)

Trata-se de uma pesquisa extensa, municiada com dados censitários do tráfico escravagista, observações *in loco* e documentações de controle sanitário. O pesquisador buscava entender, principalmente, a origem e as predisposições culturais dos negros trazidos ao Brasil. Assim, embora seu trabalho seja marcado pelo racismo científico – paradigma que não podemos mais reproduzir –, há em seus escritos o interesse de conhecer mais detalhadamente os elementos raciais que compuseram o *melting pot*[1] nacional. Em especial, interessava-lhe analisar quais eram os impactos da **miscigenação** desses diversos elementos étnicos na composição de um povo. Seria o indivíduo mestiço capaz de compor uma nação moderna e republicana ou o estabelecimento das sociedades estaria reservado às raças superiores?

O autor compreendia que a miscigenação de diversas raças concorreria para a degeneração das qualidades específicas de cada tipo racial, produzindo um indivíduo **híbrido** desprovido dos atributos biológicos para a constituição de um povo civilizado. É preciso reconhecer o impacto de tais afirmações ao se considerar que, no limiar da instauração da República, a **etnia** branca compunha apenas 44% da população[2], uma **demografia** resultante da maior e mais longeva empreitada escravista da história da humanidade.

Lançado no trabalho de Nina Rodrigues, o tema da miscigenação se tornou recorrente em diversas análises sociais pelas décadas seguintes. A tradição de estudar a população brasileira e suas especificidades étnicas teve prosseguimento com os trabalhos de Arthur Ramos de Araújo Pereira, médico, antropólogo e etnógrafo associado à mesma Escola de

1 O conceito de *melting pot* é utilizado por cientistas sociais como metáfora para a homogeneização de uma sociedade etnicamente heterogênea, com os elementos iniciais "derretendo" – *melting* – e transformando-se em um todo harmônico.

2 Segundo o Censo Demográfico (ver Capítulo 4).

Medicina da Bahia. Seu trabalho partiu da obra de Nina Rodrigues, com atenção especial aos dados de natureza etnográfica. Apesar de suas pesquisas serem mais reconhecidas e estudadas nos cursos de Antropologia, seus escritos sobre a cultura popular foram determinantes para a criação de um campo de estudos interdisciplinar sobre as especificidades do povo brasileiro. O trabalho de Arthur Ramos é marcado por uma abordagem que se distancia do racismo científico e estabelece o conceito de cultura como elemento central para a compreensão de tipologias sociais. Sua produção une uma perspectiva culturalista – embasada por estudos do folclore nacional – a uma abordagem psicanalítica. É uma obra vasta, fruto de intensa atuação na academia e na Administração Pública, da qual se destaca sua tese de doutorado, *Primitivo e loucura* (1926), e a obra *O negro brasileiro: etnografia religiosa e psicanálise* (1934).

É possível elencar duas inspirações teóricas para o deslocamento de *raça* para *cultura*: a influência da psicanálise de Sigmund Freud e a reflexão sobre mentalidade primitiva desenvolvida pelo filósofo Lucien Lévy-Bruhl. A psicanálise havia sido introduzida no Brasil na virada do século XIX para o XX por Juliano Moreira, mas permaneceu restrita a círculos especializados até meados de 1920. Arthur Ramos atuou como um difusor do pensamento psicanalítico, principalmente depois de se mudar para o Rio de Janeiro, em 1930, e trabalhar na Clínica de Ortofrenia e Higiene Mental. Correspondente de Freud, recebeu deste diversas cartas com orientações para pesquisas. Utilizando-se do arcabouço psicanalítico, Arthur Ramos interpretou as origens da paranoia em indivíduos civilizados como uma espécie de resíduo étnico, transmitido socialmente pelas lendas e crenças próprias do folclore, considerando o estabelecimento do que ele chamou de *inconsciente folclórico*:

> Além das modalidades várias do inconsciente, que se formam na vida individual, há outras que emigram do indivíduo, lhe são anteriores, ou se projetam fora dele.
>
> Assim é que para Jung, o espírito humano não pode ser considerado como um fato isolado, individual, porque de formação coletiva. Há um "inconsciente ancestral", ou "superinconsciente", formado de estratificações sucessivas que se depositaram no psiquismo humano no correr das idades. [...]
>
> A esse inconsciente impessoal que opera em função do tempo se junta outro, também impessoal, que perambula em estado atual, através da massa gregária. É o "inconsciente interpsíquico", que explica os fatos de intermentalidade, interpsicologia melhormente estudados na psicologia das multidões e nas psicoses gregárias. [...]
>
> Por uma questão didática, poder-se-iam englobar as duas noções num conceito único, o **inconsciente folclórico**, que faz lembrar não só as influências ancestrais, como as que sobem da massa gregária. (Ramos, 1926, citado por Gutman, 2007, p. 717-718, grifo do original)

A **dicotomia** entre primitivo e civilizado é uma constante na análise de Arthur Ramos. Essa ideia foi influenciada pela leitura de Lévy-Bruhl e seu conceito de mentalidade pré-lógica. Para o autor francês, os povos ditos primitivos seriam incapazes de distinguir entre a representação e os objetos concretos. Eles acreditavam que artefatos místicos conteriam em si a essência de divindades, uma postura que Lévy-Bruhl nomeou de *lei de participação*. A mentalidade pré-lógica não compreenderia que o objeto feito, ou **fetiche**, era resultado direto da ação humana, sendo incapaz de contradizer suas propriedades mágicas.

Debruçando-se sobre esse conceito e voltando-se para o "problema do negro" na década de 1930, Arthur Ramos interpretou as manifestações culturais afro-brasileiras – que documentou extensivamente com técnicas etnográficas – como uma reminiscência do pensamento pré-lógico, que coexistiria com o estabelecimento de uma sociedade em processo de **civilização**. O pesquisador aplicou diversas técnicas etnográficas para constatar a disseminação dessas práticas religiosas em todas as camadas da sociedade baiana, tendo como vetor o processo de aculturação e sincretismo religioso. Assim, ampliou a investigação para suas origens culturais e geográficas, traçando os fluxos do tráfico negreiro para determinar as regiões originárias da população africana que aqui aportou.

Como pesquisador, Arthur Ramos teve acesso ao Terreiro do Gantois (Figura 1.1), localizado na cidade de Salvador e tombado como patrimônio histórico brasileiro pelo Instituto do Patrimônio Histórico e Artítistico Nacional (Iphan) em 2002. Trata-se de um dos mais antigos espaços sagrados de prática do candomblé existentes no Brasil.

Figura 1.1 – Terreiro do Gantois

Edson Ruiz/Folhapress

Nesse ponto, é importante ponderar que Ramos se distanciou da ideia de hierarquia racial que embasava o pensamento de Nina Rodrigues. Ao investigar as diversas práticas religiosas dos negros guineo-sudaneses e bantos, adotou uma concepção hierárquica. Os primeiros seriam adeptos de uma religiosidade complexa (o islamismo), e os demais, um caso exemplar de fetichismo primitivista.

O mapeamento étnico cultural viria a ser um primeiro passo para a compreensão do processo de **miscigenação** cultural da sociedade baiana, que se expande para o conjunto do povo brasileiro. Esse também foi um ponto em que o discípulo se distanciou do mestre Nina Rodrigues. Ao reconhecer o potencial civilizatório da **miscigenação**, Ramos fundou as bases para a tese de que o Brasil, por suas especificidades civilizatórias, estaria relativamente alheio ao preconceito racial tal como observado nos Estados Unidos ou na África do Sul. Essa hipótese seria reificada e criticada durante todo o histórico do pensamento social brasileiro.

Indicações culturais

AMADO, J. **Tenda dos milagres**. São Paulo: Companhia das Letras, 2008.

Esse livro narra a história de Pedro Archanjo, bedel da Faculdade de Medicina da Bahia e mestre iniciado no candomblé, encarregado da tenda dos milagres, um espaço cerimonial sagrado para os praticantes de cultos afro-brasileiros. A história se passa no pelourinho, local histórico da ocupação negra em Salvador. Pedro Archanjo transita entre as funções cerimoniais de Ogan do terreiro e uma espécie de intelectual orgânico das classes populares. Colocando-se como detentor de um saber popular originado do sincretismo cultural que se desenvolveu no recôncavo, o personagem desenvolve uma contenda com Nilo Argolo, intelectual ligado à Faculdade de Medicina e formado pela perspectiva do racismo científico.

Além da belíssima representação dos fenômenos religiosos afro-brasileiros, o livro é importante por ilustrar a discussão que apresentamos neste capítulo: a recepção das teses racistas por certa intelectualidade local. Guarde essa chave histórica para ampliar sua leitura da obra. Tente perceber o viés que o autor constrói para interpretar esses fatos.

1.2 Imigração, branqueamento e as possibilidades para a formação da identidade nacional

Agora, passaremos a analisar textos e autores situados no calor das transformações históricas e sociais que o país viveu no início do período republicano. No campo acadêmico, a metodologia de análise social ganhava contornos propriamente sistemáticos. Desenvolviam-se conceitos especializados em espaços dedicados a pensar a realidade nacional. Contudo, a noção de raça frenológica e as concepções evolucionistas persistiam nos debates – um indicativo de que, embora as instituições políticas demonstrassem certo grau de modernização, o potencial civilizatório do povo em formação ainda era questionado por sua herança negra e mestiça.

A solução para o "problema do negro", emendada pelas elites nacionais, unia duas frentes de ação: apostar na imigração maciça de europeus, substituindo a força de trabalho escravizada pelo trabalho livre e assalariado, e, consequentemente, embranquecer a força de trabalho. A medida era justificada pela afirmação de que a mão de obra europeia seria mais adaptada para se integrar[3] aos ciclos de desenvolvimento que o país estava por atravessar. Projetavam-se para o Brasil:

- a substituição do eixo dinâmico da economia do Nordeste para o Sudeste, contexto que também marcou o ápice do chamado *ciclo do café*;
- o início de um processo de industrialização da economia, que permaneceria latente e limitado pela dependência de importações e pela falta de mercado consumidor;
- um processo crescente de urbanização da população.

É preciso atentar para o fato de que esse desenvolvimento foi altamente regionalizado, concentrando-se principalmente na Região Sudeste. Até a década de 1930, seus efeitos foram dispersos. O restante do território nacional era marcado pela pobreza e desintegração das camadas populares, em sua imensa maioria negras e mestiças. Foi nesse contexto que surgiu uma das principais obras literárias da virada do século XIX para o XX, a prosa científica e jornalística de *Os sertões*. Seu autor, Euclides da Cunha, destaca-se em nossa bibliografia por retratar as condições de reprodução da população pobre brasileira com base no pensamento sociológico e, dessa forma, construir uma narrativa sobre o potencial civilizatório do povo brasileiro.

---

3 O argumento de substituição da força de trabalho contava com dois eixos principais: primeiro, considerava-se que a força de trabalho europeia estava mais adaptada ao trabalho livre e assalariado, mais condizente com o estabelecimento de uma economia de mercado tipicamente capitalista; segundo, supunha-se que o europeu – notadamente, o italiano – estava mais familiarizado com o plantio do café. Atualmente, essa familiaridade é questionada por especialistas, pois se sabe que o café e suas técnicas de produção são originários da África e do Oriente Médio. Há relatos de trabalhadores italianos que só tomaram contato com a planta ao chegar às fazendas do interior de São Paulo.

Euclides Rodrigues Pimenta da Cunha iniciou sua formação na academia militar. Sua inclinação republicana e a visão crítica o conduziram à sua verdadeira vocação: o jornalismo. Tornou-se correspondente do jornal *O Estado de S. Paulo* e, em 1887, foi convidado a reportar as fases finais do conflito de Canudos, no interior da Bahia.

Sua atuação como repórter de campo produziu uma das obras mais significativas da literatura brasileira. *Os sertões* detalha a constituição daquela civilização no interior da Bahia e as atrocidades que acabaram por dizimá-la. Como vemos em Rezende (2001), o objetivo inicial do autor não era realizar uma análise sistemática sobre o conflito. Porém, dada a necessidade de compreender a relação entre população e meio ambiente, foi obrigado a se valer de um arcabouço teórico e de uma matriz interpretativa conceitual. Por essas razões, embora sua formação não fosse propriamente sociológica (essa ciência ainda não estava consolidada no país), seu texto se configurou como um marco no pensamento social brasileiro:

> Isso ocorreu em razão de ser ele o primeiro ensaio de descrição sociográfica e de interpretação histórico-geográfica do meio físico, dos tipos humanos e das condições de existência no Brasil. [...] Daí em diante, o pensamento sociológico pode ser considerado como uma técnica de consciência e de explicação do mundo, inserida no sistema sociocultural brasileiro. (Fernandes, 1977, p. 35)

Na obra de Cunha, é perceptível o esforço de se distanciar da construção de um conceito de povo unitário e generalizado. Assim, adotou perspectiva distinta em relação aos intelectuais da época – especialmente entre aqueles que assumiam a centralidade do conceito de raça. A análise sociológica que embasa *Os sertões* é regionalista e particularista, considerando a república em formação como um conjunto de povos e raças, em uma analogia que se aproxima de uma visão orgânica de sociedade. Não há um brasileiro genérico, mas agrupamentos sujeitos às circunstâncias do meio físico e natural. Essa relação fica bem clara nos perfis de civilização que se chocam na Guerra de Canudos: uma é originária do sertão, marcada pela influência da expansão das bandeiras para o norte e pela interseção do índio com o branco; outra é costeira, influenciada pelo projeto civilizatório europeu, pela miscigenação com os negros e pela economia de *plantation*.

A obra também estabelece uma nova relação para a constituição do povo, correlacionando a paisagem física à social. Influenciado pela biologia, Cunha observa o bioma e a topografia para pensar a organização social, e vice-versa. Inicialmente, o livro trata da terra, com a descrição da topografia de Monte Santo, seus biomas, rios, geologia e clima, para então adentrar no fenômeno da seca, que assola a região ciclicamente, atribuindo-lhe um aspecto hostil e inóspito. Da terra, a narrativa se desloca para o homem, pensado como elemento e resultado desse meio ambiente agressivo à existência humana. O sertanejo é moldado pela fome e pela miséria – um exemplo de sobrevivência e, principalmente, resistência.

Essa capacidade de resistência, seja contra as agruras do ambiente, seja contra as investidas militares, faz Euclides da Cunha dar ao homem do sertão o epíteto de *raça forte* – ainda que mestiça e inferior. O sertanejo é capaz de prevalecer e descortinar o alvorecer de um povo brasileiro possível. O conceito de resistência usado pelo escritor está muito amparado na ideia de sobrevivência do mais apto, tal como proposta pelo filósofo e naturalista inglês Herbert Spencer. Trata-se de uma adaptação dos elementos conceituais propostos pelo evolucionismo biológico darwiniano para a compreensão das sociedades, postulando a **predisposição** humana para se adaptar e perseverar nos mais diversos e inóspitos ambientes do planeta. Com essa matriz em mente, Cunha caracteriza o sertanejo em dois tipos gerais:

1. o **aniquilado**, ou seja, aquele que sucumbiu às condições adversas e passou a viver em um estágio quase vegetativo e subumano;
2. o **rebelde**, que insiste em se insurgir contra o ambiente e os agressores, estabelecendo um biótipo de sobrevivente, nos termos spencerianos.

Retomando o lugar da raça, o caso dos sertanejos parece demonstrar certa ambivalência civilizatória da mestiçagem: se, por um lado, a mistura de raças diversas traria confusão para os indivíduos híbridos, incapazes de se situar no mundo, por outro, teria conferido a eles os elementos biológicos e sociais para operar a resistência e constituir uma "raça forte". Inicialmente, o pensamento de Cunha parece estar motivado pela mesma concepção racista dominante da época, que diminuía o mestiço ao categorizá-lo como indivíduo indeterminado e inferior. Entretanto, a experiência de campo parece tê-lo levado a perceber certos atributos positivos da miscigenação racial – notadamente, a resistência, elemento determinante para a constituição de um horizonte civilizatório nacional.

Por fim, testemunhar os horrores da Guerra de Canudos levou Euclides da Cunha a rechaçar um modelo civilizatório que buscava ajustar a experiência europeia ao Brasil, pois esse movimento fatalmente seria desencadeado com a desconsideração das idiossincrasias regionais. Um projeto de república bem-sucedido deveria, contrariamente, refletir a diversidade étnica e racial do país e ser pautado pela integração nacional, reconhecendo o potencial civilizatório dos povos que residiam nas terras desérticas (Nordeste) e úmidas (Amazônia).

O autor argumentou que a campanha militar em Canudos tinha objetivos muito diferentes daqueles que foram apresentados como justificativa para a intervenção. A campanha nacional de difamação da comunidade de Canudos era um indício de que a jovem república estava se assentando sobre bases radicalmente distintas daquelas compartilhadas pela maioria do povo do país. A partir dessa constatação, o jornalista permaneceu descrente da possibilidade de mudança social sinalizada pela troca de regime de governo.

O próximo autor que destacaremos foi um admirador e leitor de Euclides da Cunha. Francisco José de Oliveira Vianna, jurista, sociólogo e ensaísta, serviu-se principalmente da visão particularista de povo presente em *Os sertões* para construir uma vasta obra acadêmica, aliada a uma participação política intensa. Nascido em 1883, em Saquarema, Rio de Janeiro, Oliveira Vianna foi contemporâneo das mudanças políticas do período republicano, mas foi com a Revolução de 1930 e o Estado Novo que se estabeleceu seu papel como intelectual ativo no pensamento e na construção do Brasil.

Sua primeira e mais conhecida publicação é intitulada *Populações meridionais do Brasil*, publicada em 1920. Nessa obra, Oliveira Vianna realiza um grande ensaio sobre as particularidades da formação da população nacional. Toma como perspectiva analítica o método histórico, abordando temáticas relacionadas à vida social, econômica e cultural do brasileiro. Seu ponto de partida é o caráter agrário da ocupação populacional e da estrutura produtiva brasileira, uma predisposição resultante do modelo extrativista e monocultor adotado pela metrópole portuguesa para explorar a colônia. Para o autor, a monocultura e sua unidade produtiva – o **latifúndio** – como uma grande inovação para a época. Segundo Oliveira Vianna, tratava-se de um modelo que viabilizaria a exploração econômica em um contexto de completa desestruturação da infraestrutura da cadeia produtiva. Não era, portanto, um modelo de organização ideal. Como a maior parte dos insumos necessários para a atividade era produzida na propriedade, criava-se certo isolacionismo produtivo que atrasava o fortalecimento da ideia de comunidade, de povo, de nação.

O fazendeiro encontrava-se praticamente sozinho em seu domínio privado, excluído do convívio coletivo e anônimo das cidades. Estabelecia um espaço de dominação em que concentrava sob si o peso de todas as instituições da vida social, como a Justiça e a Administração Pública. Caracterizou-se, então, aquilo que Oliveira Vianna entende como um ponto determinante de nossa vida cultural: a centralidade da vida privada e o desprezo pela vida pública. Nessa condição, as relações de parentesco e compadrio assumiam o **protagonismo** na construção social da pessoa.

A família era o núcleo da experiência social brasileira, condição que acabou por enfraquecer as instituições públicas e centralizar o poder na figura do pai. O patriarcado é um tema clássico da antropologia. Com Oliveira Vianna, sua instituição e organização são estudadas em detalhes pela primeira vez no Brasil. A cola que mantinha unida essa organização social era o poder do pai (*pater familias*), estabelecendo o que Oliveira Vianna chama de *espírito clânico*: a predisposição para o agrupamento em torno das relações de consanguinidade, carisma e autoridade pessoal. O autor assim define:

> O regime de clã, como base da nossa organização social, é um fato inevitável entre nós, como se vê, dada a inexistência, ou a insuficiência de instituições sociais tutelares e a extrema miserabilidade de nossas classes inferiores [...]. O espírito de clã torna-se assim um dos atributos mais característicos das nossas classes populares [...]. O nosso homem do povo, o nosso campônio é essencialmente o homem de clã, o homem da caravana, o homem que procura um chefe [...]. (Vianna, 2005, citado por Fontana, 2014, p. 122)

Oliveira Vianna manteve a **tipificação** da população nacional estabelecida por Euclides da Cunha para refutar um povo com espírito único. Sua escolha é por retratar um povo fragmentado sob diferenças geográficas, culturais e raciais. Ele descreve três grandes tipos de sociedade (a dos sertões, a das matas e a dos pampas), que, por sua vez, correspondem a três tipos sociais (o sertanejo, o matuto e o gaúcho). A ênfase de sua análise recai na sociedade das matas, que teria se organizado onde hoje se localiza o Sudeste brasileiro, ou Brasil Meridional. Ele analisa os processos sócio-históricos pelos quais a sociedade fundada no Brasil Meridional se expandiu e influenciou as demais – movimento conhecido como *expansão bandeirante*.

Essa concepção de tipificação popular fragmentada, aliada à constatação de um desprezo generalizado pelo espaço público e pelas instituições democráticas, levou o autor a elaborar o conceito de *povo massa*. Inexistiria entre nós a capacidade de gerar solidariedade horizontal entre os grupos populares – nem sequer um sentimento igualitarista. A coesão social é, então, dependente de uma solidariedade vertical entre indivíduos que ocupam posições desiguais na hierarquia social, como o fazendeiro e o agricultor. Essa particularidade, segundo o autor, desestimularia qualquer ação do sujeito para superar sua condição de dominação estrutural, dificultando a emergência de sujeitos sociais. Assim, a mudança ficaria relegada a um futuro distante e improvável. É possível afirmar que, na visão de Oliveira Vianna, não há povo brasileiro homogêneo, pelo menos no sentido que se observa em outras nações modernas.

A partir dessa constatação, podemos explorar o projeto político de transformação social do autor. Oliveira Vianna é reconhecido pelo protagonismo em um momento marcante da história brasileira. Seu ativismo está inserido no período conhecido como *varguismo*, que abrangeu o Governo Provisório, iniciado em 1930, a Revolução Constitucionalista paulista, em 1932, e o fim do Estado Novo, em 1945. A inserção do autor em um contexto político tão importante torna necessário discutir o impacto desse período para a história econômica, política e social do Brasil.

Depois da proclamação da república, observamos que a reorganização do sistema político limitou-se a um revezamento de oligarquias locais no controle do Estado. O centro dinâmico da economia nacional, ou seja, Minas Gerais e São Paulo, estabeleceu um acordo de conciliação e acomodação do poder conhecido como *política do café com leite*. Em nível local ou estadual, essas oligarquias agrárias disputavam poder e territórios de influência entre si. Os partidos políticos não passavam de emblemas dessas elites, sem qualquer abrangência ou adesão ampla. Vale apontar, também, que a participação de elites industriais e urbanas era pequena, pois elas eram totalmente incipientes numa economia marcada pela exportação de *commodities* de gênero agrário, notadamente o café.

Em 1930, essa política de conciliação chegou a um esgotamento. A oligarquia paulista interrompeu o revezamento de candidatos ao indicar para a disputa nas urnas o conterrâneo Júlio Prestes, que ocupa a vaga e a vez de um candidato governista de Minas Gerais. Temos de lembrar que o ano de 1929 foi marcado mundialmente pela quebra da Bolsa de Nova York, gerando uma reação em cadeia que afetou profundamente o preço global das *commodities*, inclusive o café. Isso intensificou o processo de crise política interna.

A indicação e a vitória do candidato paulista nas eleições de 1930 geraram descontentamento entre outras oligarquias regionais. Além da mineira, a paraibana e a gaúcha resolveram romper a conciliação, fazendo eclodir um movimento armado. O levante começou no Rio Grande do Sul e conquistou apoios, até um golpe de Estado naquele mesmo ano instituir Getúlio Vargas como presidente do Governo

Provisório nacional. Os paulistas reagiram. Em 1932, Vargas enfrentou e derrotou a oligarquia paulista que desencadeou a chamada *Revolução Constitucionalista*. Em 1937, um ano antes de prometidas eleições diretas, Vargas utilizou o medo da "ameaça comunista" e impôs, com a anuência das Forças Armadas, um governo de exceção baseado na segurança interna e no total controle das instituições. Esse período ficou conhecido como *Estado Novo*.

Getúlio trazia em sua linhagem política a tradição das oligarquias locais que dominaram o Rio Grande do Sul por meio da doutrina intitulada *castilhismo*. Inaugurada por Júlio de Castilhos, dotou o Estado sul-rio-grandense de instituições notadamente autoritárias e centralistas. Getúlio, herdeiro dessa tradição de Estado forte, impôs uma reorganização da República e da economia pautada principalmente por:

- industrialização da economia, com a substituição das importações de bens de consumo pelas de bens de capital;
- contenção das elites e oligarquias locais, por meio de uma constituição fortemente centralista e autocrática;
- expansão rumo ao oeste, com a subtração de territórios indígenas com vista à abertura de áreas de exploração agropecuária;
- formalização de postos e relações de trabalho, por meio de uma legislação trabalhista;
- restrição do pacto federativo em nome de um Estado unitário e centralista;
- constituição de um currículo escolar embasado no nacionalismo e no patriotismo (Figura 1.2);
- extinção dos partidos políticos;
- regulamentação e restrição da atuação sindical.

Figura 1.2 – Ilustração de livro didático retratando Getúlio Vargas

Fonte: Juventude, 1937-1945.

Oliveira Viana era partidário do centralismo autoritário do Estado, sendo um ator político de expressão durante o período varguista. Sua filiação a esse projeto era motivada por um ceticismo quanto à possibilidade de se estabelecer no país uma posição liberal de governo, pois considerava o "povo massa" incapaz de desenvolver uma mentalidade livre e democrática. A adesão a um governo autoritário seria, portanto, necessária à organização do poder político no país – a única forma de reunir as forças dispersas e conflitantes das elites em um Estado forte e agente do progresso econômico.

Além de um Estado forte, Oliveira Vianna apostava em um sindicalismo desenvolvido para combater o espírito de clã e promover certa solidariedade coletiva entre a população trabalhadora. Assim, assumiu a presidência da comissão para o estabelecimento da lei orgânica do sindicalismo. Por um lado, o intelectual defendia a ideia da necessidade de uma força externa - o Estado - para a organização dos sindicatos profissionais. O autor reconhecia essas instituições como catalisadoras de um sentimento de coletividade até então disperso. Por outro lado, argumentava a favor da demanda por vigilância e controle das forças populares, incapazes de organizar seu poder político em um sentido não destrutivo. Essa fórmula ambivalente - organizar a representação sindical e manter sua ação vigiada - deu o tom de toda a política sindical do período varguista. As entidades eram financiadas pelo imposto compulsório recolhido pelo Estado. Estavam, portanto, subvencionadas ao poder estatal. Tal configuração persistiu até o fim da ditadura militar, na década de 1980, com o advento do chamado *novo sindicalismo*.

A influência de Oliveira Vianna se estendeu às políticas migratórias, principalmente as que embasaram o modelo de importação de força de trabalho estrangeira. O autor subscreveu, por exemplo, a lei que demandava a realização de estudos científicos para compreender a matriz racial dos imigrantes. O projeto foi apresentado pelo historiador Alfredo Ellis Júnior à Assembleia Estadual de São Paulo em 1926. Oliveira Vianna havia sido partidário de uma lei semelhante, datada de três anos antes, que proibia a imigração de africanos e restringia a entrada de asiáticos no país (El-Dine, 2016).

Desenhou-se, portanto, uma atuação política voltada para o **branqueamento** da população brasileira, privilegiando a imigração de europeus em detrimento das populações africanas e asiáticas. Podemos perceber uma inspiração claramente eugenista na intenção de produzir um *pool* genético baseado em matrizes raciais entendidas como superiores e civilizadas. Observamos ainda um interesse especial naqueles povos tidos como *arianos*, um termo que se popularizou com a expansão do nazifascismo na Europa. Interessava ao autor, particularmente, a compreensão de como essas raças se adaptariam às condições laborais no contexto colonial, que, como vimos, era notadamente marcado pela economia de *plantation* de culturas tropicais. Ou seja, seria necessário identificar e compreender a origem biológica e cultural das populações colonizadoras e investigar sua interação com o meio natural e social do ambiente colonial, o que revelava também certa disposição neolamarckista[4].

Como eugenista, Oliveira Vianna esbarrava na ampla disseminação da miscigenação interétnica no país. Criar uma população geneticamente "superior", equiparada à de nações "civilizadas", seria uma grande dificuldade. Assim, começou a ser delineado o primeiro uso civilizatório da miscigenação na história do pensamento social brasileiro. O elemento branco deveria ser introduzido progressiva e exponencialmente na população nativa, a fim de diluir ou minorar os efeitos das raças ditas "inferiores". O sentido político e demográfico da imigração branca e europeia era destituir o caráter negro e indígena de nossa população, transformando a infraestrutura racial do país e produzindo uma massa popular que poderia ser, no futuro, a base para um Estado moderno, civilizado e democrático.

4 Referente ao naturalista francês Jean-Baptiste de Lamarck (1744-1829), criador de uma teoria da evolução – já desacreditada – que postulava serem as características e capacidades humanas fruto do uso. Lamarck levava em consideração tanto as predisposições biológicas (entendidas como raças) como a adaptabilidade e a transmissibilidade de caracteres exteriores (entendidas como a sociedade).

Indicações culturais

PAIXÃO e guerra no sertão de Canudos. Direção: Antônio Olavo. Brasil, 1993. 78 min.

Esse filme narra a vida de Antônio Conselheiro, com enfoque nas etapas históricas de formação do assentamento de Canudos. O grande mérito do longa-metragem é a inclusão das falas nativas, criando-se um elo entre o passado e o presente da ocupação do território. Assista ao documentário buscando analisar a pertinência das categorias utilizadas por Euclides da Cunha para interpretar as falas nativas. Tente perceber se são nativas, ou seja, se aparecem nos discursos, ou se são apenas categorias analíticas formuladas pelo autor para entender tal contexto socioambiental.

1.3 A geração de 30 e os grandes ensaios sobre o Brasil

A partir de agora, exploraremos os textos da chamada *geração de 30*. O período é consagrado por três grandes ensaístas, cujos trabalhos tiveram massiva influência sobre o pensamento social brasileiro pelas décadas seguintes. Estamos nos referindo a Caio Prado Júnior, Sérgio Buarque de Holanda e Gilberto Freyre, reconhecidos como intérpretes do Brasil, de sua cultura, população e história.

Antes de analisarmos os textos, é importante recuperar o contexto histórico em que esses trabalhos foram publicados. Como mencionamos anteriormente, a década de 1930 marcou uma forte transição política com o Governo Provisório de Vargas. O novo regime foi pautado por uma reestruturação do Estado nacional e uma reconfiguração do poder das oligarquias rurais. O processo concorria com a crescente urbanização da população e o início da industrialização no centro dinâmico da economia nacional. Assim, o novo centro do poder político aspirava ares de modernidade e progresso econômico. Porém, para constituir um Estado nacional que fosse reconhecido pela comunidade estrangeira, faltava responder: Quais seriam as especificidades culturais e raciais do povo brasileiro? E, acima de tudo, poderiam essas características depor a favor de nossa consolidação como uma nação moderna?

São as questões que os ensaios da época buscarão responder. E qual será o **viés** dessa geração? A primeira questão, que salta aos olhos, é a prevalência do método histórico para constituir um olhar sobre o Brasil. É interessante notar que essa abordagem já orientava os ensaios de Oliveira Vianna, cuja obra foi debatida e reverberada também entre os integrantes da geração de 30. A inovação dos grandes ensaios dessa geração foi promover uma busca – no processo de formação da sociedade colonial e no Império – de indícios que atentassem para uma particularidade histórica. Havia o interesse em retratar esse processo de formação histórica como único, singular e diversificado em relação a outras experiências nacionais, lançando-se mão de um recurso que seria recorrente na tradição do pensamento social brasileiro: a comparação com outros Estados – em especial, a formação histórica dos Estados Unidos da América – e outras culturas, como a anglo-saxônica.

Na formulação do processo histórico nacional, dois elementos são relativamente comuns aos três ensaístas: o **meio natural** e o **colonizador português**. Com relação ao meio natural, eles recuperaram argumentos econômicos e geográficos que levaram à crença de que, se não fosse por meio da exploração da agricultura de *plantation* e do emprego do trabalho escravo, a colonização no Brasil não teria sido possível. Os motivos apontados eram as intempéries da terra, as secas, a infestação de saúvas e, principalmente, a extensão das terras e a distância da metrópole. Há, nesse caso, se não uma conivência com o regime escravista, ao menos um reconhecimento de sua "inevitabilidade" em prol do desenvolvimento de uma civilização ibérica nos trópicos.

O segundo elemento, o colonizador português, foi entendido como portador de uma civilização única, destinada a expandir-se pelo globo e amalgamar-se aos nativos. A predisposição para a expansão marítima decorreria de determinantes demográficos. Tendo Portugal pouco território para acomodar sua aristocracia, o país estava impelido à conquista naval. A conquista de territórios marinhos, justificavam os portugueses, geraria divisas para o Império e expandiria o domínio luso sobre o mundo. Há, nesse sentido, a reiteração do discurso sobre uma suposta tendência aventureira do caráter nacional português. Seriam eles pouco afeitos ao trabalho manual - tido como inferior - e mais dedicados à exploração, à extração e à coleta como forma de produzir riqueza. Novamente, os parâmetros de comparação são as sociedades anglo-saxônicas, usadas como referência para estabelecer uma dicotomia entre trabalho e ócio.

Com relação à miscigenação étnica e cultural, de acordo com Caio Prado Júnior, Sérgio Buarque de Holanda e Gilberto Freyre, a "vocação" para relacionar-se com as populações nativas, gerando descendentes híbridos, seria uma herança da dominação dos povos árabes na Península Ibérica, genericamente denominados *mouros* (denominação que perdurou do século VIII até o XV). Os portugueses, por esse motivo, não deveriam ser considerados como uma raça pura, pouco importando a manutenção das prerrogativas do sangue ou a união com povos nativos.

É importante ressaltar, entretanto, que nenhum desses autores denunciou que tais casos de "união" se davam em condições extremamente desiguais, muitas vezes não consensuais, entre as partes. Quando muito, ativeram-se ao registro, ou mesmo à celebração, dessa miscigenação forçada. Novamente, o imperativo de constituir uma civilização ibérica nos trópicos determinou a linha de argumentação historiográfica.

A questão da miscigenação acabou sendo, ocasional ou intencionalmente, o principal trunfo da geração de 30. Pela primeira vez, não era preciso nos envergonhamos de nossa natureza étnica indeterminada. Ao contrário, era possível elevá-la a uma condição de conquista ou, no limite, de circunstância do processo civilizatório. Os racistas científicos viam na mestiçagem nosso principal demérito. Eles acreditavam tratar-se de uma aglutinação dos principais defeitos das raças, algo que inviabilizava o desenvolvimento da democracia, sem nada agregar ao elemento branco, tal como exemplificado no projeto eugenista de Oliveira Vianna. Entre os representantes da geração de 30, a miscigenação foi observada como um atributo cultural, se não desejável, perfeitamente adaptado para lidar com as contradições que a dominação europeia impôs aos povos nativos. Ainda que essa relação varie nos autores da geração de 30, indo da constatação – como em Caio Prado Júnior – à celebração – como em Gilberto Freyre –, é inegável a centralidade que tal conceito assumiu para esses intérpretes do Brasil.

1.3.1 A miscigenação entre a casa-grande e a senzala

Em 1933, foi publicada a obra *Casa-grande & senzala: formação da família brasileira sob o regime da economia patriarcal*, de Gilberto Freyre. Trata-se da primeira grande publicação da geração de 30, e um dos livros mais comentados e criticados da literatura nacional. Seu autor nasceu em Recife, em 1900, filho de Alfredo Freyre, jurista e frequentador dos meios intelectuais locais. Sua carreira acadêmica foi marcada por uma internacionalização precoce: mudou-se com apenas 18 anos para Waco, no estado norte-americano do Texas. Concluiu o curso de bacharel em Artes e depois se titulou *Master of Arts* pela prestigiada Universidade Columbia. Nesse ambiente, teve a oportunidade de conhecer nomes proeminentes da cultura da época. Manteve uma relação íntima com o cenário acadêmico daquele país, inclusive atuando como professor em Stanford. Seu legado, entretanto, estará sempre associado ao estudo da cultura luso-tropical. A pesquisa freyreana busca compreender os elementos populacionais estabelecidos após a expansão marítima portuguesa nos trópicos. Atuando como embaixador desse horizonte cultural luso-tropical, Freyre deixou uma marca no pensamento social brasileiro. Mas a atuação do escritor transcendeu as fronteiras nacionais. Teve uma atuação intensa na Organização das Nações Unidas para a Educação, a Ciência e a Cultura (Unesco) e em universidades de prestígio em todo o mundo.

Sua principal obra, *Casa-grande & senzala*, foi o primeiro tomo de uma trilogia de ensaios sobre o povo brasileiro, completada pelas publicações posteriores de *Sobrados e mucambos* (1936) e *Ordem e progresso* (1970). Em *Casa-grande & senzala*, há um extenso apanhado sócio-histórico dos elementos culturais que constituíram uma cultura nacional híbrida, amparada em um tripé étnico: o colonizador português, o escravo negro e africano e o indígena nativo-americano, as três raças nacionais[5].

Chama atenção o extenso material de pesquisa considerado por Freyre: de registros alfandegários e censitários a fragmentos de música, culinária e arte popular, sem desconsiderar o fator ambiental como estruturante das relações sociais. Em sua obra, o indivíduo mestiço – ou híbrido – entre as raças originárias é entendido como a adaptação cultural e evolutiva basilar para uma civilização dos trópicos. Ou seja, aquilo que era visto pelas gerações anteriores como nosso principal entrave retornou como principal trunfo para o estabelecimento de uma sociedade desenvolvida.

Também é relevante o caráter **vanguardista** de *Casa-grande & senzala*. A obra discute com a literatura especializada da época e, ao mesmo tempo, recupera a trajetória de produção do pensamento intelectual brasileiro. Freyre dialoga com os pensamentos de Euclides da Cunha, Oliveira Vianna e Nina Rodrigues, reinserindo essas pesquisas na história do pensamento sobre o povo brasileiro. Apesar das semelhanças e da franca admiração pelo mestre Nina Rodrigues, os conceitos de raça e de povo brasileiro assumem, na obra de Freyre, contornos próprios. Na condição de cientista social, o autor recebeu uma formação orientada

5 É importante mencionar que, embora a fórmula das três raças nacionais tenha sido consagrada pelo trabalho de Gilberto Freyre, tal tese é anterior. O primeiro estudo a mencionar o indígena, o europeu e o africano como elementos de uma raça híbrida nacional foi uma dissertação apresentada por ocasião de um concurso promovido pelo Instituto Histórico e Geográfico Brasileiro (IHGB), no início da década de 1840, para definir os parâmetros para a construção de um manual de história do Brasil. A redação vencedora, do naturalista alemão Carl Von Martius, retratou o Brasil como um grande rio caudaloso ao qual se unem três rios menores, representados pelas contribuições africanas, indígenas e portuguesas. O autor percebia um caráter de interação entre esses tipos étnico-raciais, e não somente a dominação do branco sobre os demais.

pelos escritos da emergente antropologia norte-americana de Franz Boas, uma influência do período em Columbia. Essa corrente preocupa-se com a construção de um conceito de cultura local que explique práticas sociais por meio de uma análise sócio-histórica. A antropologia de Boas ficou conhecida pelos estudos aprofundados sobre a importância da cultura na experiência social, bem como por sua crítica ao determinismo biológico e geográfico.

Enquanto a antropologia começava a se firmar como uma área de estudos independentes, Boas discutia sobre natureza e inventividade humana com a escola difusionista. Linha de pensamento dominante à época, essa escola pregava uma concepção de **cultura de centro**, isto é, a diversidade cultural humana teria origens em alguns pontos específicos do globo. Nessa ótica, a diversidade cultural percebida no mundo seria resultado de uma série de derivações desses centros originários. Boas rebateu essa afirmação veementemente, defendendo que a cultura só poderia ser entendida de maneira local, ou seja, percebendo-se o desenvolvimento histórico de uma sociedade por meio de representações, como a cultura material. A contribuição dessa linha de pensamento para a obra de Freyre pode ser identificada na discussão sobre a identidade do povo brasileiro, que migra da raça (biológica) para a cultura, e no esforço de representar uma formação histórica e cultural singular de nosso povo.

Contudo, devemos ponderar que a discussão sobre as diferenças naturais do homem (biológica, anatômica) não desaparece por completo da obra freyreana. Mesmo que a cultura ascenda à categoria de signo da diferença (tipos e modos de agir tipicamente sociais e particularizantes), é recorrente nas páginas de *Casa-grande & senzala* a referência a padrões corporais fenotípicos como elementos para perceber limites e relações sociais entre grupos humanos. Mesmo assim, a raça, no sentido em que

Freyre a entende, é uma maneira de criar uma tipologia da cultura. Ficou famosa a expressão utilizada pelo autor na abertura da obra:

> Todo brasileiro, afirma, mesmo o alvo, de cabelo louro, traz na alma, quando não na alma e no corpo – há muita gente de jenipapo ou mancha mongólica pelo Brasil – a sombra, ou pelo menos a pinta, do indígena ou do negro. No litoral, do Maranhão ao Rio Grande do Sul, e em Minas Gerais, principalmente do negro. A influência direta, ou vaga e remota, do africano. (Freyre, 2001, p. 16)

Ao longo de uma carreira intensa e extensa – do ponto de vista acadêmico ou político –, Freyre celebrou a condição culturalmente mestiça (miscigenada, misturada) do povo brasileiro. Ao contrário da visão de Nina Rodrigues, a proposta freyreana considerava aquilo que até então era visto como demérito da brasilidade – a mestiçagem – como um signo bem-visto da cultura nacional, algo que identifica nossa condição e é identificado por ela. Na defesa desse ideário, o autor teceu fortes críticas à expansão de uma concepção fascista no Brasil, muito em voga nos primeiros anos da Segunda Guerra Mundial. Nesse momento inicial, o país ainda não havia se unido aos aliados. Paralelamente, o governo Vargas flertava com as potências do Eixo. Por causa do engajamento político, foi perseguido e preso, retornando à cena política em 1946 como deputado constituinte.

Para realizar essa passagem da raça à cultura, Freyre combinou mecanismos sociológicos e artifícios literários. O sistema que rege a cultura nacional foi pensado em analogia ao mundo do engenho, realidade social que, ressaltemos, Freyre conhecia intimamente. As partes desse sistema (tipos sociais como "o negro", "o mulato", "o indígena") foram pensadas como interdependentes, frações de um mundo social total no qual o "todo" estaria contido[6]. No caso da obra de Freyre, o mundo do engenho foi pensado como um mundo total, sendo representado como fator autoexplicativo de um determinado contexto social. Os tipos sociais, ou personagens do mundo do engenho, existem apenas em relação a outros personagens, devendo-se considerar que o tipo de relação em questão constitui a essência do personagem.

Esses personagens sociais – ou literários? – têm um papel estrutural tanto na obra de Freyre quanto em sua proposta de cultura. Retratados na forma de tipos ideais culturais, eles oferecem subsídios para que o leitor os entenda como síntese das antíteses estratificadas que definem a cultura nacional. A representação ambígua dos personagens, retratados a partir de sua natureza "misturada" ou "indefinida", simboliza, em uma escala reduzida, a síntese do nacional – nosso "trunfo" no trato de uma situação de **estratificação** social. No contexto social do engenho, senhores de escravo e "mulatas voluptuosas" encontram-se para gerar o brasileiro do futuro, uma mistura não só de raças, mas também de classes sociais.

---

6 Fazemos referência aqui a um conceito clássico da sociologia, inicialmente desenvolvido por Émile Durkheim. O conceito de mundo social total foi elaborado, em primeira instância, para o estudo de representações totêmicas em sociedades aborígenes australianas (Durkheim, 1996). Em resumo, Durkheim acreditava que o totem – no contexto social – representava a totalidade simbólica de um clã, elemento que produzia e era produzido pela coesão social. Nas sociedades ditas *primitivas*, existiria uma homogeneidade do pensamento mediada por uma totalidade coesa de circunstâncias exteriores ao indivíduo. No caso da obra de Freyre, o mundo do engenho é apresentado como um mundo total, na medida em que é representado como autoexplicativo de um determinado contexto social, simplificando-o e exemplificando-o.

> Neste sentido a obra de Freyre vem sofrendo críticas recentes, sendo apontado como um autor que relega a observação de posições de poder e relações de dominação[7]. Sua noção de cultura foi acusada de servir de referência para aquilo que hoje é debatido em esferas especializadas como o mito da democracia racial. Fazendo justiça a Gilberto Freyre, suas obras não tratavam de política, mas sim, de cultura. O chamado mito da democracia racial é uma construção ideológica a respeito da natureza política do brasileiro. A referência à natureza mítica do termo democracia racial se refere a uma suposta propensão natural do brasileiro para a neutralização de diferenças socialmente definidas. (Pinhel, 2013, p. 46)

No que diz respeito à **ideologia**, *Casa-grande & senzala* versa sobre a história da jurisprudência brasileira e destaca, após o regime escravista, a inexistência de um sistema jurídico de segregação racial no território nacional. No viés político, a obra focaliza a suposta cidadania universal brasileira, caracterizando o indivíduo como um ser social inócuo, livre de qualquer diferenciação social. Voltaremos a essa questão no Capítulo 4 deste livro.

1.3.2 As raízes e o sentido da cordialidade

Agora, vamos analisar o pensamento de outro grande ensaísta da geração de 30: Sérgio Buarque de Holanda. Autor do aclamado *Raízes do Brasil*, publicado em 1936, marcou seu nome entre os grandes intérpretes do Brasil com uma abordagem original e intuitiva da cultura nacional.

---

7 Referimo-nos aqui a um contexto político-intelectual contemporâneo de revisão da literatura de Freyre. O debate das "reais intenções" de Freyre ao redigir *Casa-grande & senzala* alcançou vários espaços, como a reunião anual da Festa Literária Internacional de Paraty (Flip). No evento de 2010, no qual ele era justamente o homenageado, organizou-se uma mesa para o debate dessa obra, com opiniões diversas a respeito da concepção de raça de Gilberto Freyre. Para mais informações, consulte: FLIP. Disponível em: <http://www.arquivoflip.org.br/edicoes/flip-2010>. Acesso em: 15 ago. 2019.

Nascido no seio de uma família paulistana de classe média, filho de um pernambucano e de uma carioca, sua carreira intelectual se iniciou no Rio de Janeiro, quando frequentou a Universidade do Brasil (atual Universidade Federal do Rio de Janeiro), onde cursou o bacharelado em Ciências Jurídicas e Sociais, concluído em 1925. No mesmo período, entrou em contato com o círculo interno do modernismo brasileiro, relacionando-se com personalidades como Mário de Andrade e Oswald de Andrade.

O contato com a vanguarda foi decisivo para sua orientação intelectual, voltada para a quebra do formalismo das antigas abordagens e para a construção de um ensaio que reconhecesse os elementos da cultura nacional em sua forma mais genuína, sem se deixar conduzir por modelos importados da Europa. O autor não dispensou, entretanto, a fundamentação nos clássicos do pensamento social, principalmente naqueles de língua alemã (a Alemanha o acolheu entre 1929 e 1930), sendo influenciado principalmente pelo conceito de tipo ideal weberiano. Ao retornar ao Brasil, assumiu a cadeira de História da América na Universidade do Rio de Janeiro. Ocupou o cargo até 1939, quando a instituição foi fechada em virtude da repressão política promovida pelo governo Vargas. Em 1957, assumiu a cátedra de História da Civilização Brasileira na Universidade de São Paulo (USP), onde permaneceu até 1969. Aposentou-se precocemente, em protesto às perseguições a intelectuais desencadeadas pelo regime militar[8].

Na obra *Raízes do Brasil*, o autor faz um ensaio amplo sobre a formação histórica brasileira. Publicada em 1936, sua marca distintiva é um texto acessível e recheado de figuras de linguagem. Destaca-se por usar a análise historiográfica para a formulação de um padrão de conduta

8 Abordaremos esse episódio nos Capítulos 3 e 4.

nacional, o chamado *jeitinho brasileiro*. Sob essa ótica, o autor elaborou a tese de que, em decorrência do extremo personalismo nas relações interpessoais e da ausência ou ineficiência de instituições sociais que regulem as normas sociais, desenvolveu-se aqui uma predisposição para acatar regulações baseadas no sentimentalismo.

O núcleo explicativo de sua tese está em descrever o brasileiro como o **homem cordial**, um tipo ideal sociopsicológico (Costa, 2014) que evita a imparcialidade e a impessoalidade nas normas sociais. O uso de *cordialidade* aqui não está necessariamente associado à neutralização da violência; pelo contrário, esta é retratada como um traço distintivo e característico do homem cordial. Qualquer tipo de antagonismo será interpretado por esse homem como uma afronta pessoal, digna de revanche. O domínio do homem cordial está, então, justamente nas relações de afeto e compadrio – mais seguras e previsíveis que a instabilidade das normas e instituições jurídicas.

Em consequência dessa característica cordial, o Estado e a Justiça brasileiros se mantiveram dominados por oligarquias e práticas autoritárias, muito distantes de princípios republicanos. Sérgio Buarque interpretou que a ineficácia e a debilidade do Estado estariam ligadas à má gestão de funcionários patrimonialistas, motivados por conquistas pessoais em detrimento da promoção do bem comum e da assiduidade das normas de conduta. Novamente, vemos aqui a influência do pensamento weberiano. O sociólogo alemão compreende que o Estado e a burocracia (sua forma de administração) são marcados pela racionalidade e pela prescritividade das condutas individuais. Sérgio Buarque de Holanda, portanto, vê em nossos servidores públicos uma debilidade em relação ao conceito de Estado ideal, quando comparado – mais uma vez – ao exemplo anglo-saxão. Tais características teriam se desenvolvido, no decurso da história, em uma nação carente de espírito emancipador, que instaurou uma república sem a necessidade de lutar pela independência. Por aqui, o liberalismo econômico seria apenas uma fórmula retórica reificada pelas oligarquias, que engessaram o desenvolvimento e o progresso em prol de seus ganhos privados.

Essa linha de raciocínio remonta à formação da sociedade portuguesa. Reconstituindo os processos históricos que levaram a burguesia lusitana à ascensão, o autor argumenta que esta ocorreu sem que tivesse havido a deposição da antiga ordem aristocrática, que passou a coexistir com o novo regime. A alternativa encontrada para a consolidação da economia nacional portuguesa foi a expansão marítima, pautada pela exploração e pelo extrativismo em detrimento do trabalho organizado. Aqui se insere, novamente, a discussão sobre as regras de conduta tipicamente ibéricas. A tradição ibérica seria pautada por uma essência aventureira e ousada, habilitada a lidar com as agruras da colonização de um território vasto e inóspito. Essa tendência pretensiosa e fortuita do caráter ibérico (e português, em especial) teria compensado uma falta de aptidão para o trabalho, ou seja, a escassez de capacidade organizacional seria balanceada por uma disposição para a extração de riquezas que dependiam do desbravamento da terra.

Com relação à composição étnico-racial do povo brasileiro, Sérgio Buarque apontou a ausência do orgulho racial no caráter do colonizador português, herança da ocupação árabe na Península Ibérica e da tradição escravista que precedeu a colonização da América. O autor denominou essa característica de *plasticidade social*. Uma de suas manifestações é a disposição de um povo para quebrar o formalismo dos estamentos – ou castas – nas relações interpessoais.

O historiador ainda ressaltou que a instituição da escravidão se deu com certa permeabilidade e aceitação da incursão de indivíduos negros nos espaços brancos, além da aceitação social da união inter-racial, o que não se via nas colônias de natureza anglo-saxônica. Para o autor, a miscigenação seria, então, consequência das idiossincrasias históricas que levaram à formação do povo português.

É preciso, no entanto, ressaltar algumas diferenças em relação à concepção de miscigenação desenvolvida por Freyre. O escritor pernambucano exalta a miscigenação como um trunfo civilizatório que, por si só, seria capaz de suplantar as deficiências de nossa formação antidemocrática. Já Sérgio Buarque de Holanda se mantém cético em relação ao potencial democrático de nosso povo. Para esse autor, o modelo patriarcalista e extrativista desenvolvido pelo colonizador português seria uma das razões do atraso econômico brasileiro, legando para a sociedade moderna uma desigualdade gritante entre ricos e pobres. Assim, é seguro afirmar que Sérgio Buarque não reconheceu o potencial democrático da miscigenação *per se*, mantendo-se reticente quanto à possibilidade de que essa característica atuaria para minorar as desigualdades sociais no Brasil. Não deixou de reconhecer, porém, a participação dos elementos indígenas e negros na construção da identidade nacional.

1.3.3 Economia e história para a formação do Brasil

O último autor abordado neste capítulo destacou-se por seu alinhamento ao pensamento marxista, desenvolvendo uma historiografia inédita para a época. Trata-se de Caio da Silva Prado Júnior, autor de livros como *Evolução política do Brasil* (1933) e *Formação do Brasil contemporâneo* (1942). Nascido em São Paulo, de uma família com longa trajetória política, iniciou carreira intelectual na tradicional Faculdade de Direito do Largo São Francisco, onde se formou em 1928. Muito ativo politicamente, filiou-se ao Partido Comunista do Brasil (PCB). A militância o levou a ser perseguido politicamente e preso durante o governo Vargas.

Elegeu-se deputado estadual em 1945, mas teve seu mandato cassado três anos depois e novamente durante a ditadura militar de 1964.

Na obra *Formação do Brasil contemporâneo*, houve a intenção de produzir uma historiografia que não fosse voltada apenas às posições tomadas pela elite dominante, mas que se aprofundasse nas razões econômicas e históricas que legaram o subdesenvolvimento e a desigualdade socioeconômica para a nação. A base da argumentação é eminentemente economicista, ou seja, considera-se que a **infraestrutura** produtiva determina as relações de dominação e mobiliza as transformações históricas.

Nessa ótica, Caio Prado Júnior retratou o modelo exploratório desenvolvido pelos portugueses como uma colônia de exploração, motivado pela extração de riquezas sem a intenção de colonização sistemática, diferentemente das experiências inglesas na América do Norte, onde se desenvolveu uma colonização de ocupação e povoamento da terra. Nesse horizonte, prevaleceu a matriz exportadora de gêneros agrícolas voltada para o mercado externo, sem que se desenvolvesse por aqui um mercado interno consumidor. Portanto, a experiência de colonização portuguesa no Brasil teria se caracterizado como uma grande empresa exploradora e fornecedora de matéria-prima para as nações industrializadas.

Também se nota, na análise de Prado Júnior, o reconhecimento dos "feitos portugueses". O pequeno país ibérico logrou uma expansão marítima considerável. Para o autor, isso se deveu aos desejos incessantes de uma burguesia local por acumulação do capital. Sob essa ótica, Prado Júnior elaborou a ideia de que, em terras brasileiras, desenvolveu-se nada mais do que um prolongamento da sociedade originária, sem que se configurasse por aqui um modo próprio de administração.

A influência dos fatores externos também é determinante em sua análise. Para o autor, o fato de a colonização ter ocorrido em um ambiente ocupado por um povo atrasado, e ainda na "idade da pedra", fez com que não houvesse riquezas ou meios de produção preexistentes – como se notava na Índia, por exemplo – para serem apropriados pelos portugueses, estabelecendo-se aqui uma economia baseada no saque e no extrativismo. A vastidão das dimensões ocupadas também seria um impeditivo para a colonização e a povoação sistemáticas, trazendo dificuldades para implantar uma rede de transportes ou de comunicação eficiente.

A partir da identificação desses determinantes históricos e geográficos, Caio Prado voltou-se para a aposta produtiva do território nacional: o latifúndio. Esse meio de produção foi, antes de tudo, resultado da centralização autocrática dos proprietários de terra, que detinham inúmeros privilégios, como cobrança de impostos, monopólio de portos e indicação de quadros para cargos públicos. Por aqui, a pequena propriedade não se estabeleceu como alternativa viável de ocupação. Foi sufocada não apenas por ameaças de indígenas, mas sobretudo pela dificuldade em conseguir matéria-prima e insumos do exterior e exportar os bens produzidos e, principalmente, pela ineficácia do trabalho livre na domesticação das agruras da terra. Ou seja, o regime de exploração latifundiária baseado no trabalho escravo seria consequência das condições históricas da colonização. Ainda que violento e degradante ao ser humano, conforme denuncia o autor, dele emanava o centro organizacional da incipiente sociedade brasileira. Tais traços teriam determinado uma conivência com a desigualdade social e a dependência de potências exteriores.

A miscigenação também foi mencionada por Prado Júnior como um traço distintivo da colonização portuguesa, caracterizada pela predisposição para cruzar com as "raças exóticas". Nesse caso, essse fator foi entendido por Prado Júnior como uma forma de dominação. As "raças dominadas" são integradas e amalgamadas à "raça dominante", numa espécie de "regra" do processo de colonização. O autor ressaltou, entretanto, que o branco europeu foi misturado ao negro em maior escala, enquanto o cruzamento com indígenas permaneceu circunscrito a algumas regiões. Apesar de, assim como Gilberto Freyre, reconhecer a miscigenação no transcorrer da história brasileira, Caio Prado Júnior se afastou da interpretação freyreana da escravidão, considerando que a dominação não era uma alternativa para o desenvolvimento democrático, tampouco deveria ser glorificada.

Indicações culturais

RAÍZES do Brasil: uma cinebiografia de Sérgio Buarque de Holanda. Direção: Nelson Pereira dos Santos. Brasil: Bretz Filmes, 2004. 146 min.

Esse filme biográfico de Sérgio Buarque de Holanda apresenta narrativas de intelectuais e parentes próximos ao autor. Assista ao filme mapeando os discursos dos atores. Algum deles é citado em nosso capítulo? Aproveite para contrastar a história do autor descrita neste livro com a veiculada pelo documentário.

Síntese

Neste capítulo, relembramos o percurso inicial da sociologia e sua consolidação como campo de pensamento no Brasil. O conceito de raça foi central para lançar problemáticas sobre a possível constituição do povo brasileiro no alvorecer da República. Tal ideia esteve muito associada ao racismo científico, uma doutrina hegemônica na virada para o século XX que considerava as diferenças fenotípicas e anatômicas das diversas populações para criar uma hierarquização entre "primitivas" e "civilizadas", na qual os povos tradicionais eram colocados em posição inferior ante o europeu. A partir desse sistema de significação, pensadores brasileiros do início do século XX estudaram as populações que ocupavam o território nacional (autóctones, escravizadas e colonizadoras), a fim de pensar suas possibilidades civilizatórias.

Destacamos, a partir da análise dos clássicos da sociologia brasileira, que a década de 1930 representou uma mudança nos paradigmas que orientaram a elaboração conceitual sobre a composição do povo brasileiro. O governo varguista representou o fim do domínio das oligarquias regionais e impôs um governo centralizado. A despeito de suas feições autocráticas, logrou a organização do Estado e da economia para a fundação de uma república moderna e inserida no contexto geopolítico global. A população brasileira também se alterou sensivelmente. Graças à substituição da força de trabalho escravizada pela imigração europeia, houve uma política deliberada de reestruturação produtiva e de embranquecimento da força de trabalho.

A produção intelectual desse período ficou marcada pela emergência da geração de 30, formada pelos sociólogos Gilberto Freyre, Sérgio Buarque de Holanda e Caio Prado Júnior. Tais autores se engajaram em uma abordagem histórico-ensaísta do problema da composição do povo brasileiro. Para além das diferentes metodologias e interpretações, esses intelectuais se aproximam pelo interesse em recuperar a herança colonial portuguesa e sua contribuição para a formação nacional. Recolocaram a herança ibérica da miscigenação no centro da composição da ideia de povo brasileiro. Aquilo que era entendido pelos racistas científicos das gerações anteriores como a principal dificuldade para a formação de um *éthos* nacional passou a ser considerado uma ponte possível – se não desejada – para os fundamentos de uma civilização ibérica nos trópicos.

Atividades de autoavaliação

3. Sobre o autor Raymundo Nina Rodrigues e suas principais teorias, assinale V para as assertivas verdadeiras e F para as falsas:
   ( ) Em sua tese de doutorado, *Das amiotrofias de origem periférica*, o autor tratou dos problemas de saúde pública no Brasil em relação às diferentes classes sociais.
   ( ) *Raça*, para Nina Rodrigues, era uma ideia fundamentada por precedentes biológicos, por tipologias físicas e pela preponderância do ambiente sobre a sociedade.
   ( ) Nina Rodrigues compreendia a miscigenação de diversas raças como a degeneração das qualidades específicas de cada tipo racial.
   ( ) Nina Rodrigues desenvolveu a teoria de que a miscigenação favoreceria a composição de um povo civilizado, mediante a produção de um indivíduo híbrido.

   Agora, assinale a alternativa que contém a sequência correta:
   a) V, V, V, V.
   b) V, F, V, V.
   c) V, V, F, F.
   d) F, V, V, F.

4. As ideias de raça e mestiçagem estão presentes na obra clássica *Os sertões*, de Euclides da Cunha. Assinale a alternativa que corresponde ao conceito tal como aparece na obra:
   a) Para Euclides da Cunha, a miscigenação racial representava um atraso absoluto para o processo civilizatório do país.
   b) Nota-se que o autor, em certa medida, atribuiu uma visão positiva à miscigenação racial.
   c) Euclides da Cunha concluiu que a influência europeia na época não influenciou a Revolta de Canudos.
   d) A ideia de raça foi apresentada estritamente por meio das diferenças regionais e territoriais do país.

5. A era de Getúlio Vargas pode ser entendida como uma tradição de Estado forte, em especial pela industrialização da economia, com a substituição de importações de bens de consumo pelas de bens de capital. Com relação às características desse período, assinale V para as assertivas verdadeiras e F para as falsas:
   ( ) Contenção das elites e oligarquias locais, por meio de uma constituição fortemente centralista e autocrática.
   ( ) Expansão rumo ao oeste do território brasileiro, com aumento e afirmação dos territórios indígenas.
   ( ) Formalização de postos e relações de trabalho, por meio de uma legislação trabalhista.
   ( ) Fortalecimento de um Estado unitário e centralista.
   ( ) Currículo escolar embasado no nacionalismo e no patriotismo.
   ( ) Extinção dos partidos políticos e regulamentação e restrição da atuação sindical.

Agora, assinale a alternativa que contém a sequência correta:

a) V, V, V, V, V, V.
b) V, F, V, V, F, F.
c) V, V, F, F, F, F.
d) V, F, V, V, V, V.

6. Dois fatores basicamente unem os ensaios de Caio Prado Júnior, Sérgio Buarque de Holanda e Gilberto Freyre: o meio natural e o colonizador português. Com relação às características de cada um desses fatores, assinale V para as assertivas verdadeiras e F para as falsas:

( ) No que se refere ao meio natural, os autores recuperaram argumentos econômicos e geográficos para justificar a colonização no Brasil.

( ) As intempéries da terra e a distância da metrópole foram fatores enaltecidos para justificar a colonização no Brasil.

( ) Quanto ao colonizador português, este foi entendido pelos autores como o germe de uma civilização única, predisposta a expandir-se pelo globo e amalgamar-se com as civilizações nativas.

( ) Os autores compreendiam que haveria uma espécie de espírito aventureiro português que determinaria uma tendência à exploração.

Agora, assinale a alternativa que contém a sequência correta:

a) V, V, V, F.
b) V, F, V, V.
c) V, V, F, F.
d) V, V, V, V.

7. Sobre a concepção de miscigenação desenvolvida ao longo da geração de 30, assinale a alternativa correta:
   a) A miscigenação foi enaltecida pela Região Nordeste do país, o que levou à valorização do povo nordestino.
   b) Os racistas científicos permaneceram com o discurso instituído da miscigenação como um demérito para a civilização brasileira.
   c) A ideia de miscigenação foi elevada a uma condição de conquista, bem como de circunstância do processo civilizatório.
   d) Anularam-se as contradições que a cultura europeia impôs aos povos nativos.

Atividades de aprendizagem

Questões para reflexão

1. Reflita sobre a relação entre as predisposições biológicas e raciais e o meio social proposta pelos autores estudados neste capítulo. Você consegue notar algum tipo de determinismo? Como discutimos, o conceito de raça (biológica) desapareceu do discurso cientifico com o desenvolvimento da genética, mas este ainda é um termo usado (socialmente) para definir fronteiras identitárias. O conceito de raça já foi utilizado para demarcar diferenças nos espaços que você frequenta? Liste situações em que você foi questionado sobre seu pertencimento étnico-racial e reflita sobre os processos de hierarquização ou de assimilação envolvidos.

2. Reflita sobre a representação do colonizador português na produção dos três autores da geração de 30. Quais são os pontos em comum e os distanciamentos observados? Aproveitando a questão,

pense sobre sua genealogia familiar: Existe alguma menção a uma descendência imigratória? Como essa descendência é construída em termos de pertencimento étnico, racial, nacional ou regional? Que valores são mobilizados e quais são as hierarquias constituídas?

Atividade aplicada: prática

1. **Elaboração de fichamento**

Um fichamento é um recurso didático para realizar a interpretação e a síntese de textos complexos e/ou longos. Deve ser composto sempre de forma esquemática, organizando-se o conteúdo de maneira cronológica ou remissiva, de modo a permitir o retorno ágil às passagens importantes para o autor ou destacadas segundo o interesse do leitor. O formato típico do fichamento é a organização por tópicos, que podem seguir a ordem dos subitens do texto ou, alternativamente, ser orientados por temáticas definidas pelo leitor. Um fichamento, pensado dessa maneira, diferencia-se de uma resenha, pois não se concentra especificamente no comentário crítico do texto – organizado no formato de texto "corrido" –, mas em sua categorização para orientar uma composição textual futura.

Para esta atividade, procure fazer um fichamento seguindo essa proposta metodológica. Escolha um dos livros citados neste capítulo. Em uma folha de papel em branco, na horizontal, escreva no canto superior esquerdo da folha as seguintes informações:

- *Título do texto*
- *Autor*
- *Ano de publicação*
- *Retirado de*

Com o auxílio de uma régua, divida a folha de papel em duas seções, de modo que o lado esquerdo contemple dois terços do espaço total.

Comece pela seção da esquerda: este será o espaço destinado ao fichamento do texto. Nele você deve organizar, em formato de tópicos numerados, todo o conteúdo que julgar importante. Os números indicados nos tópicos podem ser escritos no texto original, de modo a facilitar a retomada das passagens em leituras posteriores. Atente para uma questão importante: nesse espaço, apenas transcreva literalmente as passagens, tal como constam no texto original, evitando imprimir interpretações próprias. Sempre referencie essas passagens com as páginas do texto das quais foram retiradas. Você também pode criar símbolos que facilitem a decodificação do conteúdo: uma estrela pode representar uma definição conceitual, um círculo pode representar uma fonte externa, por exemplo.

Na seção da direita, escreva no canto superior: *questões interpretativas*. Essa seção da folha deve ser usada para listar suas interpretações sobre as passagens destacadas. Organize suas observações por índice alfabético. Cada questão interpretativa pode remeter a uma passagem específica do texto ou referir-se à leitura como um todo. Se fizer referência a uma passagem específica, anote no lado esquerdo da página – próximo à passagem em questão – a letra que indexa essa questão em particular.

Algumas dicas: com o tempo, você perceberá que pode dedicar mais espaço numa página à transcrição literal das passagens destacadas ou às suas questões interpretativas. Isso depende fundamentalmente da natureza do texto e de suas intenções ao ler determinado material. Você também pode criar um modelo de ficha com o auxílio de um editor de textos e utilizá-lo sempre que for começar uma nova leitura. Lembre-se de fazer o fichamento concomitantemente com a leitura do texto: mesmo que o tempo para a conclusão da tarefa aumente, um texto bem fichado será muito mais bem aproveitado.

2 As classes sociais e o problema do estabelecimento do capitalismo no Brasil

André Marega Pinhel

Neste capítulo, aprofundaremos a reflexão sobre o início de uma das principais agendas de pesquisa da sociologia no Brasil: o estabelecimento do capitalismo e da sociedade de mercado e suas consequências para a organização social e a cultura nacional. Tratar desse tema implica considerar a criação e o desenvolvimento de um dos principais polos do pensamento sociológico brasileiro: a Escola Paulista de Sociologia, nome dado a um conjunto de produções intelectuais oriundas de instituições sediadas na cidade de São Paulo. Vamos narrar os eventos, citar os intelectuais e analisar os temas de pesquisa que levaram à criação de duas importantes instituições da Escola Paulista: a Escola Livre de Sociologia e Política (ELSP) e a Faculdade de Filosofia, Letras e Ciências Humanas da Universidade de São Paulo (FFLCH-USP).

2.1
A Escola Paulista de Sociologia: formação da ELSP e da FFLCH-USP

Na primeira metade dos anos 1930, o Governo Provisório de Vargas ainda estava em vigor, conforme vimos no capítulo anterior. Porém, a tentativa de derrubada desse regime pela aristocracia de São Paulo, com o movimento da Revolução Constitucionalista de 1932, marcaria a relação do governo federal com o estado mais rico da nação. A elite econômica paulista, associada principalmente à cafeicultura, uniu-se a representantes do nascente setor industrial para desenvolver um projeto de modernização e racionalização da Administração Pública. Seu representante era o interventor nomeado pelo Governo Provisório, Armando Sales de Oliveira. Ele havia sido indicado por Vargas justamente para aplacar o descontentamento das oligarquias locais com o governo federal. Em 1935, foi eleito governador do estado pela Assembleia Constitucionalista. Lançado candidato à presidência da República pela União Democrática Brasileira (UDB) dois anos depois, Armando Sales viu sua candidatura naufragar depois do golpe que instituiu o Estado Novo, em novembro daquele ano. Sob a ditadura Vargas, foi responsável pela gestão do jornal *O Estado de S. Paulo*, um veículo atuante na causa paulista desde a Revolução de 1932. Sales foi perseguido e preso pelo governo federal. Exilado, retornou ao Brasil em 1945 para ser anistiado pela Assembleia Constituinte. Faleceu no mesmo ano.

É importante traçar uma linha que conecta *O Estado de S. Paulo*, Armando Sales e a Liga Nacionalista de São Paulo. Essa liga, fundada em 1916, congregava boa parte dos intelectuais paulistas e empresários do meio cultural. O grupo, autonomeado "elite cultural paulista", tinha no jornal uma ferramenta para influenciar as massa e defendia diversas pausas, entre as quais estavam:

- a necessidade de reformas políticas modernizadoras, como a adoção do voto secreto obrigatório;
- a erradicação do analfabetismo em uma ação educacional coordenada;
- a assimilação cultural dos imigrantes;
- o fortalecimento da segurança nacional, por meio do incentivo ao serviço militar obrigatório como espaço de formação para o civismo e a cidadania.

A liga tornou-se passagem obrigatória para qualquer personalidade com ambições políticas, principalmente depois que um membro emérito da liga e dono d'*O Estado de S. Paulo*, Júlio de Mesquita Filho, desencadeou uma série de críticas ao Partido Republicano Paulista (PRP), então a única legenda organizada do estado. O jornalista classificou as ações do PRP como "política militante", degenerada pela ação **populista** e pelo aceite de imigrantes em suas fileiras. Segundo Mesquita, a "elite cultural", que via em Armando Sales de Oliveira seu principal representante, deveria assumir a gestão pública.

Armando Sales de Oliveira era engenheiro formado pela Escola Politécnica. Seu nome está associado à reconstituição das instituições de gestão pública prejudicadas por represálias do governo federal. Em 1934, foi um dos responsáveis por conceber e fundar a Universidade de São Paulo (USP), mediante a união de diversos centros de estudo preexistentes – incluindo a Escola Politécnica e a Escola de Direito do Largo São Francisco. Também foi um dos idealizadores do Instituto de Organização Racional do Trabalho (Idort), voltado à capacitação profissional de trabalhadores e ao planejamento das políticas industriais. Quando o instituto foi elevado à condição de instituição de interesse público, Armando Sales conduziu o processo de reestruturação da Administração Pública paulista.

O Idort, juntamente com a Faculdade de Filosofia, Letras e Ciências Humanas da USP (FFLCH-USP), teve um papel determinante na consolidação da Escola Paulista de Sociologia. Como indicado em Limongi (1989a), parte dos intelectuais responsáveis pela organização da Escola Livre de Sociologia e Política (ELSP) estava associada ao Idort, como era o caso de Roberto Cochrane Simonsen, membro fundador da ELSP e professor de História do Pensamento Econômico. Impulsionada pelo movimento de racionalização da Administração Pública, a ELSP – fundada em 1933 – constituiu-se como formadora de quadros técnicos, voltada à qualificação de profissionais para otimizar o funcionamento do Estado. Ou seja, podemos dizer que o objetivo pedagógico dessa instituição estava em consonância com a conjuntura política daquele período, caracterizada pela reestruturação da Administração Pública.

Dois eventos marcaram profundamente a atuação da ELSP e sua missão institucional. O primeiro deles foi a criação da então Faculdade de Filosofia, Letras e Ciências (FFLC)[1], em 1934, um ano depois da ELSP. Núcleo científico da USP, a entidade gerou uma "concorrência" para o recrutamento de novos alunos para o curso de Sociologia, fazendo com que a procura pela ELSP diminuísse. As duas escolas também disputaram financiamento. A ELSP era uma fundação privada, dependente de recursos particulares. Em um documento enviado aos deputados estaduais paulistas em 1934, os representantes dessa entidade esclareceram a atuação da ELSP, de preparação de quadros para o funcionalismo, como forma de justificar aportes financeiros pelo governo estadual. Era fundamental deixar claro que não havia redundância de funções em relação à FFLC, mais pautada por uma atuação teórica e abstrata.

---

1 Mais tarde, à medida que a USP crescia, a entidade passou a se chamar Faculdade de Filosofia, Letras e Ciências Humanas, agregando um *H* à sigla (FFLCH-USP). Trataremos desse episódio mais adiante.

O segundo evento significativo para entender o papel da ELSP na constituição da Escola Paulista de Sociologia foi a chegada, em 1939, de Donald Pierson, sociólogo norte-americano que assumiu a coordenação de pesquisas da instituição. Formado pela eminente Universidade de Chicago – muito conhecida, à época, em virtude dos cientistas sociais da chamada *Escola de Chicago* –, Pierson promoveu uma transformação no projeto pedagógico da ELSP. A instituição orientou-se para a formação de sociólogos profissionais, com um treinamento em coleta e análise de dados empíricos. Ocupando um espaço aberto pela derrocada da carreira política de Armando Sales de Oliveira, Pierson deu um caráter mais acadêmico à entidade, alterando o projeto inicial de formar quadros técnicos para a gestão pública. Nesse sentido, atuou para a criação da seção de pós-graduação da ELSP, que iniciou as atividades em 1941. Isso veio a ser um ponto positivo na "concorrência" com a FFLC, já que esta não contava com formação de mestres e doutores. A oportunidade de se dedicar à pesquisa profissional acabava atraindo egressos da FFLC para a ELSP (Limongi, 1989a).

Depois da "reforma universitária" realizada entre as décadas de 1960 e 1970, o centro de humanísticas da USP passou a ser Faculdade de Filosofia, Letras e Ciências Humanas (FFLCH)[2]. Seu projeto pedagógico se diversificou, voltando-se também para a formação de quadros docentes para o ensino secundário. Inicialmente, comportava, além dos cursos de humanidades, toda a formação científica da USP, o que incluía as ciências exatas e naturais. A FFLCH também se diferenciava do projeto da ELSP por contar com um financiamento público garantido pela política pública de Estado. Seu projeto estava amparado em certa concepção liberal de sociedade, segundo a qual a educação tinha

2 Será a nomenclatura que adotaremos daqui em diante neste livro.

o objetivo de promover a organização social e a elevação do nível de cultura como pilares de uma ação civilizadora nacional.

A clientela inicial da FFLCH foi muito bem apresentada por Limongi (1989b), que menciona a matrícula de 182 alunos para o ano letivo de 1934. Os depoimentos de professores europeus revelam um corpo discente proveniente das famílias mais ricas da cidade de São Paulo, interessado em certo conhecimento "ornamental" que a faculdade teria a oferecer. Por isso, a faculdade perdeu 80% dos inscritos já no segundo ano, o que induziu a administração a estabelecer novas formas de ingresso. Criou-se um comissionamento para professores de segundo grau (atual ensino médio), que recebiam uma licença remunerada para estudarem. Além disso, a FFLCH passou a acolher em suas salas de aula uma série de imigrantes e mulheres, que viam na graduação um caminho para a ascensão social. Porém, o diploma da FFLCH oferecia pouca possibilidade de inserção no mercado de trabalho, salvo para aqueles que já atuavam nos cursos ginasiais. É preciso lembrar que o ensino médio era incipiente à época, principalmente o gerido pelo Poder Público.

O núcleo intelectual da FFLCH foi formado pela chamada *Missão Francesa*, um grupo de professores francófonos da área de humanidades, entre os quais se destacaram os nomes de Claude Lévi-Strauss (etnologia/antropologia), Roger Bastide (sociologia), Paul Arbousse-Bastide (ciência política) e Paul Hugon (filosofia). A Missão Francesa organizou o corpo teórico da recém-criada faculdade, influenciando também sua estrutura administrativa e pedagógica. O sistema de cátedras, espelhado na tradição universitária europeia – e francesa, em especial –, atribuía ao professor catedrático um papel centralizado na organização do programa e na condução das disciplinas, além da coordenação dos esforços de pesquisa e produção de conhecimento. Assim, logo na fundação da FFLCH, em 1934, duas cadeiras de Sociologia foram criadas:

Sociologia I e II. As de Antropologia e Ciência Política foram criadas posteriormente, como habilitações das Ciências Sociais.

Spirandelli (2014) aponta que a cátedra de Sociologia II foi inicialmente ocupada por Paul Arbousse-Bastide, que manteve a posição até 1940. Depois de passar ao comando de Roger Bastide pelos dois anos seguintes, foi ocupada por Fernando de Azevedo, que manteve o posto até 1964. Sua passagem pela cátedra de Sociologia I – e também pela administração da FFLCH – foi marcada por uma ação educativa. Fernando de Azevedo foi um dos signatários da **Escola Nova**, movimento responsável por consolidar uma educação pública, laica e universal, garantida como política de Estado – um dos principais legados da Era Vargas para a área. Assim como outros intelectuais da FFLCH, Azevedo atuou na Administração Pública, ocupando os cargos de secretário da Educação do município e do Estado de São Paulo. Fazia parte do círculo de intelectuais que tinha n'*O Estado de S. Paulo* um veículo de difusão de ideias "modernizadoras" para a sociedade brasileira.

Outro intelectual ligado à trajetória da cátedra de Sociologia II foi Antonio Candido de Mello e Souza. Formado pela FFLCH em Ciências Sociais em 1941, o sociólogo e crítico literário assumiu a posição de assistente da cátedra no ano seguinte. Defendeu, em 1954, sua famosa tese de doutorado, intitulada *Os parceiros do Rio Bonito: estudo sobre a crise nos meios de subsistência do caipira paulista*, um tratado cultural sobre o caipira do interior paulista e sua adaptação ao meio antrópico.

Influenciado pelo pensamento de Bronislaw Malinowski[3], Antonio Candido construiu uma obra dedicada à compreensão da produção

3 Antropólogo polonês radicado na Inglaterra, professor da London School of Economics. Publicou *Argonautas do pacífico ocidental* (1922), uma pesquisa destacada pela revolução metodológica que colocou a **etnografia** como principal ferramenta para produzir e pensar o conhecimento antropológico.

material de subsistência do caipira, ou seja, às formas culturais de interação com o meio e de organização do trabalho. O levantamento das práticas e dos modos de agir tinha o objetivo de situar a sociabilidade do bairro, uma categoria geográfica e social formada na decadência do latifúndio e na emergência da "gleba" (divisão de uma terra privada para o cultivo por parte de camponeses por meio de arrendamento).

A obra mereceria notoriedade apenas pela linguagem clara e pelo detalhamento etnográfico. Contudo, a metodologia aplicada para pensar o conceito de comunidade serviria de embrião para as pesquisas englobadas pela categoria dos estudos de comunidades desenvolvidos na FFLCH. Também é notável sua análise do "Brasil do passado", ou seja, dos modos de vida que se encontravam em rota de colisão com a emergente e abrangente ordem capitalista e a sociedade de mercado.

A outra cátedra, de Sociologia I, foi gerida por Claude Lévi-Strauss e Paul Arbousse-Bastide até 1937. Desse ano até 1953, ficou sob a tutela de Roger Bastide. Desse momento em diante, a área passou a ser coordenada por aquele que viria a ser o intelectual de maior destaque já formado pela FFLCH: o sociólogo Florestan Fernandes, responsável por organizar um programa de pesquisa e formar diversos pesquisadores associados a essa cátedra. Como teremos em nosso livro um espaço exclusivo para o pensamento de Florestan Fernandes, por ora vamos apenas situar sua atuação profissional nas cátedras da FFLCH.

Sob a tutela de Florestan Fernandes, as pesquisas em Sociologia I se ocuparam das transformações causadas pela emergência do capitalismo e da sociedade de classes, bem como da superação da ordem escravocrata e da instauração do trabalho livre. Lembremos que, na década de 1930, São Paulo era uma cidade em ebulição social, recebendo muitos imigrantes – principalmente italianos –, que substituíam a força de trabalho negra egressa do sistema escravocrata.

O pressuposto metodológico implantado por Florestan em Sociologia I abrangeu dados empíricos e trabalho de campo, configurando uma abordagem que se pretendia "científica" e analítica. O **estatuto** de cientificidade na sociologia de Florestan Fernandes será descrito mais adiante. Agora, cabe mencionar que esse paradigma formou uma série de intelectuais, como Octavio Ianni e Fernando Henrique Cardoso. Estruturada sob o signo da cientificidade, a cátedra de Sociologia I levou a cabo o projeto político-pedagógico de massificar o ensino dessa ciência no Brasil, ampliando as investigações sobre as transformações do sistema capitalista em nossa ordem social.

Resumidamente, a cátedra de Sociologia II ateve-se ao estudo do Brasil "arcaico", influenciada por um horizonte culturalista e mais aberta a abordagens metodológicas diversas, como a crítica literária. A cátedra de Sociologia I, por outro lado, ocupou-se de pensar o Brasil "novo", manifesto principalmente na cidade de São Paulo – epicentro da transformação socioeconômica que inevitavelmente alcançaria todo o território nacional. O viés analítico adotado aqui privilegiou o olhar econômico sobre as relações sociais. O ponto de partida era a transformação de uma sociedade de estamentos e escravocrata em uma sociedade de classes fundada sob uma economia industrial. Eventualmente, a posição expressa pela cátedra de Sociologia I dominou a produção teórica das ciências sociais da FFLCH.

Indicações culturais

A HISTÓRIA da USP. 13 dez. 2011. Disponível em: <https://www.youtube.com/watch?v=Etza5IiTeZY>. Acesso em: 15 ago. 2019.

Esse documentário retrata a fundação da USP pela voz de seus professores eméritos. Uma de suas preocupações é mostrar como a criação da universidade se inseriu em um contexto de ebulição da sociedade paulista, seja pela organização de suas elites em torno de determinadas instituições – como o jornal *O Estado de S. Paulo* –, seja pela proletarização das camadas populares. Assista ao filme e reúna informações complementares àquelas apresentadas neste capítulo, sempre mapeando os atores envolvidos nos fatos históricos.

2.2 Precedentes teóricos e analíticos da Escola Paulista de Sociologia

Roger Bastide, professor da FFLCH entre 1938 e 1954, e Donald Pierson, professor e pesquisador da ELSP de 1927 a 1959, foram dois intelectuais importantes para a consolidação da Escola Paulista de Sociologia. Seus nomes estão diretamente ligados à organização da disciplina de Sociologia na FFLCH e na ELSP, respectivamente. Trata-se, portanto, de pensadores que foram contemporâneos e participantes do mesmo ambiente cultural, ainda que formados por orientações teóricas diversas. Com Bastide e Pierson, a sociologia brasileira se institucionalizou, se especializou como campo de conhecimento e espaço coletivo de discussão sobre as metodologias de pesquisa e verificação de resultados. Ambos concentraram seus estudos nas relações raciais e na cultura afro-brasileira, formando toda uma geração de pesquisadores interessados em pensar o Brasil sob um olhar analítico, fortemente amparado na coleta de dados empíricos de pesquisa.

Roger Bastide foi um dos integrantes da Missão Francesa, responsável por organizar o ensino das ciências sociais na FFLCH, substituindo Lévi-Strauss como coordenador da cátedra de Sociologia I. Permaneceu no posto até 1953, entregando-o a seu aluno Florestan Fernandes. No ano seguinte, despediu-se do Brasil para ocupar uma posição na prestigiada Universidade de Sorbonne: a cadeira de Etnologia Social e Religiosa. Vinte anos depois, voltou ao Brasil para pesquisar a evolução das religiões africanas. Faleceu no ano de 1973. Sua marca distintiva foi o apreço pelo trabalho de campo e a verificação empírica como fundamento da produção do conhecimento científico. Como informa Queiróz (1994), Bastide também se destacou por estabelecer uma relação igualitária com seus orientandos, permitindo que escolhessem seus objetos de pesquisa sem interferência. Foi responsável pelo treinamento de toda uma geração de pesquisadores eméritos - como Fernando Henrique Cardoso e Florestan Fernandes –, que adotaram ampla diversidade de temáticas de pesquisa. De acordo com Braga (2000), Bastide manteve uma concepção pedagógica plural e diversificada, destinada a formar "homens de cultura".

Para além da pesquisa sociológica propriamente dita, atuou em diversas áreas de trabalho intelectual, como crítica de arte e literatura. Porém, ficou realmente conhecido por seu trabalho de pesquisa com as religiões de matriz africana. Em 1960, publicou sua tese de doutorado: *Les religions africaines au Brésil*, traduzida para o português e lançada como livro em 1971, sob o título *As religiões africanas no Brasil*. A obra é um extenso tratado, em dois volumes, que tem o mérito de analisar essas práticas a partir da pluralidade cultural de tais religiões sem construir um olhar genérico. Ao mesmo tempo, pauta-se por um viés fortemente analítico, uma mudança e sofisticação metodológica em relação a Nina Rodrigues e Arthur Ramos, que até então eram as principais referências sobre o tema. Ao contrário destes, Bastide entendia que não seria possível falar em uma religião africana no Brasil, somente em religiões. Sua percepção foi influenciada pela vivência de um momento histórico singular com a criação de uma nova religião: a umbanda.

As religiões africanas no Brasil é uma pesquisa interessada em analisar as relações entre **infraestrutura** econômica e **superestrutura** mítica. Busca entender, portanto, como a dominação cristã portuguesa, as instituições de Estado e as mudanças na matriz produtiva nacional não foram capazes de extinguir as práticas religiosas africanas; ao contrário, atuaram para sua diversificação e autonomização. Seguindo esse eixo de análise, o autor examina a prática religiosa africana – e mais especificamente o candomblé – por sua característica de **resistência**: Por que essa religião resistiu ao sincretismo e a modificações, ao contrário da macumba e do espiritismo?

No artigo "Cavalo dos deuses: Roger Bastide e as transformações das religiões de matriz africana no Brasil", publicado na *Revista de Antropologia*, Marcio Goldman (2011) apresenta uma análise muito bem situada da obra de Roger Bastide. O autor avalia o conceito de religião africana desenvolvido por Bastide, que seria orientado por uma concepção triangular. O candomblé é estruturado sob um sistema de transferência de prestígio e conhecimento autonomizado. Como fonte geradora de significado simbólico, estaria mais próximo da matriz mítica africana. A nova religião da umbanda representaria o encontro entre a infraestrutura econômica e a superestrutura mítica, uma cosmologia sincrética, portanto, totalmente adaptada ao seu contexto histórico. E, por fim, a macumba seria um derivado não estruturado do processo de reorientação sincrética. Quando as representações religiosas não se articulam com os grupos sociais efetivos (Goldman, 2011, p. 414), prevaleceria o "individualismo anômico", além do "parasitismo social" e da "exploração desavergonhada da credulidade das classes baixas ou do afrouxamento das tendências imorais"[4] (Bastide, 1971, citado por Goldman, 2011, p. 428).

---

4 Aqui, apesar de reconhecer o caráter racista e etnocêntrico da leitura de Bastide, Goldman (2011, p. 428) credita seu posicionamento a uma tentativa de resguardar, ao menos, parte das religiões de matriz africana da perseguição sofrida na época.

A intenção era realizar uma ponte entre os dados coletados pelo método etnográfico e as generalizações sociológicas. Segundo Goldman (2011), isso não se concretizou, já que Bastide escreveu um estudo em dois volumes: um específico sobre os dados coletados em campo e outro sobre as generalizações sociológicas. O autor ainda ressalta o caráter relativamente "nagocêntrico"[5] da obra, ou seja, centrado nas práticas do candomblé de tradição iorubana, um grande grupo linguístico/cultural situado na costa do Benim. Além disso, sua leitura estava orientada principalmente pelo trabalho de campo desenvolvido em alguns terreiros de tradição iorubana de Salvador. Os demais dados tinham sido extraídos de curtas visitas de campo ou de relatos de informantes diversos.

O trabalho de Bastide foi criticado pelos novos estudos de religião desenvolvidos a partir da década de 1970[6], que tinham uma concepção de religiosidade africana nostálgica de uma África imaginária. Classificavam os exemplos de práticas religiosas estudadas como mera derivação dessa mística original, sem reconhecer a autenticidade e a originalidade, isto é, sua brasilidade. Parte das críticas também advinha de adeptos e praticantes das religiões de matriz africana, que consideravam a visão "nagocêntrica" de Bastide simplificadora das múltiplas formas de manifestação da mística afro-brasileira. Em desagravo à posição do pesquisador francês, Goldman (2011) analisou como muitos dos leitores iniciados nas religiões afro buscavam a literatura bastidiana para se apoderar de conhecimentos e saberes tradicionais que não puderam ser acessados diretamente, mas que haviam sido preservados pelo interesse de pesquisa de Bastide. O autor ocupou-se de manter um registro bem

5 Relativo ao termo *nagô*, nome atribuído pelos traficantes aos negros escravizados de origem iorubá, um grupo étnico-linguístico situado na costa setentrional da África, na região que hoje integra a Nigéria, Benim e Gana.

6 Ver Oliveira (2008).

organizado dessas manifestações, exatamente no momento em que passavam por grandes transformações estruturais.

Donald Pierson, sociólogo americano radicado no Brasil e uma das figuras fundamentais no esforço de consolidação do campo sociológico no país, também se dedicou ao estudo das relações raciais no Brasil. Além de organizar a formação de novos sociólogos ao coordenar a pós-graduação da ELSP, foi ainda um dos responsáveis – se não o protagonista – pela difusão primária dos conceitos e das metodologias elaborados pela eminente Escola de Chicago.

Donald Pierson se formou no *Masters of Arts* dessa universidade, sob a orientação de Robert Ezra Park (1864-1944). Abordou os problemas urbanos derivados do desenvolvimento do capitalismo, como desemprego, conflitos raciais e migração. A concepção de sociologia desenvolvida na Escola de Chicago fundamentava-se na análise de dados empíricos, sendo pioneira na elaboração de métodos de coleta como o *survey*, amplamente discutido e aplicado por Park. Sob o signo da empiricidade e da cientificidade, essa escola procurou se desvincular de um horizonte especulativo e ensaístico de sociologia, ocupando-se de elencar casos concretos de competitividade, adaptação e seleção em grupos comunitários, o que era entendido como o estudo da **ecologia humana**.

O campo da ecologia humana se interessou por mecanismos de mudança social e pela relação entre as transformações da infraestrutura econômica, considerando a sobrevivência e a adaptação dos grupos humanos. A competição pela sobrevivência seria uma chave para a compreensão desses grupos. Essa abordagem é claramente influenciada pelo pensamento de Herbert Spencer, mencionado na discussão sobre Euclides da Cunha. É a competição que determinaria a alocação de recursos e a distribuição espacial das populações humanas, o que resulta nas comunidades. O trabalho do sociólogo, nessa concepção, compreende a coleta de dados empíricos e a análise de como tais comunidades se formam e se adaptam às modificações do capitalismo, como a hegemonização do trabalho livre e assalariado, o mercado de terras e as migrações da força de trabalho.

Como explicitado em Maio e Lopes (2017), Donald Pierson chegou ao Brasil em 1935, estimulado por Park, para realizar estudos sobre o desenvolvimento da democracia. Rapidamente, entrou em contato com os intelectuais que pensavam as relações raciais na sociedade brasileira, tendo então acesso ao material produzido por Gilberto Freyre e Arthur Ramos. Escolheu a cidade de Salvador como campo para suas investigações empíricas. Depois de permanecer ali por dois anos, retornou aos Estados Unidos para a finalização de seu doutorado, publicado em 1945 no Brasil sob o título *Brancos e pretos na Bahia*.

Pierson retornou ao Brasil em 1939 para assumir a coordenação da formação de sociólogos na ELSP, como mencionamos na seção anterior. Limongi (1989a) aponta que sua chegada à instituição foi fundamental para a organização de um projeto político-pedagógico de formação de sociólogos acadêmicos. Juntamente com Herbert Baldus e Emilio Willems – dois intelectuais de origem alemã –, organizou a seção de pós-graduação da ELSP. Foram responsáveis pela criação da revista *Sociologia*, uma das primeiras publicações regulares especializadas no estudo da temática e que, inicialmente, cumpriu o papel didático de traduzir trabalhos dos grandes centros do pensamento sociológico para os estudantes da ELSP. A criação dessa revista e a formação de um núcleo de pós-graduação na instituição, aliadas à disposição das agências internacionais em financiar pesquisas no Brasil (como analisaremos no próximo capítulo), colaboraram para a criação de um ambiente intelectual favorável ao desenvolvimento e à experimentação dos estudos de comunidade, metodologia-chave para Pierson e os estudos de ecologia humana.

No início da sua atuação à frente da ELSP, Pierson empreendeu uma série de pesquisas de recenseamento e identificação de comunidades urbanas em São Paulo, prospecção que iniciou os alunos na rotina de coleta e análise de dados empíricos. Foi uma espécie de piloto dos estudos de comunidade. Pierson foi a campo entre 1947 e 1948 na cidade de Araçariguama, então distrito do município de São Roque, localizado na região noroeste a 50 km da cidade de São Paulo. A escolha do município, que no estudo recebeu o pseudônimo de Cruz das Almas, deu-se justamente pela proximidade com a capital paulista, centro irradiador da modernidade e do desenvolvimento capitalista no Brasil. Em Cruz das Almas, Pierson observou as permanências e as mudanças de uma sociedade rural (arcaica) ao se transformar em uma sociedade urbana/industrial (moderna). O autor deu ênfase às formas de manifestação cultural, ou ***folk***, como festas, cerimônias e rituais religiosos. Seus estudos trataram dos elementos da cultura caipira em uma sociabilidade espacialmente delimitada, no limiar de ser rompida em seu isolamento pelo avanço da urbanidade. Foi um lugar privilegiado para observar as práticas tradicionais se transformando em formas modernas de organização social.

Como vemos em Maio, Oliveira e Lopes (2013), Pierson se manteve relativamente alheio à aplicabilidade prática de suas pesquisas durante a década de 1940, limitando-se a registrar o valor teórico e pedagógico que os estudos de comunidade poderiam ter na formação de novos sociólogos. Na década seguinte, o autor deu início à sua atividade de pesquisa mais destacada, no chamado *Projeto do São Francisco*. Esta foi uma ação patrocinada pela Comissão do Vale do São Francisco, instituição de fomento ligada ao governo federal, à ELSP e ao Institute of Social Anthropology (ISA), uma entidade internacional mantida pela Fundação Smithsonian, notável pela manutenção de grandes museus de história natural e cultura nos Estados Unidos. Nesse período, emergiu um Pierson mais preocupado com o potencial intervencionista que os estudos de comunidade poderiam adquirir. Influenciado pelo clima desenvolvimentista da década de 1950, o autor observou seu lugar sociológico como um polo indutor da modernidade, como se o conhecimento aprofundado dessas comunidades pudesse guiar as transformações da infraestrutura econômica - concebida como inevitável - no sentido da integração e do desenvolvimento da sociedade brasileira.

Donald Pierson chegou ao Vale do Rio São Francisco em meados de 1950, acompanhado de Octavio da Costa Eduardo e de Levy Cruz, ex-alunos da ELSP. O plano era percorrer quase a extensão total dos 2.200 quilômetros do rio, da nascente à foz. O mapeamento utilizou a técnica de *survey*, a observação empírica e o levantamento topográfico da região. No centro de sua análise, encontrava-se o grau de mudança a que as comunidades rurais haviam sido submetidas, ordenado entre os polos de "isolamento" ou "contato":

> O grau de "isolamento" e "contato" das comunidades locais em relação aos centros urbanos constitui uma das ideias diretrizes do estudo. A principal hipótese de pesquisa de Pierson indica que quanto mais isolada uma comunidade, menor seria a importância da mudança social em seu interior e mais evidente a força da tradição. Assim, o curso e o grau da mudança que se operava em cada comunidade podiam ser avaliados com base na identificação do ponto em que ela se situava no *continuum* rural-urbano, ou ainda, na medida em que sua organização social se aproximava ou se afastava de um dos extremos do gradiente cultura de *folk*-civilização. (Maio; Oliveira; Lopes, 2013, p. 259, grifo do original)

É importante notar que a noção de modernidade que subsidiou a mudança social analisada por Pierson não se restringiu ao quesito econômico, embora esse fosse um dos elementos centrais. O pesquisador aprofundou-se também no estudo das transformações políticas e culturais. Seu trabalho é relevante por estar situado em um momento de transição da sociedade brasileira. A industrialização e a urbanidade anunciavam a emergência de uma nova ordem social, ainda que, atualmente, se critique a concepção linear de história que conduziu os primeiros estudos de comunidade.

Indicações culturais

BARRAVENTO. Direção: Glauber Rocha. Brasil, 1962. 77 min.

Esse filme narra o retorno de um trabalhador à sua comunidade de pescadores na Bahia, depois de passar um período na capital do estado. O protagonista, transformado em trabalhador sindicalizado e iniciado na leitura marxista, tenta esclarecer os habitantes da comunidade sobre as práticas "fetichistas e obscurantistas" do culto religioso afro-brasileiro. Por meio da retórica militante, o protagonista busca denunciar a exploração do trabalho dos pescadores por parte dos proprietários dos meios de produção – as redes de pesca – e a forma como essa exploração é velada pela crença em forças místicas. No decorrer da trama, entretanto, o protagonista vai se envolvendo com os rituais e as práticas do povo de santo e começa, então, a questionar as próprias crenças no desencantamento do mundo.

Analise essa obra e reflita sobre o tema da mudança e permanência religiosa que direcionou a produção de Roger Bastide. Como os trabalhadores do filme articulam suas crenças religiosas com sua disposição na estrutura produtiva? Como a concepção de "religião primitiva" é elaborada pelo protagonista do filme?

2.3
A inflexão da sociologia científica

Nesta seção, examinaremos a produção de dois discípulos de Roger Bastide e Donald Pierson. Do primeiro, Florestan Fernandes, já fizemos uma apresentação. A ele soma-se Oracy Nogueira. Ambos foram intelectuais contemporâneos ao estabelecimento da Escola Paulista de Sociologia e se destacaram por firmar as bases para um projeto vanguardista de sociologia, que se pensava científica, empiricista e analítica. Florestan Fernandes se consagrou como emérito aluno de Roger Bastide e um dos principais nomes da sociologia brasileira, sendo responsável direto pela consolidação do polo de pensamento sociológico formado na USP. Do outro lado, Oracy Nogueira foi um dos nomes mais importantes da primeira geração de formandos da ELSP. Sob a orientação de Pierson, atuou na difusão do pensamento sociológico para uma amplitude de áreas – da formação acadêmica à gestão pública.

Os dois autores produziram suas pesquisas entre o início da década de 1940 e meados dos anos 1950. O Brasil emergiu da Segunda Guerra Mundial sob os auspícios de uma política desenvolvimentista e modernizadora. No meio acadêmico, progrediu uma infraestrutura conveniente ao desenvolvimento do pensamento científico. Estabeleceu-se uma rede de pesquisadores, institutos de pesquisa e programas de pós-graduação, sendo a cidade de São Paulo o epicentro dessas transformações. A sociologia que cresceu sobre essa infraestrutura estava fortemente amparada na solidez dos dados empíricos de pesquisa. Para tanto, sedimentou-se como um solo fértil para o desenvolvimento de uma série de novos procedimentos de coleta e análise de dados. Havia, nesse estatuto de pesquisa, a crença de que a cientificidade da argumentação sociológica estaria diretamente relacionada ao empirismo dos exemplos.

Atuando sob esses pressupostos, essa geração de sociólogos se contrapôs às teses e à metodologia dos grandes ensaios que caracterizaram o momento anterior. Eles entenderam que tais ensaios apresentavam uma argumentação especulativa e generalizante, desconectada da realidade empírica e inclinada a conceber grandes explicações sobre a identidade nacional. A nova sociologia se distanciava, portanto, do paradigma de pensamento que caracterizava o país como uma cultura supostamente alheia ao preconceito e à **discriminação racial**, ordenada pelo assimilacionismo e pela integração tipicamente lusitana, na qual predominava a miscigenação étnica e cultural. A partir disso, investigava-se a persistência da segmentação racial a despeito do avanço de uma nova ordem social, marcada pela industrialização da atividade econômica, pela ampliação da sociedade de mercado e pela universalização do trabalho livre.

É importante ponderar que a sociologia dita *científica* de fato atuou para o avanço de metodologias e de uma matriz de pensamento que a colocariam no rol de disciplinas que contribuíram para o desenvolvimento das políticas públicas e do Estado de direito. Porém, seu *status* de "cientificidade" nunca foi consensual entre os próprios cientistas sociais. Cabe lembrar que se passaram anos até que o padrão dualista apontado como grande razão explicativa para o preconceito racial no Brasil pudesse ser desacreditado. A efetiva industrialização e o desenvolvimento econômico – principalmente de São Paulo – demonstrariam que o preconceito racial não era apenas um resíduo do passado escravista, mas, essencialmente, um sistema de classificação etnocêntrico profundamente estruturado, alheio às mudanças na infraestrutura econômica.

Por outro lado, a própria sociologia apontou sua lente analítica para outros objetos de estudo, como a crítica de arte e o patrimônio histórico-cultural, que demandaram um sistema de interpretação diferenciado da matriz empiricista que definia o *status* de cientificidade da disciplina. Ao nos referirmos à sociologia científica, portanto, tratamos de certo estágio de desenvolvimento da disciplina e de um projeto delimitado em um contexto histórico, muito mais que de um paradigma definidor de sua prática de pesquisa.

Nascido na cidade de Cunha, no interior do Estado de São Paulo, Oracy Nogueira se interessou por política desde muito cedo. Como afirmou em relato autobiográfico (Cavalcanti, 1995), participou de jornais e movimentos de esquerda. Estudou na ELSP do início de 1940 até 1945, período em que concluiu o bacharelado e o mestrado na primeira turma de pós-graduandos da instituição. Em 1945, partiu para os Estados Unidos com o objetivo de cursar o doutorado na Universidade de Chicago. Foi orientando de Everett C. Hughes, discípulo de Robert Ezra Park – o mesmo intelectual responsável pela formação de Donald Pierson. Retornou ao Brasil em 1947 para coletar dados de campo, mas teve seu visto de retorno aos Estados Unidos negado por conta de sua associação com os movimentos políticos de esquerda, o que inviabilizou a conclusão de seu doutorado.

Durante a década de 1950, Oracy Nogueira atuou como professor na ELSP. Foi um período conturbado, durante o qual foi hostilizado pelo alinhamento político e enfrentou problemas financeiros. Integrou os quadros da USP, primeiro como técnico administrativo do Instituto de Administração, passando pela FFLCH, e depois como professor titular da Faculdade de Economia e Administração. É importante lembrar que sua carreira como sociólogo não ficou restrita ao ambiente acadêmico. Atuou ainda no planejamento urbano, na preservação do patrimônio artístico e cultural e na assessoria sindical.

Em 1951, participou do chamado *Projeto Unesco*, uma iniciativa da organização internacional multilateral para estudar o racismo e o preconceito racial no Brasil[7]. Sua pesquisa começou pela análise das condições de ocupação de Itapetininga, uma pequena cidade localizada ao sul do Estado de São Paulo. Interessou-se especialmente pelo comércio e pelo trabalho escravo na região. Em um segundo momento, Nogueira abordou a distribuição da população da cidade segundo a declaração de cor ou raça dos habitantes. Apesar de contar com dados pouco precisos (as pesquisas estatísticas no Brasil eram incipientes), o autor apontou como a estratificação das classes sociais da cidade acompanhava uma distribuição de cor da população, evidenciando a existência de três classes ou camadas sociais (Nogueira, 1998, p. 161).

Essas classes se dividiam segundo sua autonomia em relação ao trabalho manual. A classe mais abastada era formada por profissionais liberais. Um segundo estrato era composto por comerciantes e prestadores de serviços. O terceiro e mais baixo patamar era formado por trabalhadores braçais que viviam da venda de sua força de trabalho. O autor percebeu que a proporção de pardos diminuía entre os mais abastados. A população preta estava limitada quase que exclusivamente à terceira classe.

Em *Negro político, político negro: a vida do Dr. Alfredo Casemiro da Rocha*, obra publicada em 1992, encontra-se uma densa descrição da sociabilidade inter-racial vivida na cidade de Cunha durante a década de 1930. Tal contexto pode ser identificado na biografia de Alfredo Casemiro da Rocha, um médico negro formado pela Escola de Medicina da Bahia que migrou para a cidade, chegando a ser prefeito do município. O texto de Oracy Nogueira é o retrato de uma sociabilidade centrada em uma pequena comunidade, em um município em que a maioria da população residia no ambiente rural e com uma economia de produção voltada

7 Trataremos em mais detalhes desse importante e audacioso projeto posteriormente, ainda neste capítulo.

para a cafeicultura de exportação. A ascensão de Casemiro na política local estimulou um pensamento preconceituoso pela elite branca local, que resistiu e se opôs ao prefeito. Há, no livro, uma reflexão sobre o fato improvável de um negro ter ascendido na cidade. Para Nogueira, essa trajetória é uma exceção, ou seja, a eleição do médico negro não é prova de inexistência ou superação do preconceito racial naquela comunidade.

Para esses dois estudos de comunidade, o sociólogo desenvolveu uma metodologia que não se limitou apenas a um paradigma sincrônico, isto é, o pesquisador não considerou somente o momento histórico da análise – uma tendência dos estudos etnológicos com delimitação espacial. O autor buscou compreender o saber local utilizando, de forma adicional, fontes históricas e biográficas. A estratégia garantiu uma análise situada, sem a pretensão de produzir generalizações sociológicas.

Outro feito notável de Nogueira foi organizar um artigo para ser apresentado no XXXI Congresso Internacional de Americanistas, um dos eventos alusivos ao quarto centenário da cidade de São Paulo, celebrado em 1954. O texto foi organizado às pressas, no dia anterior, o que demonstra a capacidade exemplar de síntese e análise do autor.

Em "Preconceito racial de marca e preconceito racial de origem", Nogueira propôs um quadro de referências para interpretar as relações raciais no Brasil e nos Estados Unidos. Tomou como base o método comparativo e o contraste entre tipos ideais, numa clara influência da concepção weberiana de pesquisa. A argumentação é coesa e abrangente, sendo até hoje referenciada e analisada por estudiosos das relações raciais no Brasil. O trabalho está organizado por enunciados. Em 12 tópicos, o autor expõe, por contraste, elementos da sociabilidade inter-racial nos dois países. Ele afirma:

> Considera-se como *preconceito racial* uma disposição (ou atitude) desfavorável, culturalmente condicionada, em relação aos membros de uma população, aos quais se têm como estigmatizados, seja devido à aparência, seja devido a toda ou parte da ascendência étnica que se lhes atribui ou reconhece. Quando o preconceito de raça se exerce em relação à aparência, isto é, quando toma por pretexto para as suas manifestações os traços físicos do indivíduo, a fisionomia, os gestos, o sotaque, diz-se que é de *marca*; quando basta a suposição de que o indivíduo descende de certo grupo étnico para que sofra as consequências do preconceito, diz-se que é de *origem*. (Nogueira, 2006, p. 292, grifo do original)

Nogueira creditou aos Estados Unidos – em especial, à região sul daquele país – o chamado ***preconceito de origem***. Nesse tipo de discriminação, o parâmetro principal é a descendência do indivíduo, e não sua aparência física. Tal comportamento seria uma herança das leis de segregação racial[8], que instituíram a fórmula *one drop of blood*. Bastaria ao indivíduo ter um oitavo de descendência negra para ser considerado negro.

No Brasil, vigorou o chamado ***preconceito de marca***, desencadeado pela percepção estética dos indivíduos e por sua associação fenotípica com o negro. Assim, a variante brasileira do preconceito seria caracterizada por sua natureza altamente intelectiva e circunstancial, permitindo aos indivíduos manipular sua identidade racial na medida em que transitavam entre as classes. Nos Estados Unidos, a carga afetiva (Nogueira, 2006, p. 295) tende a orientar um ódio consciente e racional sobre essas populações, o que faz com que os indivíduos discriminados tenham consciência – e sejam constantemente lembrados – de seu

8 Também conhecidas como *Leis Jim Crow*, que mantiveram um ***apartheid*** legal entre negros e brancos depois da Guerra Civil Americana. As Leis Jim Crow duraram de 1876 até 1965, quando foram banidas após grande pressão dos movimentos pelos **direitos civis** americanos.

lugar inferiorizado na sociedade. Onde o preconceito é de marca, como no Brasil, a racialização tende a ocorrer de forma mais intermitente, incutida sub-repticiamente nas mentes dos indivíduos de cor por meio de brincadeiras e menções jocosas, sem que se interditem, para tanto, as relações sociais com indivíduos brancos.

Tensões raciais e sociais também ganham uma interpretação acadêmica bastante ampla na obra de Florestan Fernandes, um dos grandes sociólogos brasileiros – se não o mais conhecido e referenciado – a se engajem no movimento de construção de um horizonte científico e crítico da disciplina. Florestan nasceu em São Paulo, em 1920, filho de mãe solteira e pai desconhecido. Viveu a infância e a adolescência no seio de uma família de classe popular, trabalhando em ocupações manuais para colaborar com a renda da casa. Mais tarde, creditaria à madrinha o apreço pelos livros, ainda que seu percurso de educação formal tenha sido interrompido precocemente, durante os estudos primários. Concluiu a educação básica no chamado *curso madureza*, equivalente ao supletivo, e ingressou na FFLCH em 1941 para cursar Ciências Sociais.

Graduou-se em 1944. No ano seguinte, ingressou como docente e auxiliar de Fernando de Azevedo na cadeira de Sociologia II. Ali desenvolveria toda a sua trajetória acadêmica e profissional. Florestan Fernandes consolidou-se como formulador de um projeto de sociologia de influência nacional, formando toda uma geração de pesquisadores e levando o pensamento brasileiro para os grandes centros de discussão sociológica do mundo.

O sociólogo é lembrado não só pelo desenvolvimento de uma intensa carreira acadêmica, mas também pelo engajamento político. Defendeu um programa de superação das desigualdades sociais pela construção do socialismo democrático, que motivou perseguições pelo aparato da ditadura militar. Foi precocemente aposentado da cátedra de Sociologia em 1969. Assim como outros intelectuais de esquerda, retirou-se do país durante a ditadura para lecionar em universidades norte-americanas. Em 1986, foi um dos 16 deputados eleitos pelo Partido dos Trabalhadores (PT) para a Assembleia Nacional Constituinte, compondo o primeiro governo civil depois de 21 anos de regime de exceção.

Em seus estudos sobre as relações raciais no Brasil, Florestan Fernandes sempre esteve preocupado em situar a discriminação racial no contexto do estabelecimento de uma nova ordem social, capitalista e orientada para o mercado. O autor desenvolveu a hipótese de um caráter relativamente transitório da discriminação racial como elemento indutor da assimetria de ascensão social entre brancos e negros, possível de ser explicada como um resíduo arcaico do histórico escravista na estrutura econômica brasileira. O racismo atuaria como elemento de distinção marginal à condição de classe, diferenciando indivíduos no acesso a atributos determinantes para a mobilidade social nessa nova ordem, como a experiência no mercado de trabalho e a educação formal.

Tal postura teórica poderia soar como um relativismo do racismo. Porém, não podemos esquecer que o autor sempre condenou veemente a discriminação racial. Na hipótese defendida por ele, postula-se que o preconceito estaria fadado a entrar em colapso, como sistema de diferenciação, à medida que se elevasse o volume de casos de mobilidade social ascendente de negros. Quando os estamentos superiores se percebessem miscigenados, a elite econômica não poderia mais utilizar prerrogativas de classe.

> A Abolição projetou [os "negros"] no seio da plebe, sem livrá-los dos efeitos diretos ou indiretos dessa classificação. Em plena fase de consolidação da ordem social competitiva e do regime de classes, a "população de cor" subsiste numa posição ambígua, representada confusamente, como se constituísse um estamento equivalente ao ocupado pelos "libertos" na velha estrutura social. [...] Essa situação identifica quais

> são as raízes históricas da degradação social do "homem de cor" no seio do novo sistema socioeconômico: a perpetuação indefinida de padrões de ajustamento racial que pressupunham a vigência de critérios anacrônicos de atribuição de *status* e papéis sociais ao negro e ao mulato. (Fernandes, 2008, p. 303)

Em 1955, Roger Bastide e Florestan Fernandes publicaram *Brancos e negros em São Paulo* (1955), uma investigação situada na industrialização da economia e na proletarização das camadas populares. Tal como o trabalho de Oracy Nogueira em Itapetininga, a pesquisa de Bastide e Florestan também integrou o Projeto Unesco, contrapondo os dados obtidos por outros pesquisadores em regiões onde o desenvolvimento econômico capitalista apresentava-se em outras etapas de consolidação.

Antes de seguirmos adiante, é importante registrar o impacto que o fomento da Organização das Nações Unidas (ONU) gerou nas ciências sociais brasileiras. O Brasil fora escolhido pela Organização das Nações Unidas para a Educação, a Ciência e a Cultura (Unesco) para sediar um amplo projeto de pesquisa sobre a discriminação racial. A entidade foi motivada pela ideia de que o país seria uma sociedade multirracial, sem grandes conflitos motivados por raça ou etnia – um bom exemplo a ser estudado, portanto, tendo em vista o ambiente posterior à derrota do nazismo e dos nacionalismos extremos. O amplo estudo incluía pesquisas em diferentes regiões e contextos, mobilizando alguns dos principais nomes das ciências sociais no Brasil (Maio, 1999). Arthur Ramos, reconhecido internacionalmente por seu trabalho como antropólogo, foi um grande articulador para a realização do Projeto Unesco no Brasil.

Outro grande sociólogo a participar desse projeto foi Luiz de Aguiar Costa Pinto, professor da Universidade do Brasil, no Rio de Janeiro. Costa Pinto ficou encarregado de pesquisar as relações raciais na então capital federal, outra das áreas industrializadas do Brasil. Seu relatório deu origem ao livro *O negro no Rio de Janeiro: relações de raças numa sociedade em mudança*, publicado em 1953. Sob orientação teórica marxista, o autor adotou perspectiva semelhante à de Florestan, privilegiando a dimensão de classe social em detrimento da dimensão de raça. Costa Pinto criticava as abordagens que tinham tratado "o negro como espetáculo" (Costa Pinto, 1998, p. 59), sobretudo as da antropologia, e enfatizado as diferenças étnicas e raciais, em vez de investigar os demais fatores objetivos que produziam diferenças sociais. Para ele, ao contrário dos estudos antropológicos e etnográficos,

> estudar as relações de raças de um ponto de vista sociológico significa dar ao traço étnico o valor que realmente tem, sem hipertrofiá-lo, nem diminuí-lo, o que só é possível fazer quando se tem noção clara das circunstâncias objetivas, não étnicas, que estão envolvidas na configuração total considerada e que, muitas vezes, podem assumir e assumem expressão étnica, embora substancialmente estejam ligadas a fatores de ordem completamente diversa. (Costa Pinto, 1998, p. 62)

O pertencimento "racial" não determinaria, por si mesmo, o comportamento dos indivíduos. Nesse sentido, Costa Pinto se alinhava às declarações de cientistas respeitados internacionalmente sobre a falsidade do conceito biológico de raça. Entretanto, ele não deixava de criticar a ideologia das relações raciais harmônicas e não violentas, cujo principal representante era Gilberto Freyre. Como concluiu em *O negro no Rio de Janeiro*, não havia no Brasil uma "questão racial" tal como havia nos Estados Unidos, mas "uma questão racial em processo de agravamento" (Costa Pinto, 1998, p. 295). A causa, porém, não seria o racismo propriamente dito, pois o sociólogo argumentava que "não existe no Brasil uma filosofia racista definida e forte dando apoio e sanção moral à discriminação racial" (Costa Pinto, 1998, p. 294). O agravamento decorreria da "herança da escravidão", isto é, de uma profunda desigualdade entre negros e brancos em termos de posições sociais e de mentalidades. Com as transformações estruturais da sociedade brasileira – desenvolvimento, urbanização e industrialização –, os negros vinham aproveitando novas oportunidades para sair de seu "lugar tradicional", desafiando a mentalidade senhorial dos brancos e gerando, assim, novas tensões sociais (Costa Pinto, 1998, p. 277).

As transformações estruturais apresentavam dois caminhos possíveis aos negros: a incorporação à massa proletária ou a diferenciação interna, com a ascensão de uma parte à classe média (Costa Pinto, 1998, p. 286). Contudo, à medida que saem de seu "lugar tradicional", os negros passam a sentir com mais força as tensões e as barreiras racistas. Dessa forma, a maioria tenderia à proletarização e ao comportamento de "massa". É preciso lembrar, afinal, que o negro dificilmente poderia ser considerado minoria no Rio de Janeiro. Assim, acabaria adotando, com relação aos seus problemas, mais a perspectiva de classe que a de raça (Costa Pinto, 1998, p. 289).

De maneira distinta, a composição racial da força de trabalho em São Paulo fora profundamente influenciada pelas ondas migratórias que substituíram o trabalho escravizado pelo trabalho livre. Estabeleceu-se um mercado de trabalho multirracial e competitivo, no qual os negros eram desfavorecidos pela pouca diversidade na inserção ocupacional, entre outros fatores. Bastide e Fernandes trataram da acomodação dessas populações na vida da metrópole, discutindo temas como a "etiqueta" das relações interpessoais e a inserção laboral.

O principal mérito de *Brancos e negros em São Paulo* foi explorar, em caráter pioneiro, os matizes do preconceito racial brasileiro no mesmo momento em que o país era reconhecido internacionalmente como um laboratório de harmonia e neutralização dos conflitos étnicos e raciais. Os autores chegaram a afirmar que o brasileiro tem "preconceito de ter preconceito", ou seja, é avesso a situações que objetivam um comportamento discriminatório, como um ato racista. Para desviar a real intenção, elabora um discurso que subjetiva as tensões raciais em brincadeiras e atos jocosos.

Como interpreta Guimarães (2004, p. 21), a raiz desse comportamento pode ser traçada na "incapacidade das classes dominantes e das elites de encararem as persistências do passado e sobrepujá-las". A partir dessa constatação, autores como Munanga (1996) e Telles (2000) seguiram a trilha de Florestan Fernandes, dissertando sobre o caráter velado do preconceito brasileiro, oculto pela atitude negativa e reativa daquele que pratica a discriminação racial.

A integração do negro na sociedade de classes, publicado em 1969, alçou seu autor à cátedra da disciplina de Sociologia I na FFLCH. Fernandes (2008) utilizou dados de campo da pesquisa da Unesco para propor um quadro geral de integração do negro e do mulato na ordem competitiva. A obra foi composta por dois volumes. O primeiro (*O legado da raça branca*) é dedicado à transição do sistema escravista para o trabalho livre; o segundo (*No limiar de uma nova era*), à integração em uma nova ordem social.

O ponto de partida da obra é a abolição da escravidão e a posterior situação do negro. Após a mudança do regime, os ex-escravos ficaram desprovidos de propriedade privada, dependentes somente da venda de sua força de trabalho. Com a deterioração do modelo estamental, calcado na tradição, desapareceram as castas que coincidiam com grupos etnicamente dominantes (brancos) e dominados (não brancos). Emergiu uma sociedade urbano-industrial, e os grupos então dominados no período escravista assumiram um papel marginal na nova sociedade, sem conseguir se adequar ao modelo competitivo e acumulativo. Este parecia ter sido moldado para facilitar somente a integração do indivíduo branco, outrora dominante absoluto. Com essa matriz de interpretação,

Florestan pretendia desconstruir qualquer tipo de justificativa para uma suposta inferioridade intelectual inata ao negro, pressuposto ainda presente no imaginário dos ensaístas eugenistas que o haviam acontecido.

Na obra *O negro no mundo dos brancos*[9], publicada em 1972, a questão racial foi vista a partir das mudanças sociais e econômicas da cidade de São Paulo. Com o estabelecimento de uma ordem competitiva capitalista, a megalópole representava, em termos mais gerais, as transformações vivenciadas pela nação como um todo. Fernandes (2007) entendia que a capital paulista oferecia uma posição privilegiada para observar essa transformação social e atuar em face dela, sendo o epicentro de uma nova infraestrutura econômica – industrializada e com um mercado consumidor interno significativo.

> O drama que o Brasil compartilha com outras nações subdesenvolvidas consiste na disposição insuficiente de recursos racionais de pensamento e ação. Entretanto, se tomássemos como ponto de referência uma cidade em processo adiantado de industrialização [...], como a cidade de São Paulo, poderíamos constatar que **uma nova mentalidade está em formação**. Essa mentalidade é modelada pelo concurso de diversos fatores, que tendem a expor técnicas racionais de intervenção nos problemas da cidade [...], toda espécie de conhecimento racional e, especialmente, a investigação científica [...] a **critérios novos de apreciação axiológica**. (Fernandes, 1958, citado por Sorá, 1998, p. 2, grifo do original)

A leitura atual das teses de Florestan demanda certa reflexão crítica, em especial sobre as hipóteses que o autor levantou acerca da transformação social decorrente do desenvolvimento do capitalismo. Passado quase meio século da publicação de *A integração do negro na sociedade de classes*, o Brasil atravessou ciclos econômicos de crescimento e **recessão econômica** – especialmente nas décadas de 1980 e 1990, com a crise no

9 Trata-se de uma coletânea de artigos publicados por Florestan na década de 1970.

mercado de trabalho –, sem que a expectativa de mobilidade de classes se concretizasse de maneira extensiva, especialmente para a população negra. A persistente disparidade na renda média mantém o país entre as economias mais desiguais do mundo. Além disso, a experiência de integração do negro em São Paulo demonstrou pouco potencial para explicar a situação racial no Brasil como um todo, tal como projetava Florestan. As heterogeneidades regionais, os fluxos migratórios complexos e o desenvolvimento local evidenciaram uma multiplicidade interétnica que poderia formar-se em diversos contextos subnacionais em que se estabeleceram um mercado de trabalho e relações sociais tipicamente modernas.

Cabe, portanto, refletir sobre a possibilidade de Florestan ter sido influenciado pelos movimentos locais que caracterizavam o "paulista" como um ideal de racionalidade política e econômica e que convergiram para a definição da USP como lócus da construção de um centro de pensamento que governaria um estado modernizado, como comentamos na primeira seção deste capítulo.

Indicações culturais

FLORESTAN Fernandes: o mestre. Direção: Roberto Reis Stefanelli. 46 min. Brasil: TV Câmara, 2004.

Trata-se de um documentário biográfico sobre a vida e a obra de Florestan Fernandes, narrado por alguns dos principais intelectuais e atores políticos que conviveram com o autor. Considere as informações do documentário como fonte complementar aos dados apresentados neste capítulo. Utilize as anotações sobre esse documentário para entender melhor a posição de Florestan Fernandes na Constituinte, tema que exploraremos melhor no Capítulo 4.

Síntese

Neste capítulo, abordamos o processo de constituição da sociologia como área de conhecimento acadêmico e como campo de pesquisa no Brasil. Em um primeiro momento, traçamos como ponto de partida para esse processo a formação da Escola Paulista de Sociologia. Trata-se de um polo de pensamento sociológico organizado em meados da década de 1930 a partir de duas universidades: a Escola Livre de Sociologia e Política (ELSP) e a Faculdade de Filosofia, Letras e Ciências Humanas da Universidade de São Paulo (FFLCH-USP). Debruçada sobre as transformações que o capitalismo impunha a seu tempo, a sociologia brasileira que emanou desse polo fundamentava-se em dados empíricos e na especialização de seu conhecimento para se colocar como intérprete legítima das características que fundaram e formaram a construção de um horizonte de povo.

Exploramos a base teórica da primeira geração de pesquisadores dessas universidades, especificamente Donald Pierson e Roger Bastide, professores da ELSP e da FFLCH, respectivamente. Ambos mantinham um interesse comum pelos estudos de relações raciais e da cultura afro-brasileira, tendo sido responsáveis pela formação de toda uma geração de pesquisadores que viam no racismo a persistência da ordem escravocrata, racialmente segmentada. Pierson foi essencial para o desenvolvimento de uma metodologia adequada à leitura desses problemas – os estudos de comunidade. Bastide organizou toda a produção prévia sobre a religiosidade afro-brasileira em um sistema de entendimento das derivações culturais que podia observar.

Por fim, examinamos a segunda geração de pesquisadores da Escola Paulista de Sociologia. Esses autores são fundamentais para a institucionalização da sociologia como disciplina acadêmica de pesquisa. Tratamos, em maior profundidade, de Oracy Nogueira e Florestan

Fernandes, responsáveis pela continuidade dos estudos sobre relações raciais. Oracy Nogueira estabeleceu comparações entre as relações sociais no Brasil e nos Estados Unidos. Suas proposições tornaram-se referência para gerações futuras interessadas no estudo do preconceito racial. Florestan Fernandes, por sua vez, foi responsável pela sistematização de um referencial teórico para analisar a persistência do racismo em uma ordem transformada pelo trabalho livre e pela sociedade de mercado.

Atividades de autoavaliação

1. A Escola Livre de Sociologia e Política (ELSP) abriga alguns elementos importantes para a história da sociologia brasileira. Com relação a esses fatores, assinale V para as assertivas verdadeiras e F para as falsas:

   ( ) Com Pierson, a orientação pedagógica da ELSP passou a ser pela formação de sociólogos profissionais.

   ( ) Pierson atuou para a criação da seção de pós-graduação da ELSP.

   ( ) O objetivo pedagógico da ELSP era formar um quadro técnico habilitado a intervir nas políticas públicas.

   ( ) A ELSP diferenciava-se da finalidade da FFLCH, a qual estava mais pautada por uma atuação teórica e abstrata.

   Agora. assinale a alternativa que contém a sequência correta:

   a) V, V, V, F.
   b) V, F, V, V.
   c) V, V, F, F.
   d) V, V, V, V.

2. Assinale a alternativa correta sobre a obra *As religiões africanas no Brasil*, de Roger Bastide, importante intelectual para a consolidação da Escola Paulista de Sociologia:
   a) A obra investiga as religiões de raízes cristãs e restringe-se ao legado português no Brasil.
   b) A obra investiga a prática religiosa africana – mais especificamente, o candomblé – por sua característica de persistência.
   c) A obra investiga a prática religiosa portuguesa – mais especificamente, o catolicismo.
   d) A obra é interessada essencialmente em analisar as relações econômicas da sociedade brasileira.

3. Donald Pierson, sociólogo americano radicado no Brasil, foi um importante intelectual para a consolidação da sociologia no país. Sobre esse autor, assinale V para as assertivas verdadeiras e F para as falsas:
   ( ) Foi um dos responsáveis pela difusão primária dos conceitos e das metodologias elaboradas pela eminente Escola de Chicago.
   ( ) Refletiu sobre os problemas urbanos verificáveis com o desenvolvimento do capitalismo.
   ( ) Sua concepção de sociologia estava voltada para uma análise muito mais bibliográfica que empírica.
   ( ) Em 1935, chegou ao Brasil e escolheu a cidade de Salvador como campo para suas investigações empíricas.

   Agora, assinale a alternativa que contém a sequência correta:
   a) V, V, V, V.
   b) V, F, V, V.
   c) V, V, F, F.
   d) V, V, F, V.

4. Sobre Oracy Nogueira, um dos nomes mais importantes da primeira geração de formandos da ELSP, assinale a alternativa correta:
   a) Escreveu sobre o pensamento preconceituoso da elite branca local em relação aos negros e elaborou as concepções de preconceito de origem e preconceito de marca.
   b) Desenvolveu uma metodologia de estudos diacrônicos, ou seja, restringiu-se a analisar os fatos do passado linearmente.
   c) Dissertou sobre o preconceito de classe da elite em relação ao proletariado.
   d) Pesquisou e comparou o preconceito nos Estados Unidos e no Brasil e concluiu que em ambos os países o preconceito opera nos mesmos termos.

5. Florestan Fernandes, um dos grandes sociólogos brasileiros, consolidou a sociologia nacional. Sobre esse intelectual, assinale V para as assertivas verdadeiras e F para as falsas:
   ( ) Defendeu um programa econômico desenvolvimentista a favor do capital internacional.
   ( ) Retirou-se do país no período da ditadura para lecionar em universidades norte-americanas.
   ( ) Em 1986, foi um dos 16 deputados eleitos pelo Partido dos Trabalhadores (PT) para a Assembleia Nacional Constituinte.
   ( ) Fez parte do primeiro governo civil depois de 21 anos de ditadura, tornando-se personagem do processo de redemocratização do Brasil.

   Agora, assinale a alternativa que contém a sequência correta:
   a) F, V, V, V.
   b) V, F, V, V.
   c) V, V, F, F.
   d) V, V, V, V.

Atividades de aprendizagem

Questões para reflexão

1. O que Roger Bastide queria dizer com a denominação *religiões africanas no Brasil*? Você já teve contato com as religiões de matriz africana? Em muitos contextos sociais, as práticas religiosas de matriz africana estão diluídas nas crenças da cultura popular, ou seja, não estão, necessariamente, organizadas em uma liturgia específica. Você consegue se lembrar de casos, em seu contexto familiar ou comunitário, de práticas religiosas africanas que não eram reconhecidas como tal?

2. Reflita sobre a importância do Estado da Bahia como campo de pesquisa para os autores estudados neste capítulo. Por que essa região apresentaria um lugar privilegiado para refletir sobre a mudança e a permanência em nosso país? Como as relações entre mudança e permanência sociais são pensadas a partir de sua região?

Atividade aplicada: prática

1. **Elaboração de plano de aula**

   Um plano de aula é um esquema de organização didático-pedagógica para o planejamento de um curso, uma disciplina ou palestra. A sistematização de um plano de aula ajuda a compreender os objetivos que se pretende alcançar com determinada atividade, os esforços e recursos necessários para a exploração dos conteúdos e as possibilidades de avaliação. Siga os cinco passos indicados na sequência para preparar uma aula (ou conjunto de aulas) sobre os conteúdos apresentados neste capítulo.

I) Crie um sistema para classificar seu plano de aula:

- Escreva seu plano de aula no formato de ficha, de modo que ele possa ser catalogado e indexado segundo algumas informações:
  - › tema;
  - › público;
  - › ano em que foi testado o piloto do plano/atualizações subsequentes.
- Lembre-se: um plano de aula bem elaborado pode ser recuperado e atualizado muitas vezes. Manter esse registro catalogado de forma eficaz significa um ganho de produtividade para a atividade docente.

II) Defina os parâmetros preliminares para o plano de aula:

- Qual é o conhecimento prévio dos alunos sobre o conteúdo a ser abordado?
- Qual é o tempo disponível/necessário para a abordagem do conteúdo?
- Que objetivos se pretende atingir com esta aula?
  - › Quais são as habilidades e as competências envolvidas e incentivadas com essa aula?
  - › Que tipo de reflexão se pretende promover com os alunos? Como esse conhecimento os levará a uma análise crítica do contexto social em que estão inseridos?

III) Estipule as etapas e planeje o desenvolvimento da aula:

- Quantas etapas (aulas, módulos, matérias etc.) compõem o plano de aula em questão?
- Quais são os recursos necessários para o desenvolvimento de cada etapa (cópias de textos, apresentações em formato *datashow*, recursos de mídias externas – filmes, jornais, revistas – etc.)?

   › Como as informações obtidas a partir da internet serão tratadas nos debates em sala de aula?
- Como será a organização dos alunos em cada etapa?
- Quais são as alterações ou improvisações necessárias caso o desenvolvimento da aula não decorra da maneira esperada?

IV) Planeje a avaliação:

- Quais são os meios para a avaliação do conteúdo (provas, trabalhos em grupo ou individuais, participação em sala de aula etc.)?
- Qual é a escala de avaliação demandada pela instituição em questão?
- Quais são os critérios de avaliação?
- Qual é a estratégia para os alunos que não atingirem critérios de suficiência para o aproveitamento do conteúdo?

V) Retorne ao plano e avalie sua organização:

- Os resultados das avaliações demonstram um aprendizado suficiente dos alunos? Crie indicadores para avaliar a performance de seu plano de aula.
- Surgiram questões não planejadas para disciplina? Como foram tratadas em sala e como poderiam ser incorporadas ao plano?
- Lembre-se: um plano de aula, por mais elaborado que seja, está sempre inserido em um contexto político e social que os alunos vivenciam, ainda mais no caso de uma disciplina dinâmica como a Sociologia. A atualização de seu plano de aula contribui para o seu crescimento como docente e para a evolução de seus alunos.

3 A sociologia e os problemas do desenvolvimento nacional

Benno Warken Alves
André Marega Pinhel

O início da Guerra Fria entre os blocos capitalista e comunista colocou os países da América Latina numa encruzilhada: permanecer como "quintal" dos Estados Unidos, promover revoluções populares ou fazer o próprio caminho? Essa última alternativa seria a mais desafiadora. Como romper a subordinação internacional por meio do desenvolvimento sem transformar radicalmente as estruturas da sociedade? Essa não era uma questão restrita a intelectuais. A política e a sociedade foram tragadas pela urgência desse debate, para o qual as ciências sociais deram, contudo, importante contribuição.

Nesse contexto, devemos destacar a formação de um ambiente latino-americano de desenvolvimento das ciências sociais – um intenso intercâmbio acadêmico para além das tradições e preocupações nacionais. É notável a influência dos institutos não universitários, que reuniam acadêmicos e intelectuais públicos – a exemplo de centros de ensino, pesquisa e divulgação, atualmente chamados de *think tanks*.

Neste capítulo, trataremos primeiro de uma dessas instituições: a Comissão Econômica para a América Latina e o Caribe (Cepal), fundamental para o debate sobre o desenvolvimento latino-americano. Na sequência, enfocaremos o Instituto Superior de Estudos Brasileiros (Iseb) e sua tradução do problema do desenvolvimento para a realidade brasileira. Por fim, examinaremos como a ditadura iniciada em 1964 reagiu a essa linha intelectual crítica, buscando formatar o ensino superior, especialmente a sociologia.

3.1 A Comissão Econômica para a América Latina e o Caribe (Cepal)

O contexto geopolítico do pós-guerra pressionou fortemente os governos nacionais da América Latina: crise do liberalismo, prestígio crescente das ideias keynesianas[1], além do processo de reconstrução das relações internacionais. O fim da guerra gerou um momento de indefinição que perduraria por alguns anos. Ainda não se podia prever qual exatamente seria a nova ordem internacional a emergir da derrota do fascismo e da destruição da Europa. O que era certo é que as duas grandes potências responsáveis pela derrota de Hitler, a União Soviética e os Estados Unidos,

1 Do economista britânico John Maynard Keynes, que preconizava o planejamento e a intervenção estatal na economia.

surgiam como os polos de uma ordem bipolar. A Europa acabaria, de certo modo, repartida, com as duas potências assumindo um papel em sua reconstrução. A Figura 3.1 traz uma fotografia da Conferência de Yalta, em 1945, que reuniu Winston Churchill, Franklin Roosevelt e Josef Stalin.

Figura 3.1 – Churchill, Roosevelt e Stalin na Conferência de Yalta, 1945

ClassicStock / Alamy / Fotoarena

O nacionalismo havia sido um dos principais fatores a causar a catástrofe da guerra na Europa, pois acabou se traduzindo em rivalidade e competição entre as nações. Em virtude disso, uma das prioridades da nova agenda era o crescimento econômico, com a integração das economias nacionais ao mercado global.

O intuito de integração não se restringia à esfera econômica. A antiga Liga das Nações, criada após o fim da Primeira Guerra, falhara em sua missão de evitar um novo conflito. Uma das razões para isso, muitos apontam, foi seu idealismo, já que a Liga havia se ancorado mais em boas intenções que em um efetivo balanço de poder entre os atores internacionais. A Alemanha, que emergiu como potência no entreguerras, acabou excluída, passando então a desafiar a coalizão de países liberais que havia monopolizado a Liga – Inglaterra, França e Estados Unidos. Assim, gerou-se o conflito que culminaria na Segunda Guerra Mundial.

Diante disso, era imperativo construir um novo sistema de relações internacionais que não cometesse os mesmos erros. Assim que a guerra terminou, em 1945, foi criada a Organização das Nações Unidas (ONU). Desde o primeiro momento, a União Soviética e os Estados Unidos tiveram papel diplomático destacado. Para além do plenário global, porém, as duas potências antagônicas trataram de articular os próprios campos de influência. A Organização do Tratado do Atlântico Norte (Otan) e o Pacto de Varsóvia, alianças militares dos blocos capitalista e socialista, surgiram em 1949 e 1955, respectivamente. Estava estabelecida a bipolaridade que conduziria o mundo à Guerra Fria.

Nesse contexto, a América Latina era uma área estratégica. Formada por economias predominantemente mineradoras e agroexportadoras, era a fornecedora preferencial de matérias-primas importantes para o bloco capitalista, em especial para os Estados Unidos. Além disso, oferecia oportunidades de negócios: o continente estava nos estágios iniciais de industrialização e era detentor de um mercado potencial bastante promissor. Os Estados Unidos estavam especialmente preocupados com uma possível inclinação dos países latino-americanos para o polo comunista, tendo em vista a proximidade com o país. A Revolução Cubana de 1959, ocorrida a poucos quilômetros do centro do bloco capitalista, irritou a potência imperialista. Nas demais nações latinas, os norte-americanos percebiam o crescimento de semelhante agitação social, que variava entre popular, nacionalista ou comunista, conforme o país.

Mesmo adversários políticos concordavam que o desenvolvimento seria uma solução para as nações latino-americanas. Poderia aliviar as tensões sociais, pensavam alguns, porque aumentaria as oportunidades e melhoraria as condições de vida. Outros entendiam que o progresso econômico seria o primeiro passo na constituição de uma sociedade realmente capitalista e competitiva.

Os mais radicais defendiam que os conflitos de classe poderiam, finalmente, assumir uma forma clara, passando a caminhar para uma solução democrática ou revolucionária. Para os progressistas, o desenvolvimento estaria vinculado à conquista da independência nacional, permitindo o rompimento com a posição semicolonial dos países latino-americanos no sistema internacional. Em suma, havia justificativas para buscar o desenvolvimento em todo o espectro ideológico.

Em 1948, o Conselho Econômico e Social das Nações Unidas (Ecosoc) criou a Comissão Econômica para América Latina e o Caribe (Cepal). Além de realizar estudos e pesquisas sobre a situação econômica e social da região, a Cepal teria o papel de promover o desenvolvimento econômico latino-americano, atuando diretamente com os governos locais e formando quadros técnicos.

Inicialmente, o papel de maior destaque na Cepal coube ao economista argentino Raúl Prebisch. Seu estudo, intitulado "O desenvolvimento econômico da América Latina e alguns de seus principais problemas" (1949), é considerado um marco no pensamento econômico latino-americano, influenciando não somente o debate intelectual sobre as economias subdesenvolvidas latino-americanas, como também a política econômica de diversos países.

Em que consistia o pensamento da Cepal no início da década de 1950? As economias latino-americanas não estavam em um processo linear e reprodutível de desenvolvimento, ao contrário do que muitos pensavam. Em perspectiva histórica, o desenvolvimento desses países não poderia ocorrer pelo mesmo processo dos países capitalistas pioneiros. Isso porque, no interior de um sistema econômico internacional integrado, os Estados-nação ocupam posições definidas pelas relações recíprocas de poder. Cada etapa abre e fecha determinadas possibilidades para os países, dependendo de sua posição no sistema. Portanto, era necessário compreender as especificidades históricas da América Latina e suas relações com o sistema econômico e político internacional e, somente então, apontar os caminhos possíveis para o desenvolvimento do continente.

Na visão da Cepal, a Crise de 1929 tinha desencadeado transformações fundamentais na América Latina. A crise financeira mundial impactou fortemente a Bolsa de Nova York, na qual os produtos primários latino-americanos, que constituíam a base econômica de seus países, eram negociados. As oligarquias locais, dependentes desse comércio, estremeceram, sentindo a força de novas coalizões políticas, formadas e fortalecidas por um amplo conjunto de fatores:

- a escalada da "questão social";
- o crescimento e a influência das camadas médias;
- a insatisfação das Forças Armadas e das burocracias estatais;
- a agitação operária, comunista e fascista.

Nesse período, regimes oligárquicos caíram em todos os países latinos de maiores dimensões. Assumiram, em geral, novos governos, de caráter mais popular ou, ao menos, nacionalista.

No plano econômico, seguiu-se um ciclo de substituição de importações, ou seja, os países começaram a produzir os bens de consumo industrializados básicos, principalmente têxteis e alimentos. Antes, era necessário importá-los em moeda internacional. Com a Segunda Guerra, as economias industrializadas voltaram-se para a produção bélica, relegando a fabricação de excedentes para a venda externa. Não tendo de quem importar, os latino-americanos acumulavam demanda por bens industrializados. O capital ocioso passou a ser investido na indústria, com o intuito de suprir a demanda interna. Consequentemente, cresceram os investimentos produtivos. Os intelectuais da Cepal se imaginaram no início de um processo espontâneo de transformação das economias latino-americanas, "do modelo de crescimento primário-exportador [...] ao modelo urbano-industrial" (Bielschowsky, 2000, p. 20). Ao fim da Segunda Guerra, contudo, a transformação ainda estava longe de se completar.

Apesar de o processo ter sido desencadeado espontaneamente, no contexto posterior à Segunda Guerra o desenvolvimento dos países latino-americanos não poderia ocorrer sem intervenção. Os países subdesenvolvidos já tinham sido absorvidos pelo sistema internacional, o que fez desaparecer as condições favoráveis para que completassem seus processos de industrialização. No plano interno de cada país, as análises da Cepal destacavam a oposição entre o setor moderno e o setor atrasado das economias latinas. Superar o subdesenvolvimento demandava criar as condições políticas e econômicas para que os setores de ponta absorvessem os atrasados. Para isso, era necessário o emprego de capitais – tecnologia e conhecimento técnico. Como resultado, os países veriam um aumento geral da produção e da renda nacional.

A partir desse ponto de vista, era necessário examinar as limitações da estrutura econômico-institucional do modelo primário-exportador. Diversas elaborações posteriores revisitaram, criticaram e reinterpretaram essa ideia (conhecida como *dualismo*) em face das possibilidades e obstáculos políticos em cada país. É o caso do Iseb, no Brasil, que discutiremos na próxima seção.

Um dos aspectos mais originais da análise da Cepal foi a explicação acerca do mecanismo econômico dessa armadilha do subdesenvolvimento, ou seja, o propósito de entender por que o desenvolvimento, uma vez desencadeado, não se completaria "naturalmente", seguindo a simples dinâmica dos mercados (competição, investimento e inovação).

Para Prebisch (1949), a economia mundial era formada pela combinação de países centrais e países periféricos, diferenciados essencialmente pelo grau de desenvolvimento. Os diferentes níveis de progresso técnico, relacionados à produtividade do trabalho, determinavam o tipo de mercadoria que cada país poderia produzir. Quanto maior fosse o emprego de capitais (máquinas e qualificação), maiores seriam o valor do produto e a capacidade produtiva. No sistema internacional, portanto, as diferenças de progresso técnico criavam uma situação em que os países centrais, desenvolvidos, produziam internamente os produtos caros, altamente industrializados, de que necessitavam. O excedente dessa produção era exportado a altos preços às nações periféricas. O dinheiro para "pagar essas compras" era conquistado pela exportação de produtos poucos industrializados – mais baratos, portanto. O mercado internacional para os bens de baixo valor agregado é acirrado, afinal muitos países podem produzir os mesmos produtos simples. E aqui vemos claramente o nó do desenvolvimento: com essas poucas reservas internacionais oriundas da venda de produtos primários, os países periféricos precisavam comprar os bens industrializados e, ainda, criar uma reserva para investir em bens de capital (isto é, máquinas) necessários à sua industrialização.

Essa é a razão pela qual o mercado não funcionava "naturalmente" para o desenvolvimento desses países. Pelo contrário, contribuía para um crescente distanciamento entre as economias centrais e as periféricas

(Bielchowsky, 1988, p. 16). Esse mecanismo foi chamado pelos intelectuais da Cepal de *degradação dos termos de troca*.

Com a descoberta da posição assimétrica das economias nacionais, a Cepal passou a questionar um dos pressupostos básicos da teoria do comércio internacional: a **teoria das vantagens comparativas**. Segundo essa perspectiva, quando um país se especializa em produzir aquilo em que é melhor (por vantagens geográficas, climáticas ou históricas) – em vez de buscar desenvolver todos os setores de sua economia –, ele consegue produzir com maior eficiência e menores custos, abrindo cada vez mais mercados para os seus produtos. Produzindo em maior escala, pode baixar ainda mais os custos, criando um ciclo virtuoso.

Sob essa ótica, cada país seria beneficiado à medida que maximizasse suas vantagens comparativas (em relação aos outros países) e otimizasse a aplicação de seus investimentos. Consequentemente, todo o sistema se beneficiaria: os países importadores poderiam comprar a preços melhores, barateando os custos. É claro que esse modelo só pode funcionar com livre circulação de mercadorias. Desse modo, ainda conforme a teoria das vantagens comparativas, a desigualdade econômica entre os países tenderia a diminuir. A distância tecnológica seria compensada pela facilidade da circulação de bens e, assim, em virtude da divisão internacional do trabalho, as economias nacionais ficariam cada vez mais interdependentes.

É importante perceber que a descoberta da deterioração dos termos de troca derrubou esse otimismo liberal. Apesar da produção crescente dos bens manufaturados, com o consequente aumento dos ganhos dos países centrais, não se verificou o declínio dos preços desses produtos, tal como a teoria previa. Assim, estava comprometida a capacidade dos países periféricos de compensar o déficit tecnológico. A explicação poderia ser encontrada no comportamento das economias centrais durante os altos e baixos dos ciclos econômicos. Primeiro, o nível de organização sindical nos países centrais tende a conquistar benefícios salariais em períodos de crescimento e barrar a baixa salarial em períodos de crise. Assim, os ganhos da produção são distribuídos entre os trabalhadores das economias avançadas, e não entre os países periféricos. Segundo, a organização monopolista do mercado permite aos empresários, nos períodos de crise, preservar suas taxas de lucro, "compensando a rigidez salarial [promovida pelos sindicatos] através do corte da produção, e não dos preços" (Bielschowsky, 1988, p. 436). Combinados, os dois elementos deslocam constantemente a pressão cíclica (crises) do centro para a periferia.

Os países periféricos veriam sua capacidade de acumulação prejudicada porque, de um lado, sua mão de obra – sempre excedente – pressionaria a queda de salários e preços; de outro, os períodos de recessão imporiam uma diminuição da demanda por seus produtos, pois a compra de matéria-prima ocorre conforme as necessidades do setor de transformação. Um estoque alto de produtos básicos acarreta mais competição entre os vendedores e, consequentemente, reduções ainda maiores dos preços. Dessa forma, as economias periféricas não conseguem obter as vantagens comparativas da especialização da produção, ainda que seus custos de produção diminuam. A produção das economias centrais, apontou a Cepal, não sofre alteração de custos. Assim, torna-se impossível pagar os custos do processo de industrialização apenas com os recursos da produção primária, de baixo valor.

Há outros aspectos prejudiciais à periferia em sua relação com o centro, como o desemprego, o desequilíbrio do balanço de pagamentos e a inflação. De acordo com Bielschowsky (1988), o desemprego é inerente ao processo de industrialização das economias periféricas em razão de, basicamente, três fatores:

1. incapacidade de as atividades de exportação absorverem o excedente de mão de obra;
2. baixa capacidade de acumulação dessas economias;
3. altas taxas de crescimento demográfico.

Outro fator relativo ao processo de industrialização é que "a periferia tende a empregar técnicas capital-intensivas disponíveis no centro, geradas para elevar a produtividade do trabalho através do aumento na intensidade de capital por trabalhador" (Bielschowsky, 1988, p. 19). Porém, os efeitos do progresso técnico na periferia e no centro são diferentes. No centro, onde as principais inovações são desenvolvidas, o desenvolvimento está intimamente atrelado a condições de oferta de trabalho e à disponibilidade de capital para investir. Na periferia, os mesmos elementos não se relacionam de maneira idêntica. A escassez de capital e o excedente de mão de obra não impactam decisivamente a escolha de novas técnicas, de modo que nem sempre acontecem as melhores escolhas, do ponto de vista social e econômico (Bielschowsky, 1988, p. 20). Soma-se a isso a dificuldade de realocação da força de trabalho substituída pelo progresso técnico, pois as economias são menos diversificadas e o Estado tem menos recursos para investimentos sociais.

Quanto à tendência ao desequilíbrio externo no balanço de pagamentos, trata-se de um aspecto que persistirá por muito tempo no processo de industrialização dos países periféricos, apesar das medidas com vista ao crescimento econômico. Isso porque, primeiramente, essas economias apoiam-se na produção de bens primários durante boa parte do processo de industrialização, mas a expansão da demanda por tais bens é muito lenta, sujeita a alterações cíclicas. Ao mesmo tempo, a industrialização impõe à periferia uma alta demanda por importação de bens de capital (maquinário), escassos em uma economia de baixa diversificação e com preços elásticos por conta da demanda global. Em segundo lugar, mesmo após medidas político-econômicas voltadas à industrialização, a substituição das importações por produtos fabricados internamente não leva necessariamente à diminuição do volume de importações, mas, possivelmente, apenas a mudanças de composição. O desequilíbrio entre os ganhos com exportação e os gastos com importação tende, portanto, a persistir como característica estrutural das economias periféricas, pelo menos até elas alcançarem um grau elevado de industrialização.

Sob essa ótica, não haveria desenvolvimento espontâneo. O único modo de completar o processo de industrialização seria, então, introduzir um elemento extraeconômico: a política. Por isso, a resposta da Cepal foi a promoção do planejamento e da intervenção estatal, isto é, uma política econômica desenvolvimentista. A industrialização deveria ser fomentada pelo Estado, mediante a aplicação das seguintes estratégias:

- incentivos a determinados setores estratégicos;
- alocação eficiente de recursos;
- defesa contra os efeitos cíclicos.

Somente dessa forma o ciclo de relações assimétricas poderia ser rompido. Contudo, as particularidades históricas dos países latino-americanos desafiavam intelectuais e políticos a formular estratégias específicas para cada economia nacional, bem como planos de desenvolvimento adequados a cada situação. Para isso, era necessário compreender cada sociedade, a evolução de sua estrutura de classes, os grupos políticos e os projetos em disputa, ou seja, seria preciso entrar no terreno específico da sociologia.

O economista brasileiro Celso Furtado foi um dos principais colaboradores na formulação da teoria cepalina. Na obra *Formação econômica do Brasil*, publicada em 1959, o autor procurou delinear a relação centro-periferia de maneira histórica, estabelecendo um modelo para pensar a "formação" não apenas do Brasil, mas também de outros países latino-americanos. Ao se aprofundar na história e na sociologia, Furtado passou a dialogar com as principais interpretações sobre o Brasil (Ricupero, 2005).

Furtado se alinhou aos objetivos da Cepal, criada não somente como instituição acadêmica, mas também, e principalmente, como organismo de formulação e intervenção. A obra de Furtado ilustra essa concepção de atividade intelectual intimamente vinculada à prática política. Ao mesmo tempo que escrevia *Formação econômica do Brasil*, o autor trabalhava para a Cepal e o governo de Juscelino Kubitschek. Dessa forma, buscou aplicar as teses cepalinas à construção de um projeto de desenvolvimento nacional, debatendo intensamente com outros estudiosos.

Indicações culturais

EU sou Cuba. Direção: Mikhail Kalatozov. Cuba/União Soviética: Instituto Cubano del Arte e Industria Cinematográficos/Mosfilm/Milestone Films, 1964. 135 min.

Filme soviético propagandístico, pinta um retrato da Cuba pré-revolucionária e de seus agudos contrastes: luxo e miséria, exuberância e exploração, imperialismo estrangeiro e reação popular. Transmite o sentimento anti-imperialista que embasou as formulações desenvolvimentistas.

RIO 40 graus. Direção: Nelson Pereira dos Santos. Brasil: Columbia Pictures, 1955. 100 min.

Considerado o precursor do movimento do Cinema Novo, esse filme mostra personagens e dramas de uma grande capital latino-americana, rica em belezas e contrastes. Ao acompanhar um grupo de meninos que vendem amendoim pela cidade, entra-se em contato com os extremos de miséria e riqueza produzidos pelo mercado, bem como, num Maracanã lotado em dia de jogo, com a monumentalidade da ação estatal.

3.2
O Instituto Superior de Estudos Brasileiros (Iseb): desenvolvimento nacional e dependência

O Iseb foi criado por decreto do presidente Café Filho, em 1955. O Brasil vivia uma crise política profunda. O então presidente havia assumido após o suicídio de Getúlio Vargas, em 1954. Mesmo morto, sua figura ainda inspirava e dividia a sociedade. O modelo varguista havia sido caracterizado, por vezes de modo pejorativo, como populista. Todavia, em meio às instabilidades da Segunda República (1945-1964), uma questão estratégica era capaz de juntar atores de diversos posicionamentos políticos: o desenvolvimento.

O Iseb foi criado como instituição governamental subordinada ao Ministério da Educação e Cultura. Sua função era debater e propagar ideias capazes de promover o desenvolvimento do Brasil. Apesar de subordinado ao Poder Executivo, desfrutava de "autonomia e plena liberdade de pesquisa, de opinião e de cátedra" (Toledo, 1997, p. 43), garantidas por lei.

O instituto entrou em funcionamento no segundo semestre de 1955, com um ciclo de conferências denominado "Introdução aos problemas brasileiros" (Toledo, 2005, p. 256). Organizava-se em cinco departamentos, ou áreas interpretativas: ciência política, economia, filosofia, história e sociologia. Essa organização refletia uma concepção sobre os problemas do desenvolvimento semelhante àquela que orientava a Cepal.

Uma de suas principais características era combinar atividade intelectual, inserção no governo e participação nos debates públicos. Vários de seus futuros membros haviam se reunido primeiramente em um suplemento semanal do carioca *Jornal do Commercio*, em 1949.

A repercussão dos debates incentivou-os a organizar reuniões mensais a partir de 1952 no Parque Nacional de Itatiaia, localizado entre Rio de Janeiro e São Paulo. O círculo, informal, ficou conhecido como *Grupo de Itatiaia*. Era constituído por intelectuais que viviam nas duas cidades, interessados em contribuir para o desenvolvimento do Brasil "por intermédio da assessoria governamental, da consultoria, da elaboração de propostas e projetos" (Toledo, 2005, p. 254).

Vários deles atuavam ou tinham atuado no governo federal. Em 1953, fundaram o Instituto Brasileiro de Economia, Sociologia e Política (Ibesp), passando a publicar uma revista de debates denominada *Cadernos de Nosso Tempo*, que durou de 1953 a 1956. A criação do Iseb como instituição ligada ao governo, em 1955, refletia o crescente prestígio desse grupo de intelectuais e de suas ideias desenvolvimentistas e nacionalistas.

O pensamento do instituto ficou conhecido sobretudo pelo trabalho dos intelectuais chamados de "isebianos históricos" (Toledo, 1997, p. 45): Hélio Jaguaribe, Alberto Guerreiro Ramos, Cândido Mendes, Roland Corbisier, Álvaro Vieira Pinto, Nelson Werneck Sodré e Ignácio Rangel. Os membros do grupo vinham de formações intelectuais e políticas diferentes, havendo entre eles comunistas, marxistas, católicos e ex-integralistas (Toledo, 1997). Apesar do "ecletismo teórico" apontado por alguns críticos, "o pensamento de todos parecia razoavelmente coeso. Adotavam o método histórico de conhecimento, partilhavam uma perspectiva de esquerda moderada e eram, sem exceção, nacionalistas, fundamentalmente preocupados com a industrialização e a Revolução Nacional Brasileira" (Bresser-Pereira, 2004, p. 51).

Essa revolução, contudo, não era como aquela que havia instaurado o regime soviético. A dos isebianos era nacional e capitalista (Bresser-Pereira, 2004): consistia em conquistar o desenvolvimento econômico e social por meio do planejamento, aos moldes da Cepal, e em romper a relação assimétrica com as nações centrais. Vieira Pinto, por exemplo, acreditava que a contradição principal da sociedade brasileira naquele momento não era entre classes sociais antagônicas, pois o Brasil não se tornara ainda uma formação social de caráter definido. Para esse autor marxista, a oposição se dava entre agentes nacionais e estrangeiros.

Guerreiro Ramos chamou essa contradição de "nação e antinação", acrescentando a ela uma segunda contradição: "estagnação e desenvolvimento". Cada uma apontava para a seguinte encruzilhada: ou a nação se realiza como entidade autônoma, ou decai em alienação. Para ele, "outras contradições que não se enquadram nesses termos são no momento secundárias" (Ramos, 1958, p. 53).

Era como se o capitalismo subdesenvolvido do Brasil tivesse de ser elevado a patamar superior para que outras contradições pudessem aflorar. É importante notar que, do ponto de vista político, essa construção conceitual não apontava para o conflito imediato de classes, e sim para uma aliança política nacionalista e interclassista, reunindo-se as diferentes classes sociais dos setores interessados no desenvolvimento. Voltaremos a esse ponto em breve.

Os isebianos incorporaram as ideias fundamentais da Cepal, mas acrescentaram conceitos tomados das ciências humanas e sociais. Nos trechos que acabamos de citar, aparecem as noções de *classes*, *contradições sociais* e *alienação*, termos que sinalizam uma abertura do ponto de vista primordialmente econômico para dimensões variadas da relação centro-periferia. Era desse modo, ampliando-se a visão econômica com as contribuições da filosofia e das ciências sociais, que os isebianos esperavam desenvolver um conhecimento útil para a formulação de políticas e adaptável às situações nacionais específicas.

Tal objetivo impunha um desafio teórico e outro político. Primeiro, era preciso compreender teoricamente a sociedade brasileira, e não apenas sua economia, como periférica. Ignácio Rangel desenvolveu o conceito de *dualidade*, uma das propostas de interpretação do Brasil mais influentes desenvolvidas pelo grupo do Iseb. Ela foi descrita a partir de 1953, numa série de conferências, e sistematizada no livro *A dualidade básica da economia brasileira*, publicado em 1957. Na apresentação da obra, o também isebiano Guerreiro Ramos sugere sua abrangência e seu impacto sobre o grupo: "A dualidade é uma imposição da maneira pela qual nos integramos na história universal. [...] não é apenas uma lei de nossa economia, mas da sociedade brasileira em geral" (Ramos, 1999, p. 11).

A integração do Brasil à "história universal" seria a própria constituição do país como unidade vinculada ao sistema internacional. O Brasil teria surgido já integrado ao sistema mercantilista, em virtude da expansão europeia da época das navegações. Nossas instituições, no entanto, permaneceram ordenadas a esse sistema mesmo após a mudança global do modelo. Pertenciam, sobretudo, a fases anteriores da história. O desenvolvimento do capitalismo internacional (primeiro mercantilista, depois industrial e então financeiro) forçou, em cada etapa, a atualização da face externa da economia nacional, causando crises políticas e mudanças de regime.

Na fórmula de Rangel, o capitalismo mercantil fundou o Brasil colonial; o industrial estimulou a independência; e o financeiro, a proclamação da república. Internamente, porém, a evolução foi muito mais lenta. Cada mudança das instituições internas permitiu a sobrevivência concomitante das antigas formas. O atual, alinhado ao cenário externo, convive com o arcaico, instrumento de manutenção no contexto interno. Em consequência,

> a economia brasileira apresenta aspectos bem definidos de todas as etapas do desenvolvimento da sociedade humana. Temos o comunismo primitivo, nas tribos selvagens; certas formas mais ou menos dissimuladas de escravidão, em algumas áreas retrógradas onde, sob a aparência de dívidas, se compram e vendem, não raro, os próprios homens; o feudalismo, em diversas formas, um pouco por todo o país; o capitalismo em todas as suas etapas: mercantil, industrial e financeiro. Além de tudo isso, o capitalismo de Estado que, do ponto de vista formal, pode ser confundido com o socialismo. (Rangel, 1999, p. 25)

Para descrever essa aparente confusão, Rangel (1999) criou outra expressão que ficou famosa: *contemporaneidade do não coetâneo*, em referência à presença simultânea de instituições que não pertencem à mesma época. Trata-se de uma visão muito esquemática da história, não? Como se as formas de comportamento pertencessem a etapas numa evolução linear da humanidade. Esse é um dos aspectos da teoria que, atualmente, parece pouco sofisticado.

Mas vamos voltar ao pensamento de Rangel. Embora heterogêneas, tais instituições permaneceram articuladas. O todo econômico-social chamado Brasil, um "sistema original, dotado de dinâmica própria" (Rangel, 1999, p. 26), manteve-se em funcionamento e evolução. Porém, a evolução de nosso país era compreendida de forma distinta, em comparação à história europeia, "porque nossa evolução não é autônoma, não é produto exclusivo de suas forças internas. Nossa economia nasceu e se desenvolveu como complemento de uma economia heterogênea e sempre esteve sujeita às suas vicissitudes" (Rangel, 1999, p. 29).

Devemos ressaltar como essa operação é interessante. Rangel absorveu do pensamento da Cepal a ideia de que o sistema internacional seria elemento fundamental na estruturação das relações internas de cada país. Em seguida, introduziu categorias históricas emprestadas do marxismo. Aproveitou o modo como, por meio desses conceitos, o materialismo conectava duas ordens distintas: a realidade material e as formas sociais. Convém lembrar, ainda, que o materialismo estabelece uma relação de determinação entre essas duas ordens, ou seja, assume que as relações econômicas moldam as formas sociais. Para os marxistas, entretanto, o capitalismo é geralmente uma força arrasadora. Ele reduz tudo à condição de mercadoria, permitindo a negociação e a acumulação irrestritas. Consequentemente, subordina tudo ao poder superior do capital, destruindo as relações sociais antigas, pré-capitalistas.

Fica claro que o esquema de Rangel caminha na direção oposta. Uma de suas conclusões importantes é que "a economia brasileira tem [...] um setor capitalista e outro pré-capitalista" (Rangel, 1999, p. 24), sendo o setor capitalista vinculado ao sistema internacional e o não capitalista vinculado internamente ao setor capitalista por meio de relações peculiares. Alguns críticos posteriores de Rangel, como Francisco de Oliveira (de quem trataremos no Capítulo 5), discordaram dessa combinação entre capitalismo e pré-capitalismo. Consideraram que o todo só seria funcional porque constitui um sistema capitalista integrado, formado pela combinação de setores com diferentes graus de produtividade e baseados em diferentes tipos de relação de exploração. De qualquer modo, o resultado é um todo "original", como escreveu Rangel. O problema consiste em compreender as relações entre partes aparentemente desconexas.

O conceito de dualidade básica representou uma tentativa de simplificar a compreensão dessas relações. Para Rangel (1999, p. 15), a dualidade seria a dupla natureza de "todos os nossos institutos, todas as nossas categorias – o latifúndio, a indústria, o comércio, o capital, o trabalho e nossa própria economia nacional", os quais seriam completamente diferentes "se vistos do interior ou do exterior". Em cada momento, as instituições centrais da economia nacional são aquelas que conectam a vida interior ao sistema internacional.

A plantação escravista talvez seja um dos exemplos mais claros: "O senhor de escravos brasileiro era ao mesmo tempo um 'dominus', no sentido romano, e um comerciante, no sentido holandês do século XVII, ou um industrial, no sentido inglês, dos séculos XVIII e XIX" (Rangel, 1999, p. 30). Travava com sua família e seus trabalhadores relações de tipo arcaico, não capitalistas, baseadas na dominação pessoal apoiada pela violência. Afinal, não existia mercado de trabalho sob o regime escravista. Todavia, visto de fora, do exterior, o senhor de escravos negociava como um empresário capitalista.

A condensação de duas naturezas no mesmo tipo social era uma característica do sistema, pois "duas ordens de leis governam [...] as relações internas e externas da economia" (Rangel, 1999, p. 30). Desse modo, uma instituição como o latifúndio era feudal e capitalista ao mesmo tempo, mas não apenas dessa forma, mesclando sistemas. Era, de fato, "**internamente** feudal e **externamente** capitalista" (Rangel, 1999, p. 30, grifo do original). Na formulação final de Rangel (1999, p. 32), "a economia brasileira se rege, basicamente, em todos os níveis, por duas ordens de leis tendenciais que imperam respectivamente no campo das relações internas de produção e no das relações externas de produção" – e nisso consiste sua dualidade básica.

E o desenvolvimento? Como esse sistema dual se transformou? Sabemos que ele se formou porque o Brasil, uma economia colonial, surgiu como complemento de uma economia já avançada, a europeia. Em virtude disso, aponta Rangel, não seria necessário refazer todas as etapas da evolução das economias avançadas, pois "os termos dessa dualidade se alteram e [...] mudam muito mais rapidamente no interior do que no exterior, o que significa estarmos queimando etapas" (Rangel, 1999, p. 37).

Seria razoável esperar que o subdesenvolvimento fosse superado pelo simples impacto das mudanças externas? Esse será o desafio político a ser encarado pelo Iseb. Vimos que uma das principais conclusões da Cepal era de que o ciclo de substituição de importações iniciado nos anos 1930 havia desencadeado um processo de desenvolvimento industrial. A entidade ponderava que esse processo não se completaria espontaneamente, pois os países latino-americanos haviam sido realocados em uma nova posição subordinada na ordem internacional que emergira com a Guerra Fria. O único modo de quebrar esse impasse, sustentavam os pesquisadores da Cepal, seria retomar o processo de desenvolvimento por meio de ação e planejamento estatal – uma solução política, portanto.

Contudo, não havia consenso entre os diversos atores políticos. Na visão do Iseb, a superação desse impasse político estava na ideologia. As transformações nas estruturas básicas derivadas do desenvolvimento econômico tinham estabelecido, também, as condições necessárias para o surgimento de um pensamento autônomo e nacionalista, o que alguns isebianos chamaram de "consciência crítica" (Toledo, 1997, p. 45). Porém, naquele momento, tanto o desenvolvimento quanto a consciência crítica eram inconsistentes. Todos os isebianos históricos reconheciam "a necessidade de 'forjar' uma ideologia que promova e incentive o desenvolvimento" (Toledo, 1997, p. 45), uma ideologia capaz de reunir, sob uma mesma bandeira política, todos os agentes sociais potencialmente interessados no desenvolvimento nacional.

Conforme mencionado anteriormente, os agentes que os isebianos tinham em mente eram os diferentes grupos sociais do setor econômico moderno: industriais, proletários, técnicos, funcionários do Estado, estudantes e intelectuais. Tratava-se de uma aliança interclassista, portanto. A esse respeito, é importante perceber que a ideologia nacional-desenvolvimentista deveria formar uma coalizão política interclasses capaz de superar as divisões internas em benefício de um bem comum.

Nas palavras de Bresser-Pereira (2004, p. 65), um nacional-desenvolvimentista atual muito influenciado pelos isebianos, "o grande desafio do desenvolvimento brasileiro está em superar essa dualidade. Para o ISEB cabia à industrialização essa tarefa; ao Estado competia liderá-la; aos empresários industriais, associados aos trabalhadores, executá-la; ao nacionalismo, dar-lhe um sentido". A proposta demonstra que a agenda do grupo do Iseb era intelectual e política. Cabe notar também que a possibilidade e a pertinência dessa aliança, na perspectiva dos isebianos, decorriam do diagnóstico sobre a contradição principal da economia e da sociedade brasileiras: nação *versus* antinação, e não (ao menos naquele momento da história brasileira) classe dominante *versus* classe dominada.

Comentamos anteriormente que o modelo de trabalho do Iseb se aproxima dos atuais *think tanks*. O instituto reunia intelectuais, promovia o debate e a publicação de ideias, buscava aproximar-se dos grupos políticos e oferecia cursos de formação a determinados públicos-alvo. Com seus cursos, visava especialmente formar "quadros civis – políticos, sindicalistas, empresários, profissionais liberais, artistas, lideranças estudantis" (Toledo, 2005, p. 144), além de oficiais das Forças Armadas. O Iseb pretendia conquistar a mentalidade das elites nacionais. Ao longo dos anos 1950, essa batalha foi travada entre nacionalistas e aqueles chamados pejorativamente de "entreguistas", favoráveis à abertura ao capital internacional, inclusive em setores-chave. Essa divisão havia ficado bem clara durante a Campanha do Petróleo, vencida pelo campo nacionalista. Sob o lema "O petróleo é nosso!", Vargas criou a Petrobras de acordo com o modelo de monopólio estatal, em 1953.

No final da década de 1950, contudo, o ambiente político e ideológico começava a mudar. Em 1958, o Iseb rachou, dando início a uma guinada política. Naquele ano, Hélio Jaguaribe, um dos isebianos pioneiros e mais influentes, publicou *O nacionalismo na atualidade brasileira*, livro em que defendia a utilização de capital estrangeiro na exploração do petróleo. Segundo ele, isso permitiria a obtenção de maior eficiência no desenvolvimento da capacidade produtiva. O argumento foi recebido como uma heresia pelo campo nacionalista, que tanto havia lutado pelo monopólio estatal. Jaguaribe polemizou com Guerreiro Ramos em torno da questão do capital estrangeiro. Ao final, ambos acabaram abandonando o Iseb em 1959.

No rescaldo da disputa, o Iseb perdeu dois de seus principais pensadores. Ao mesmo tempo, radicalizou sua atuação. O instituto triplicou a oferta de cursos entre 1958 e 1959 e aproximou-se ainda mais de sindicatos e organizações estudantis. Envolveu-se na campanha pelas reformas de base durante o governo de João Goulart (1961-1964), completando sua virada à esquerda (Pereira, 2005, p. 257-260). Apenas para termos uma ideia da mudança da "fase teorizante" para a "fase militante" (Toledo, 2005, p. 162), cabe notar que, entre 1955 e 1957, a *Revista do Clube Militar* publicava artigos sobre o Iseb e textos de Jaguaribe, Guerreiro Ramos, Cândido Mendes e Ignácio Rangel (Abreu, 2005, p. 106). Por alguns anos, até mesmo oficiais da Escola Superior de Guerra (ESG) frequentaram os cursos disponibilizados pelo Iseb (Toledo, 2005, p. 144). Com a virada para a "fase militante", isso mudou profundamente. Em 13 de abril de 1964, menos de duas semanas depois do golpe militar, a instituição foi fechada pelo governo golpista, tornando-se alvo de um inquérito policial militar. No processo, "o ISEB foi apontado como um dos participantes da 'guerra revolucionária' e um dos artífices da instabilidade social e política do Brasil nos anos 60" (Toledo, 2005, p. 253).

Os adversários ideológicos do desenvolvimentismo isebiano ganharam proeminência no contexto de radicalização política do começo dos anos 1960. Um de seus principais adversários à direita foi o Instituto de Pesquisas e Estudos Sociais (Ipes). Criado em 1961 por empresários do Rio de Janeiro e de São Paulo, seguia o mesmo modelo do Iseb: um *think tank* dedicado à produção e propagação ideológica. Promovia "palestras, cursos e seminários com o propósito de levar a sua ideologia 'a recrutas e também para moldar a força social empresarial em um bloco burguês de poder'" (Toledo, 2005, p. 139-140), visando "constituir-se numa espécie de **anti**-ISEB." (Toledo, 2005, p. 140, grifo do original).

O Ipes tinha um braço especificamente político, o Instituto Brasileiro de Ação Democrática (Ibad), que atuava junto a políticos e governos. Teve participação ativa nas eleições de 1960, empenhando recursos financeiros e humanos contra candidaturas progressistas e em prol de candidatos conservadores (Toledo, 2005, p. 146-148). Instituições como o Ipes, o Ibad e a ESG mobilizaram com sucesso a retórica anticomunista da época contra seus adversários políticos.

Desde meados dos anos 1950, começou a germinar uma oposição ao nacional-desenvolvimentismo e à política de coalizão interclassista do Iseb na esquerda brasileira. Descrevemos, no capítulo anterior, o surgimento da Escola Paulista de Sociologia, na Faculdade de Filosofia, Letras e Ciências Humanas da Universidade de São Paulo (FFLCH-USP). Os representantes da sociologia acadêmica, tanto na USP quanto na Universidade do Brasil, no Rio de Janeiro, criticavam os isebianos por não terem formação específica em ciências sociais. Supostamente, não dispunham dos "instrumentos teóricos e metodológicos" (Abreu, 2005, p. 111) apropriados. O próprio Florestan Fernandes criticou Guerreiro Ramos por não corresponder "às exigências científicas da sociologia" (Abreu, 2005, p. 111).

A rixa entre Guerreiro Ramos e Florestan Fernandes tinha sido escancarada no final dos anos 1950, com a publicação de duas obras antagônicas. Em *A redução sociológica*, lançada pelo Iseb em 1958, Guerreiro Ramos insurgia-se contra o rumo tomado pela sociologia acadêmica no Brasil, tecendo críticas pesadas, ainda que nem sempre nominais, à Escola Paulista. Para ele, a sociologia dos países centrais desenvolveu uma variedade de problemas e conceitos que faziam sentido apenas naqueles contextos nacionais, embora fosse orientada por princípios universais. Isso porque "cada objeto [incluindo a sociologia] implica a totalidade histórica em que se integra e, portanto, é intransferível, na plenitude de todos os seus ingredientes circunstanciais" (Ramos, 1958, p. 63).

Essa teoria acrescentava à percepção das assimetrias entre centro e periferia uma dimensão epistemológica – preocupação que, anos mais tarde, seria uma das marcas do pensamento pós-colonial. Os países periféricos não deveriam absorver a ciência social dos países centrais sem ponderações, defendia Guerreiro Ramos. Seria necessário identificar seus aspectos essenciais, reconstruindo-a em função das necessidades e condições de cada país periférico. Esse procedimento, nomeado *redução sociológica*, consistia na incorporação dos elementos mais abstratos, básicos e fundamentais da sociologia dos países avançados, mas barrando os critérios, problemas e conceitos especificamente nacionais.

Um dos alvos da crítica de Guerreiro eram os estudos de comunidade, tão importantes para a formação da Escola Paulista. Segundo ele, apesar de "chegar[em] a conclusões óbvias" (Ramos, 1958, p. 90), nos Estados Unidos tais estudos proliferavam em virtude da capacidade de empregar uma massa de intelectuais a serviço da manutenção da ordem social. Importados por sociólogos como Donald Pierson e adotados por seus discípulos brasileiros, os estudos de comunidade estariam desconectados

dos problemas do Brasil. Como discutimos há pouco, para Guerreiro Ramos, esses problemas decorriam, sobretudo, das contradições nação *versus* antinação e estagnação *versus* desenvolvimento. Tomando direção oposta, Florestan Fernandes publicou *Fundamentos empíricos da explicação sociológica* no ano seguinte, em 1959. Nessa reunião de ensaios, preocupou-se precisamente em absorver as principais correntes clássicas e atuais da sociologia dos países centrais, sem "reduzi-las" (no conceito de Guerreiro Ramos) àqueles aspectos especificamente pertinentes à realidade brasileira.

Os isebianos também eram criticados por intelectuais que reivindicavam outras interpretações do marxismo, como o grupo reunido em torno da *Revista Brasiliense*, fundada em 1955 por Caio Prado Júnior (Fernandes, 1959, p. 112). Na USP, uma reunião de professores e alunos ficou conhecida como *Grupo do Capital*. A proposta era fazer uma leitura cuidadosa da obra de Marx, num debate que influenciou profundamente a formação de diversos sociólogos uspianos posteriores.

O golpe de 1964 fechou as portas para a aliança de classes que estimulava o nacional-desenvolvimentismo isebiano. Interpretações menos transigentes com a chamada *burguesia nacional*, apoiadora de primeira hora do golpe, passaram a ganhar força. Entre essas novas interpretações, destaca-se a **teoria da dependência**, coformulada por um dos professores do Grupo do Capital: Fernando Henrique Cardoso.

Publicado em 1970, o livro *Dependência e desenvolvimento na América Latina*, de Fernando Henrique Cardoso e Enzo Faletto, critica um ponto central da teoria e ideologia desenvolvimentistas: a possibilidade de a burguesia nacional ser o principal agente do desenvolvimento. Na obra, os autores procuraram articular, em perspectiva histórica, a evolução da dependência externa dos principais países latino-americanos com os arranjos internos das relações de poder político entre as classes sociais.

Chamaram essa proposta de *análise integrada*, em oposição às análises dos desenvolvimentistas, criticadas como parciais.

Os autores entendem que os latino-americanos não poderiam romper a relação de dependência e alcançar o patamar de desenvolvimento dos países desenvolvidos porque suas classes dominantes só puderam, historicamente, conservar o poder a nível interno, convertendo-se numa espécie de "gerentes" da dominação externa, justificam. Assim, os nichos de interesse direto das economias centrais seriam a única forma de inserção lucrativa possível no sistema internacional para os países periféricos. Para a classe dominante dos países periféricos, portanto, sempre foi mais interessante conservar a posição periférica "fornecedora". Dessa forma, o interesse da elite econômica e o da nação seriam divergentes. Aqui estaria o nó que mantém o Brasil e os demais países do continente em condição de subdesenvolvimento.

O pensamento sociológico de Cardoso está inserido no contexto ditatorial do período. O fechamento da via política influenciou os debates e as preocupações dos cientistas sociais. É preciso perceber, contudo, que o racha causado no Iseb em 1958, após a publicação do livro de Jaguaribe, já apontava para essa direção: a importância do investimento externo para o desenvolvimento nacional era defendida por Jaguaribe, mas rechaçada pela maioria dos nacional-desenvolvimentistas.

Aceitar o capital estrangeiro significava relativizar a centralidade do Estado e da burguesia nacional no projeto desenvolvimentista. Porém, Jaguaribe imaginava um modelo misto, nacional-estrangeiro. Com Cardoso, no entanto, tornou-se um desenvolvimento dependente-associado: a única possibilidade não revolucionária de algum desenvolvimento para os países periféricos residia no aproveitamento dos nichos econômicos deixados pelas economias centrais. Como sabemos, este foi um debate de implicações políticas duradouras.

Indicações culturais

OS ANOS JK: uma trajetória política. Direção: Silvio Tendler. Brasil: Embrafilme, 1980. 110 min.

O documentário aborda a democracia de 1945 a 1964, até o golpe militar. Seu foco é a vida e a presidência de Juscelino Kubitschek (1956-1961), período que marcou o auge do desenvolvimentismo. O material foi composto fundamentalmente com imagens e gravações da época.

TERRA em transe. Direção: Glauber Rocha. Brasil: Difilm, 1967. 115 min.

Talvez o filme mais conhecido do Cinema Novo, *Terra em transe* focaliza o período anterior ao golpe de 1964 a partir de uma perspectiva política, construindo uma alegoria do populismo. Algo frequentemente notado a respeito do filme é a reflexão sobre o papel dos intelectuais, situados entre os poderosos e o povo. O filme certamente fará você pensar na atuação dos intelectuais do Iseb.

3.3 Ditadura militar: o ensino superior no período autoritário

Nesta seção, vamos refletir sobre a situação do ensino superior na área de sociologia durante a ditadura militar brasileira, entre 1964 e 1985. Temos duas questões em foco: o contexto político da reforma educacional de 1968 e seus reflexos para o ensino superior no Brasil; e a concepção estratégica de educação como qualificadora de mão de obra, parte da ideologia de desenvolvimento nacional que caracterizou a ditadura. Considerando essas questões, situaremos as perseguições a professores de Sociologia que adotavam um viés crítico ao autoritarismo vigente.

Por fim, buscaremos localizar politicamente os protagonistas do processo de redemocratização da sociedade brasileira.

Em primeiro lugar, vamos pensar um pouco sobre esse período de nossa história. Você, leitor, já deve ter ouvido a menção a ele como *ditadura militar*, certo? Provavelmente, já se deparou também com o termo *ditadura civil-militar*.

Ocorre que certas correntes da historiografia moderna vêm utilizando o termo *civil* para reforçar o papel importante que agentes não militares desempenharam no golpe de 64, especialmente o empresariado industrial. O uso dessa terminologia é, entretanto, motivo de disputa entre historiadores, como exposto no artigo de Demian Bezerra de Melo (2012). Embora o autor admita a participação de civis no governo ditatorial, salientando que o tema é investigado pela historiografia desde a década de 1980, renega a tese de que não militares teriam comandado as diretrizes políticas do regime.

Tratar o regime como civil-militar pode levar à interpretação de que a "sociedade" apoiou o golpe de Estado, alerta o autor. Contudo, não é possível afirmar que manifestações como a Marcha da Família com Deus pela Liberdade representariam um anseio comum a toda a sociedade. Esse revisionismo histórico, de acordo com o autor, é perigoso. Pode incorrer na falsa ideia – comumente propagada pelos **ideólogos** do regime – de que a ditadura no Brasil teve um caráter "brando", quando comparada a regimes similares que dominaram os vizinhos latino-americanos no mesmo período.

O uso do termo *civil-militar* para designar o período ditatorial passou a ser debatido no contexto da implantação da Comissão Nacional da Verdade, instaurada por força de lei (Lei n. 12.528, de 18 de novembro de 2011) no primeiro governo de Dilma Rousseff (PT)[2]. A comissão teve por objetivo apurar as graves violações aos direitos humanos perpetrados pelos agentes públicos no período ditatorial. O modelo foi inspirado em outros países que enfrentaram a transição de um sistema autoritário para um regime democrático – como a África do Sul após o ***apartheid*** –, com o levantamento de provas e depoimentos e a proposição de medidas para que as violações não voltem a ocorrer.

No período da implantação da comissão, a querela se instaurou entre os historiadores. Um dos defensores do uso do termo *civil-militar* é Daniel Aarão Reis, professor do Centro de Pesquisa e Documentação de História Contemporânea do Brasil da Fundação Getulio Vargas (CPDOC-FGV). Seu argumento central é que havia, no período de abertura democrática, certa memória seletiva da população – um lugar-comum em relação à supremacia dos militares sobre outros grupos sociais. Segundo Reis (2014), o uso da denominação *ditadura militar* é insuficiente para definir as complexas relações entre as organizações da sociedade civil e o governo ditatorial. Ele elenca, por exemplo, o crescimento e a consolidação da Rede Globo durante o período ditatorial, sendo privilegiada como voz amplificadora da ideologia do regime. Além disso, o historiador procurou demonstrar que muitas das práticas desenvolvidas ou aperfeiçoadas no período ditatorial perduraram durante a abertura democrática, como a prática de tortura por forças policiais contra populações marginalizadas da sociedade.

Querelas de historiadores à parte, usaremos neste livro a denominação *ditadura militar*, com o cuidado, ressalte-se, de relativizar a suposta consolidação da democracia no Brasil no período posterior a 1985, buscando denunciar a continuidade de certas práticas autoritárias

2 O artigo de Melo mencionado anteriormente foi publicado um ano depois.

e antidemocráticas. É preciso marcar a participação de certos setores da sociedade, em especial o empresariado, na sustentação e apoio ao regime. Um exemplo é a Operação Bandeirantes, iniciativa de perseguição e repressão financiada por empresários (Campos, 2018). Além disso, as recentes revelações da Operação Lava-Jato trouxeram à tona uma série de práticas de corrupção de agentes públicos e frações do empresariado nacional que tiveram origem no período ditatorial. Isso demonstra uma notória longevidade das relações escusas entre mercado e Estado, o que inclui o próprio Judiciário.

Com todas as ressalvas que podemos e devemos fazer quanto à utilização de um único depoimento ou delação como prova, a revelação de que as grandes empreiteiras nacionais se estabeleceram por corrupção durante o período ditatorial não surpreende (Barrucho, 2018). As evidências de uma cadeia histórica de relações escusas entre agentes do mercado e agentes do governo descendem de uma antiga estrutura de aparelhamento e apropriação do Estado por parte da elite econômica, sempre atuando para resguardar interesses privados.

Feitas essas ressalvas, podemos voltar ao tratamento concedido ao ensino superior na ditadura militar. Em 1968, o regime empreendeu uma reforma nesse nível de ensino com um caráter duplo: de um lado, promoveu uma série de modernizações na estrutura e no funcionamento das instituições; de outro, estabeleceu as prerrogativas para a expansão de uma rede privada de ensino superior. Mas o principal é que o corpo da reforma buscava neutralizar a mobilização crítica nos espaços acadêmicos, especialmente o movimento estudantil.

Aquele mesmo ano seria lembrado pela erupção de protestos estudantis em diversos países do bloco ocidental e na parte leste da Europa, em territórios sob influência da União Soviética. Tais movimentos questionavam a autoridade das formas tradicionais de ensino e demandavam transformações na estrutura educacional. Também rechaçavam a autoridade militar e a expansão belicista das grandes potências mundiais. No Brasil, o estopim do movimento ocorreu em março daquele ano, no Rio de Janeiro. Estudantes protestavam contra o aumento do preço das refeições em um restaurante universitário. Agentes de segurança invadiram o local e acabaram matando o estudante secundarista Edson Luís de Lima Souto, de 18 anos. Foram desencadeadas manifestações estudantis desde o Rio de Janeiro, com irradiação para o restante do Brasil, seguidas por crescente repressão pela ditadura.

Em 26 de junho de 1968, ocorreu a Passeata dos Cem Mil (Figura 3.2). Capitaneada pelos estudantes, mas englobando diversos setores da sociedade brasileira, tornou-se uma das mais expressivas manifestações de descontentamento com o regime. A mobilização estudantil manteve-se vigorosa nos meses seguintes, mas o desmantelamento do congresso clandestino da União Nacional dos Estudantes (UNE) numa propriedade rural no município de Ibiúna, próximo a São Paulo, em setembro daquele ano, seria o prelúdio do estado de exceção que se instaurou a partir de dezembro, com a publicação do Ato Institucional n. 5 (AI-5).

Figura 3.2 – Passeata dos Cem Mil

Acervo Iconographia

Voltando à reforma educacional, ela foi um exemplo de como as políticas públicas no período militar eram continuamente influenciadas pelo corpo técnico e militar dos Estados Unidos da América. Como indica Martins (2009), já em 1966 um relatório elaborado pelo professor americano Rudolph Atcon recomendava uma série de mudanças no ensino superior, como a cobrança de mensalidades e a expansão de vagas sem o aumento correspondente na estrutura física e de pessoal. O ensino superior deveria ter caráter prático, ou seja, qualificar uma mão de obra especializada que desafogasse o gargalo técnico para o desenvolvimento econômico nacional, prioritariamente em setores estratégicos, ligados ao desenvolvimento tecnológico.

Era a chamada **política de expansão por contenção**, que visava expandir a diminuta oferta de vagas mesmo com restrição orçamentária, utilizando racionalização e reaproveitamento de recursos. Outros relatórios técnicos apresentavam visão semelhante, como o Relatório Meira Mattos, de 1968, e o Relatório da Equipe de Assessoria ao Planejamento do Ensino Superior, de 1969. A reforma combinaria, assim, uma visão "tecnicista" de educação superior com um viés "racionalizador" do aparelho de Estado, abandonando a perspectiva crítica e clássica que havia dominado a academia no período anterior.

Assim, a reforma traria uma série de elementos que hoje se mantêm em nossa estrutura universitária, como:

- abolição das cátedras vitalícias e criação da figura do departamento;
- institucionalização da carreira acadêmica e dos mecanismos de seleção e ingresso;
- criação do regime de créditos para a distribuição de disciplinas na grade dos cursos;
- criação de uma política nacional de pós-graduação, tendência que já estava em curso desde o início do regime, com a criação do Fundo de Desenvolvimento Técnico-Científico, em 1964, e que se aprofundou com o fortalecimento de agências de fomento, como a Coordenação de Aperfeiçoamento de Pessoal de Nível Superior (Capes) e o Conselho Nacional de Desenvolvimento Científico e Tecnológico (CNPq).

A maior parte dessas mudanças era reivindicada pelo corpo discente e docente das instituições mesmo antes do início do regime. Eram compreendidas como uma modernização necessária para adaptar a experiência acadêmica brasileira às transformações demográficas e econômicas da nação. Podemos afirmar, então, que a ditadura materializou essas demandas com uma modernização de viés conservador e repressivo. Garantiu a articulação entre pesquisa e ensino, mas interditou discursos e posições políticas críticas ao regime.

É preciso considerar ainda a pressão constante pelo aumento da demanda por formação de nível superior, até então represada pelo crescimento insuficiente de vagas nessa modalidade. É incorreto dizer que as vagas no sistema público de educação superior não se expandiram na ditadura militar, já que "no período de 1967 a 1980, suas matrículas passaram de 88 mil para aproximadamente 500 mil estudantes, registrando um crescimento da ordem de 453%" (Martins, 2009, p. 22). Entretanto, ao compararmos o contingente de alunos matriculados com a população jovem em idade universitária (20 a 24 anos, segundo o Censo), temos, em 1980, uma taxa de matrícula de 4,33%.

Havia, portanto, uma demanda pela expansão quantitativa da educação superior. Foi no bojo dessa expansão de matrículas que o ensino superior privado se consolidou no país. A visão confessional e filantrópica, característica das instituições tradicionais, deu lugar a uma nova concepção de educação e de universidade, entendidas agora como mercadoria e empresa, respectivamente. A expansão do ensino privado teve franco apoio do regime, com destaque para as facilidades concedidas pelo Conselho Federal de Educação, órgão responsável pela concessão de certidões para o funcionamento das instituições de ensino superior. Desenvolveu-se, a partir desse marco político, uma concepção de educação superior privada em que a reflexão crítica não era o valor primeiro, e, sim, a promessa de um título e da consequente absorção pelo mercado de trabalho.

Os ataques ao pensamento crítico no ensino superior foram particularmente alarmantes para a sociologia brasileira, uma disciplina habituada a questionar as formas culturais e políticas de dominação. É fato que a reforma contribuiu para a institucionalização da disciplina e da carreira de sociólogo no nível superior, tal como ocorreu em outras áreas de conhecimento. Porém, a organização pedagógica do ensino da Sociologia perderia a inspiração no modelo de ensino francês, voltado ao saber clássico. Em 1968, com a constituição dos departamentos, criou-se o Instituto de Filosofia e Ciências Sociais da Universidade Federal do Rio de Janeiro (IFCS-UFRJ), herdeiro da antiga Faculdade Nacional de Filosofia. Na Universidade de São Paulo (USP), as mudanças impostas pela reforma acabaram com a estrutura de cátedras, juntamente com a autonomia da Faculdade de Filosofia, Letras e Ciências Humanas (FFLCH). Fundaram-se departamentos separados para cada uma das áreas de estudo das ciências sociais: antropologia, ciência política e sociologia.

Se a reforma criou condições para a modernização da estrutura de ensino e pesquisa em sociologia, também instaurou o estado de exceção e o macartismo (perseguição a intelectuais vistos como de esquerda) na academia, afetando, depois de 1968, especialmente aqueles intelectuais que tinham uma visão crítica sobre o regime. Um bom exemplo desse processo está descrito na publicação intitulada *O controle ideológico na USP: 1964-1978*, compilada no início da década de 1980 com a distensão do regime autoritário. O livro descreve a intervenção política na universidade durante três períodos (Adusp, 2004):

- De 1964 a 1966: quando o professor da Faculdade de Direito, Luís Antônio da Gama e Silva assumiu a reitoria da USP. Além de ocupar a posição de ministro da Justiça no governo Costa e Silva, Gama e Silva foi um dos principais responsáveis por listar os chamados "professores subversivos" que seriam processados.
- De 1967 a 1969: período marcado pela radicalização do movimento estudantil. A pauta da paridade de votação nos conselhos

deliberativos desencadeou uma ocupação da FFLCH pelos estudantes, seguida de violenta repressão pelo regime, terminando com um estudante morto. Depois do AI-5, quando diversos professores foram caçados, membros conservadores assumiram o controle daquela universidade.

- De 1972 em diante: acirramento das perseguições, prisões e sessões de tortura com membros da comunidade acadêmica. A repressão se manteve intensa até 1975, quando a morte do jornalista Vladimir Herzog nas dependências do DOI-Codi (Destacamento de Operações de Informações/Centro de Operações de Defesa Interna) escancarou o descontentamento da população com as arbitrariedades da ditadura.

O AI -5, publicado em 28 de abril de 1969, também impôs o expurgo de professores que foram alvo de inquéritos em anos anteriores. Foram aposentados compulsoriamente sociólogos como Florestan Fernandes, Fernando Henrique Cardoso, Octavio Ianni e Caio Prado Júnior. Fernando Henrique já estava fora do Brasil, atuando na Cepal e desenvolvendo a teoria da dependência, que descrevemos na seção anterior. Octavio Ianni se deslocou para a Pontifícia Universidade Católica de São Paulo (PUC-SP). Juntamente com outros intelectuais, fundou o Centro Brasileiro de Análise e Planejamento (Cebrap). Inicialmente financiado pela Fundação Ford, o Cebrap se colocou como um importante polo de pesquisa sobre o desenvolvimento da economia nacional e de nosso sistema político. Além disso, desenvolveu uma série de estudos importantes sobre a cidade de São Paulo, que culminariam na criação do Centro de Estudos da Metrópole (CEM). Caio Prado Júnior exilou-se no Chile, como mencionamos anteriormente, e foi preso quando retornou ao Brasil.

Caberia a Florestan Fernandes resguardar o caráter crítico e lúcido da sociologia brasileira nos anos que se seguiram à sua perseguição. Depois da aposentaria compulsória em 1969, tornou-se professor visitante nas universidades de Columbia e de Yale, nos Estados Unidos, retornando ao Brasil em 1978 para atuar como professor na PUC-SP. Nos anos seguintes, com a distensão do regime, reintegrou-se à vida política nacional e tornou-se um dos fundadores do Partido dos Trabalhadores (PT), tema de que trataremos no próximo capítulo. Vale, por ora, reforçar a defesa intransigente da democracia e da autonomia universitária durante o governo autoritário, como podemos observar no trecho de uma carta entregue por Florestan ao coronel de polícia que conduzia o inquérito policial militar na FFLCH:

> A nossa escola, por ser inovadora e por ter contribuído de maneira poderosa para a renovação dos hábitos intelectuais e mentais imperantes no Brasil, foi vítima de um processo de estigmatização que muito nos tem prejudicado, direta e indiretamente. Não podendo destruir-nos, os agentes da estagnação cultural optaram pela difamação gratuita e pela detratação sistemática. Ambas não impediram que a nossa escola avançasse até atingir sua situação atual, ímpar no cenário cultural latino-americano. Conseguimos sobreviver e vencer, apesar dessa resistência tortuosa e dos seus efeitos nocivos. Cada professor que desse, nas atuais circunstâncias, vazão aos seus sentimentos e convicções pessoais, recusando-se a submeter-se ao inquérito policial-militar estaria favorecendo, iniludivelmente, esse terrível jogo, para desdouro final da nossa escola. (Adusp, 2004, p. 31)

Por seu posicionamento aguerrido, Florestan seria lembrado para além de sua contribuição para a sociologia brasileira, na qualidade de defensor de uma democracia inclusiva e participativa.

Indicações culturais

COMISSÃO NACIONAL DA VERDADE. Disponível em: <https://www.youtube.com/user/comissaodaverdade>. Acesso em: 15 ago. 2019.

Esse canal no YouTube sintetiza os trabalhos da Comissão Nacional da Verdade, que operou no Brasil entre 2012 e 2016. Escolha um dos casos investigados para analisar. Eles estão ordenados na página inicial do canal. Identifique os nomes citados nos vídeos explicativos e busque referências complementares para situar esses atores sociais. Por fim, tente relacionar os relatos de violações de direitos humanos com o projeto educacional e de desenvolvimento que sustentava a ditadura militar.

Síntese

Neste capítulo, mostramos que, nos anos posteriores à Segunda Guerra Mundial, o desenvolvimento tornou-se um problema central para as ciências sociais de toda a América Latina, incluindo o Brasil. A Comissão Econômica para a América Latina e o Caribe (Cepal), criada como órgão da Organização das Nações Unidas (ONU) em 1948, era uma instituição destinada a teorizar e promover o desenvolvimento econômico em colaboração com os governos. Intelectuais ligados à Cepal, como Raúl Prebisch e o brasileiro Celso Furtado, logo começaram a desenvolver uma teoria econômica crítica que recomendava planejamento e intervenção estatal como único modo de superar a subordinação econômica dos países subdesenvolvidos no sistema internacional.

No Brasil, essa teoria influenciou fortemente um grupo de intelectuais que viria a fundar, em 1955, o Instituto Superior de Estudos Brasileiros (Iseb). De orientação, em geral, de esquerda moderada, nacionalista e popular, o Iseb analisou o problema do desenvolvimento brasileiro não apenas do ponto de vista econômico, mas também de uma perspectiva histórica, sociológica, política e filosófica. Apesar disso, não se resumiu à teoria, oferecendo cursos de formação e procurando influenciar o debate público por meio de publicações, palestras e artigos na imprensa.

À direita, surgiram instituições rivais financiadas por empresários que se opunham às posições do Iseb. Esse instituto acabou sendo fechado nos primeiros dias após o golpe de 1964, e seus membros, acusados de promover a subversão. O desenvolvimentismo não foi totalmente abandonado pelo governo ditatorial, que o depurou de seu caráter popular para promover o crescimento econômico com concentração de renda. A reforma e a expansão do ensino superior foram orientadas para o mercado de trabalho. A oposição ao governo e o pensamento crítico foram duramente reprimidos nas escolas e nas universidades.

Atividades de autoavaliação

1. Nos anos posteriores à Segunda Guerra Mundial, o Brasil discutiu intensamente as possibilidades e condições do desenvolvimento. A questão foi debatida também por intelectuais das mais diversas trajetórias e posições políticas. Qual dos seguintes fatores **não** influenciou esse debate?
   a) No plano internacional, a Guerra Fria e a divisão do mundo em áreas de influência das duas novas potências.
   b) Novas teorias econômicas sobre a relação centro-periferia, que levavam em conta os interesses nacionais no interior de um sistema econômico e político internacional.
   c) O processo de industrialização e urbanização no Brasil e em outros países latino-americanos, acentuado pelo fechamento do comércio internacional.
   d) A hegemonia inconteste dos Estados Unidos, especialmente sobre a América Latina, mantida, sem sobressaltos, sob o controle dos interesses norte-americanos.

2. Sobre os aspectos do pensamento da Comissão Econômica para a América Latina e o Caribe (Cepal) abordados neste capítulo, é correto afirmar:
   a) O desenvolvimento, embora disparado por uma combinação fortuita de fatores internos e externos, iniciou espontaneamente, porém não se completaria de forma autônoma. Exigia, portanto, planejamento e iniciativa estatais.
   b) Quanto mais livre fosse o comércio internacional, maiores seriam os ganhos que os países periféricos poderiam extrair de suas vantagens comparativas.

c) Quanto menos o Estado interferisse na economia, mais a iniciativa privada seria capaz de gerar inovação e competitividade, causando o desenvolvimento econômico.
d) O melhor caminho para o desenvolvimento do Brasil seria investir o máximo de capital em sua vocação agropecuária e mineradora, tendo em vista a abundância dos recursos naturais do país.

3. Não fazia parte da agenda do Instituto Superior de Estudos Brasileiros (Iseb):
   a) absorver as contribuições teóricas da Cepal e formular uma teoria voltada para o desenvolvimento brasileiro.
   b) difundir a doutrina do liberalismo econômico e combater a subversão, em nome dos valores patrióticos.
   c) oferecer cursos de formação teórica e política para funcionários públicos, sindicalistas e militares, nos quais se discutiam os chamados *problemas brasileiros*, em especial o desenvolvimento nacional.
   d) combinar atividade intelectual, inserção no governo e participação nos debates públicos.

4. Dois dos principais intelectuais do Iseb deixaram a instituição em 1958, após uma discordância teórica e política. Como o instituto não era apenas uma entidade acadêmica, buscando também influenciar os rumos do país, as posições teóricas de seus membros tinham importantes consequências práticas. A discordância dizia respeito a qual assunto?
   a) Ao balanço histórico sobre o legado do varguismo.
   b) À excessiva atuação político-partidária de alguns de seus membros.
   c) À admissibilidade do capital estrangeiro em setores estratégicos, como o petróleo.
   d) Ao risco iminente de um golpe militar.

5. Uma das mudanças estruturais promovidas pela ditadura militar foi:
   a) o abandono completo do desenvolvimentismo, o que levou a uma série de privatizações e à adoção de políticas neoliberais.
   b) a expansão da oferta de ensino superior, combinada com a perseguição ao pensamento crítico no interior das universidades.
   c) o aumento consistente da renda dos trabalhadores, proporcional ao crescimento econômico do país.
   d) a adoção de uma política externa totalmente subserviente aos interesses norte-americanos.

Atividades de aprendizagem

Questões para reflexão

1. A missão do Iseb era debater, formular e disseminar ideologia – no caso, um nacionalismo capaz de embasar a ação política para promover o desenvolvimento nacional. A percepção generalizada entre os intelectuais nacionalistas era a de que o desenvolvimento só poderia ser alcançado por meio de uma ação planejada. Na mesma época, surgiram outros institutos no modelo de *think tank*, como o Instituto de Pesquisas e Estudos Sociais (Ipes), que se contrapunham às ideias do Iseb. Havia uma acirrada disputa ideológica pelos destinos do país. Até 1964, tal disputa foi travada no contexto do regime democrático. Após o golpe de 1º de abril de 1964, porém, uma das primeiras atitudes do governo estabelecido foi fechar o Iseb e perseguir seus membros.

Nesse sentido, reflita sobre os seguintes questionamentos: Qual é a relação entre o surgimento de instituições dedicadas a travar a luta ideológica – como o Iseb e o Ipes – e a polarização política da sociedade? É possível enxergar um processo semelhante de polarização em outros momentos históricos? Como os conflitos sociais se traduzem, atualmente, em lutas ideológicas? Quais são os principais meios em que ocorrem os debates e como se propagam os pontos de vista em nossa sociedade conectada? Qual é o papel das notícias falsas e das redes sociais na chamada *guerra cultural* dos tempos atuais?

2. Como observamos neste capítulo, a denominação *ditadura militar* esteve recentemente nos debates especializados sobre a historiografia do período. Depois de 2013, grupos que pediam uma intervenção militar como solução para os problemas políticos do país adentraram a cena política brasileira. A primeira aparição ocorreu no esteio das "jornadas de junho", em manifestações de rua e debates nas redes sociais. Ainda que se tratasse, na maioria das vezes, de grupos minoritários, a proposta de revisionismo histórico do período ditatorial acabou se cristalizando no debate político contemporâneo e influenciou até mesmo as eleições de 2018.

   Entretanto, uma pesquisa recente coordenada pelo Datafolha (Marques, 2019) demonstrou que o apoio ao revisionismo do período autoritário não só era minoritário entre a população, como estava concentrado em alguns grupos sociais, como os de idosos e pessoas sem formação superior. Como você vê a ascensão do revisionismo histórico do período autoritário? Tente conectar essa releitura do passado com o contexto político contemporâneo.

Atividade aplicada: prática

1. Elaboração de um diário de bordo

É verdade que alguns aspectos do debate sobre o desenvolvimento nacional do Brasil entre as décadas de 1940 e 1960 podem ser considerados datados; porém, outros aspectos permanecem atuais. A descoberta das imensas reservas petrolíferas do pré-sal na costa brasileira, anunciada em 2006, estimulou um amplo debate público sobre o potencial e as possibilidades de exploração dessa riqueza. Enquanto alguns defendiam que a Petrobras, companhia estatal, deveria ter prioridade ou mesmo monopólio, outros advogavam a abertura da exploração a empresas estrangeiras. É possível até mesmo afirmar que parte da instabilidade política provocada no país desde então está relacionada com a luta para determinar como seriam distribuídos os benefícios econômicos do petróleo – um conflito de dimensões internas, mas também geopolíticas. As discussões recentes passaram a evocar uma oposição antiga entre "nacionalistas" e "entreguistas" – posições que marcaram o contexto de fundação da empresa estatal, em 1953. Vale lembrar: o racha entre membros do Iseb, em 1958, decorreu de discordâncias quanto ao emprego de capital estrangeiro no desenvolvimento da indústria petrolífera.

Um bom modo de compreender as continuidades e as transformações do debate entre "nacionalistas" e "entreguistas" é comparar as posições de seus porta-vozes no passado, isto é, na Campanha do Petróleo, que levou à criação da Petrobras. Hoje, debate semelhante ocorre em torno da descoberta e exploração do pré-sal. Faça uma pesquisa sobre os dois momentos, procurando livros, artigos e matérias jornalísticas. Você pode fazer uma busca por termos relevantes em jornais da época usando a Hemeroteca Digital da Biblioteca Nacional[3]. Um bom guia para o trabalho é identificar os principais atores (intelectuais, políticos, partidos e organizações) e seus argumentos em favor de uma ou outra posição. Para se organizar, procure elaborar um diário de bordo no qual fiquem registradas suas descobertas: as fontes e referências pertinentes, os principais atores, citações relevantes, argumentos principais, imagens, datas, eventos determinantes e, é claro, suas impressões, ideias e comentários. Por volta dos anos 1950, o debate sobre o petróleo inscrevia-se na questão mais ampla relativa ao desenvolvimento nacional. Esses problemas foram superados ou continuam atuais?

3 Disponível em: <http://memoria.bn.br>. Acesso em: 15 ago. 2019.

4 A redemocratização brasileira e uma proposta de Constituinte: desafios para a promoção da participação cidadã

André Marega Pinhel

Neste capítulo, investigaremos o contexto político da redemocratização da sociedade brasileira na década de 1980. Nosso ponto de partida será a Constituinte de 1988, que levou à cena política alguns dos cientistas sociais importantes para a construção do pensamento social no Brasil, notadamente, Fernando Henrique Cardoso e Florestan Fernandes. Prosseguiremos nas reflexões sobre raça e classe no Brasil, enfocando a trajetória de reorganização do movimento negro nesse período. Por fim, exploraremos, pela ótica da sociologia econômica e da sociologia do trabalho, os velhos problemas que retornaram ao mercado de trabalho logo após a redemocratização do Brasil, nas décadas de 1980 e, principalmente, de 1990.

4.1
A Constituição Cidadã: legado e reconfiguração de uma Carta Magna nacional

Em fevereiro de 1987, o Brasil vivia dias politicamente agitados. Na capital nacional, iniciavam-se os trabalhos da Assembleia Constituinte, o primeiro congresso sob o governo civil, formado por parlamentares eleitos, depois de 21 anos de controle da ditatura militar. Com o desafio de atender uma sociedade destituída de ritos democráticos, os parlamentares tentavam construir uma nova ordem moral e institucional. Abrindo os estudos deste capítulo, analisaremos a composição de forças para a elaboração da Carta Magna brasileira. Essa geografia parlamentar ficará impressa no texto constitucional, em seus limites e potencialidades. Vamos reconstruir a participação de dois importantes cientistas sociais na Constituinte: Florestan Fernandes e Fernando Henrique Cardoso. Relacionaremos o pensamento social brasileiro à atuação política e à indução de um Estado democrático de direito. Por fim, refletiremos sobre os avanços e as limitações da Carta Constitucional no estabelecimento de uma democracia estável e progressista.

Em janeiro de 1985, Tancredo Neves foi eleito presidente do Brasil de forma indireta, pelos deputados do colégio eleitoral. Egresso da ala moderada do Movimento Democrático Brasileiro (MDB), partido de oposição ao regime civil-militar, Tancredo deveu sua vitória ao pacto conservador com a bancada do Partido da Frente Liberal (PFL). Este era uma dissidência do Partido Democrático Social (PDS) – base do antigo regime após o fim do bipartidarismo que vigorou até o início da década de 1980[1] - e tinha como candidato a presidente, derrotado por ampla margem, Paulo Maluf, ex-governador de São Paulo. Porém, o presidente eleito morreu antes de assumir o cargo, em abril de 1985. Assumiu seu vice, José Sarney, que passou a ser imediatamente pressionado para convocar uma Assembleia Constituinte soberana.

A aliança de parte do ***establishment*** do antigo regime com as forças que trabalhavam para destituí-lo já indicava que a mudança seria lenta e gradual, sem rupturas políticas. Delineou-se um acordo de forças políticas para uma transição moderada e conciliadora, processo que estava em curso desde a promulgação da Lei da Anistia, em 1979. Os adversários do regime receberam perdão. Vários haviam sido presos, estavam sendo processados ou estavam exilados no exterior. Ao mesmo tempo, os agentes de Estado que tinham praticado graves violações aos direitos humanos, como prisões e tortura dos presos políticos do regime, também foram anistiados.

Nas ruas de todo o país, desde 1983 ocorriam atos em prol do restabelecimento pleno da democracia, exigindo uma eleição exclusiva para a escolha de representantes constituintes e para a presidência. Nos bastidores desse movimento, que viria a ser conhecido como *Diretas Já*, os partidos e as agremiações que seriam protagonistas no advento da redemocratização brasileira se organizavam. Duas forças viriam a ter papel decisivo na história brasileira desde aquele momento e pelas

1 Durante a ditadura militar, dois partidos estavam autorizados a disputar eleições representativas no Brasil: a Aliança Renovadora Nacional (Arena) agremiava os defensores do regime, ao passo que a oposição estava representada pelo MDB. Ainda que o sistema político da ditadura reconhecesse o sistema bipartidário de representação, a atuação da oposição era restrita, e suas posições políticas, censuradas. A situação começou a mudar na eleição de 1974, quando o MDB elegeu 16 senadores (76,0% do total) e 161 deputados (44,23%), o que indicava um descontentamento popular crescente com o regime.

décadas seguintes: o Partido dos Trabalhadores (PT) e o Partido da Social Democracia Brasileira (PSDB). Em seu ato magno, no dia 25 de janeiro de 1984, o movimento das Diretas Já levou mais de 1,5 milhão de pessoas ao Vale do Anhangabaú, na cidade de São Paulo. O palanque reuniu políticos como Fernando Henrique Cardoso, Franco Montoro, Mário Covas e Luiz Inácio Lula da Silva. Aqui se destaca um fato curioso: dois dos adversários nas eleições presidenciais de 1994 e 1998 (FHC e Lula) haviam dividido o mesmo palanque na década anterior.

O descontentamento popular era capitaneado por uma economia em estágio terminal. A inflação bateu um recorde histórico em 1985, registrando uma elevação de 235,1% ao ano, sendo 15% apenas em novembro daquele ano[2] (Portal Brasil, 2019). Podemos definir a inflação como um aumento generalizado de preços, mensurado por índices que consideram a média dos itens mais consumidos pelas famílias. Seu efeito é mais impactante para os trabalhadores com salários mais baixos, pois grande parte do orçamento deles é comprometida com a aquisição de bens necessários para a reprodução de sua subsistência material, como alimentos, aluguel e serviços públicos (água, energia etc.). Com a pressão inflacionária, a cesta básica, que custava 125 mil cruzeiros em janeiro de 1985, terminou o ano com o valor de 425 mil cruzeiros, equivalendo a 70,8% do salário mínimo em vigor na época (600 mil cruzeiros) (Brasil, 1985).

---

2 É interessante pontuar que, em face da prospecção de inflação elevada em 1985, o governo havia alterado o índice oficial, o Índice Geral de Preços (IGP), da Fundação Getulio Vargas (FGV), para o Índice Nacional de Preços ao Consumidor (INPC), organizado pelo Instituto Brasileiro de Geografia e Estatística (IBGE). O cálculo do índice oficial de inflação sempre foi alvo de debate no Brasil, reiteradamente criticado pelo movimento sindical como uma forma de distorcer as perdas salariais dos trabalhadores. Por esse motivo, o Departamento Intersindical de Estatística e Estudos Socioeconômicos (Dieese) organizou o Índice de Custo de Vida (ICV) para fazer frente às mensurações oficiais.

Ainda no âmbito **macroeconômico**, o governo civil herdara uma dívida externa volumosa, contraída com as instituições bancárias globais. Esses empréstimos bancaram o desenvolvimento da indústria de base, um dos motores do crescimento econômico e da geração de empregos no regime militar. Com uma dívida externa elevada, o país ficou desacreditado no mercado internacional, o que dificultava a atração de divisas em moeda forte e comprometia o crescimento da economia.

Além de questões internas, os mercados internacionais também estavam receosos, já que a crise do petróleo – capitaneada pelas instabilidades geopolíticas no Oriente Médio e por sua relação comercial com os Estados Unidos – trazia instabilidades para o cenário nacional. Ou seja, o Brasil enfrentava um cenário fortemente adverso, as economias vizinhas passavam por problemas semelhantes. Lembremos que outras nações do continente também transitavam para a democracia, depois dos governos autoritários da década de 1970.

Nos anos 1980, o Produto Interno Bruto (PIB) do Brasil – indicador que mede todas as riquezas produzidas por uma nação no decurso de um ano – avançou em média a uma taxa de 1,6%, acumulando crescimento de 16,6% em toda a década. A inflação elevada e o crescimento baixo resultaram, de maneira geral, no empobrecimento da população. O cenário de incerteza dificultava o planejamento econômico. Em janeiro de 1987, o Presidente José Sarney declarou moratória da dívida externa brasileira, isto é, admitiu que o país não conseguia arcar com os juros dos empréstimos contraídos no exterior. Isso resultou em um decréscimo vertiginoso do crédito disponível.

Em virtude desses fatores, os economistas costumam se referir à década de 1980 como "a década perdida", ou seja, um período em que a economia nacional não apresentou resultados minimamente satisfatórios. Isso significa dizer que, ao final desse período, os níveis de produtividade e dos valores dos salários continuavam insuficientes para produzir crescimento aliado com distribuição de renda. Podemos, no entanto, admitir uma compensação na esfera política, marcado pela pluralidade, pela participação e pela abertura depois de longos anos de repressão militar. Não foi uma década completamente perdida, afinal de contas.

Houve no Brasil um crescimento vertiginoso de entidades de lutas por direitos. Elas atuavam em diversas frentes: na reordenação do movimento sindical e das tradicionais lutas pelo trabalho – sendo a Central Única dos Trabalhadores (CUT) um exemplo paradigmático – ou na emergência de novos atores sociais que tinham na identidade sua chave de mobilização política, como os movimentos indígenas, negros e de mulheres. A esquerda retomava seu papel histórico de mobilização da classe trabalhadora depois de um longo período de ilegalidade e prescrição. Restava, entretanto, a pergunta: Como esses movimentos se fariam representar no processo constituinte?

A primeira questão a ser discutida dizia respeito à exclusividade dos representantes constituintes. Deveriam ser convocadas novas eleições parlamentares, exclusivas para a redação da Carta Magna, ou sua redação seria assumida pelo Congresso eleito? Argumentava-se que, embora o Congresso tenha sido eleito em 1986, já sob o regime democrático, as regras que ordenaram a escolha tinham sido implantadas durante a ditadura. Temia-se, portanto, começar um novo capítulo sob a influência, ainda que indireta, do antigo regime. Entretanto, a opção por empregar o Parlamento já eleito foi vitoriosa. A Assembleia Constituinte era composta majoritariamente por forças reformistas moderadas e conservadoras. Os trabalhos iniciaram em janeiro de 1987, sob a presidência de Ulysses Guimarães, do Partido do Movimento Democrático Brasileiro (PMDB). Guimarães havia sido um ator importante na organização dos movimentos pelas Diretas Já. Seu reconhecimento político deu o tom do andamento da escrita da nova carta.

Como podemos observar na Tabela 4.1, o chamado *centro democrático* – ou *Centrão* – arregimentava a esmagadora maioria na Câmara (90,6%). Apenas o PMDB, que representava 54,7% da casa, era capaz de obter a maioria simples. Já a maioria qualificada era conquistada a partir de aliança com os partidos derivados da base de apoio à ditadura: o PFL (23,4%) e o PDS (6,4%). A oposição de esquerda agregava apenas 9,4% dos representantes do Congresso. Era capitaneada pelo histórico PDT (4,7%) e pelo recém-criado PT, com 16 representantes (3,1%). No Senado, o centro democrático contava com maioria absoluta.

Tabela 4.1 – Número absoluto e participação percentual de partidos e bancadas de representantes na Câmara dos Deputados constituintes – Brasil, 1987

Partidos e bancadas de representantes na Constituinte	Número de representantes	Participação percentual
PMDB	280	54,7
PFL	120	23,4
PDS	33	6,4
PTB	17	3,3
PL	8	1,6
PDC	5	1,0
PSC	1	0,2
Centro democrático	**464**	**90,6**
PDT	24	4,7
PT	16	3,1
PCB	3	0,6
PCdoB	3	0,6
PSB	2	0,4
Oposição de esquerda	**48**	**9,4**
Total	**512**	**100,0**

Fonte: Elaborado com base em Brasil, 2019a.

Antes mesmo de a Constituinte ser instalada, desenrolou-se uma disputa política entre Ulysses Guimarães e José Sarney, ambos do PMDB, pelo protagonismo no processo de redação da Carta Magna. O Presidente Sarney fazia um governo continuísta, marcado por uma retórica nacionalista. A moratória da dívida pública era usada como escudo e justificativa para as ações impopulares do mandatário eleito indiretamente.

Sarney se opôs à ampla participação dos setores organizados da sociedade no processo constituinte, entendendo que uma Carta Magna muito prescritiva tornaria o país ingovernável. Ulysses, que havia sido eleito pelo voto popular e se convertido em um virtual candidato à presidência, buscava representar a amplitude dos anseios democráticos. A disputa política entre eles confluía para um ponto específico: caberia à Constituinte – presidida por Ulysses Guimarães – indicar o período de mandato do chefe do Executivo de transição – ocupado por Sarney.

A poltrona presidencial entrou, então, em disputa. Discutia-se qual seria o melhor sistema de governo: O Brasil deveria manter o presidencialismo, fortalecendo a eleição majoritária, ou adotar um parlamentarismo por representação proporcional? A oposição de esquerda detinha simpatia pelo parlamentarismo, mas acabou defendendo o presidencialismo, causa primeira da mobilização pelas Diretas Já. Os integrantes da esquerda identificavam, assim, um desejo popular de votar para a presidência da República. O presidencialismo também era a opção do presidente da Constituinte, Ulysses Guimarães, que se imaginava candidato favorito ao pleito. Assim, prevaleceu esse sistema, com uma emenda determinando um plebiscito para a população decidir direta e soberanamente. Essa votação veio a ocorrer somente em 1993, depois da eleição e do *impeachment* de Fernando Collor de Mello. Na ocasião, o eleitorado reforçou a adesão ao regime republicano e ao sistema de governo presidencialista.

E, afinal, qual foi o papel dos sociólogos no processo constituinte? Citamos anteriormente que a sociologia emprestou alguns nomes emblemáticos ao Congresso Nacional, como Fernando Henrique Cardoso (PMDB/SP), no Senado, e Florestan Fernandes (PT/SP), na Câmara, ambos egressos da Faculdade de Filosofia, Letras e Ciências Humanas da Universidade de São Paulo (FFLCH-USP). A Constituinte também abrigou o Senador Pompeu de Souza (PMDB/DF), formado pela Universidade de Brasília (UnB), e os deputados Paulo Delgado (PT/MG) e Augusto Carvalho (PCB/DF), também sociólogos. É importante mencionar, ainda, o papel de Darcy Ribeiro, que, embora não tenha atuado como constituinte (era vice-governador do Rio de Janeiro), participou das discussões, especialmente na área de educação.

Fernando Henrique Cardoso era uma liderança da oposição moderada ao regime ditatorial e ideólogo do plano de governo do MDB para as eleições no final da década de 1970. Defendeu uma aliança ampla do partido com os diversos setores da sociedade – da burguesia nacional às lideranças sindicais. Ao mesmo tempo, buscava se distanciar da luta armada promovida pela esquerda ativista. Essa estratégia consolidou a hegemonia do PDMB no alvorecer da democracia. O eminente sociólogo se envolveu com a política partidária em 1978, quando foi eleito senador suplente de Franco Montoro. Em 1983, Montoro assumiu o governo de São Paulo, deixando a cadeira no Parlamento para FHC.

Cardoso tinha muito bom trânsito entre as figuras renomadas do MDB, como Ulysses Guimarães e Tancredo Neves. Seu pai era general brigadista do Exército, o que também lhe dava acesso aos meios militares. Foi, portanto, um dos principais agentes para uma transição moderada e não violenta de regime. Por um lado, participava diretamente da organização dos movimentos pelas Diretas Já, canal da insatisfação popular com o regime; por outro, aproximava antigos opositores na formação de uma coalizão conservadora para a transição ao regime democrático.

FHC manteve-se atuante no Congresso até 1985, quando se licenciou para concorrer à prefeitura de São Paulo. Foi derrotado pelo ex-presidente Jânio Quadros, em uma virada nos últimos dias de campanha. O resultado, postula-se, foi muito influenciado por um debate televisivo. Ao ser perguntado pelo apresentador Boris Casoy se acreditava em Deus, FHC titubeou e foi evasivo.

Retornou então ao Senado, prosseguindo com os trabalhos legislativos. Após a Constituinte, reuniu dissidências do MDB, como Mário Covas e José Serra, e juntos criaram o PSDB. A partir de São Paulo, a legenda influenciaria a vida política da República em todo o período pós-Constituinte.

Florestan Fernandes foi eleito deputado federal em 1986 pelo PT de São Paulo, conquistando 50 mil votos. Sua candidatura foi construída em proximidade ao núcleo orgânico do partido, formado em torno de Luiz Inácio Lula da Silva. Chegou à Câmara como representante da base petista, composta por trabalhadores sindicalizados, movimentos sociais, acadêmicos e estudantes. Integrou o bloco da oposição de esquerda, defendendo uma ruptura mais abrupta – e, naquele contexto, radical – com o regime anterior, fundamentada em um programa de ampliação do Estado democrático de direito com reformas estruturais de base.

A visão sociológica de Florestan Fernandes ficou impressa em seu mandato. Manteve, em suas análises e estratégias políticas, o caráter analítico e o receitual marxista percebidos em toda a sua produção teórica. Ficou conhecido no Congresso como Professor Florestan. Dentro do PT, não descuidou de seu papel de cofundador e conselheiro de uma legenda popular em construção. Sua disposição progressista e sua ampla erudição o tornaram veículo de expressão para demandas de grupos sociais de pressão, como o movimento negro, e dos grupos em defesa da educação pública e gratuita.

> Aliás, sempre cultivei a técnica da observação participante. Mesmo aqui no Parlamento, não me despirei de minha condição de sociólogo. Afinal, a luta de classes se reproduz aqui, embora de forma oposta à lá de fora: no Congresso, a minoria privilegiada tem representação majoritária e a minoria desvalida e oprimida, tem representação minoritária. (Florestan..., 1987)

Assim, suas principais pautas estavam relacionadas à manutenção de direitos trabalhistas (direito de greve, jornada de 40 horas semanais e autonomia sindical), à expansão e manutenção da oferta de educação pública e gratuita e ao financiamento da ciência e da tecnologia como forma de emancipação das economias centrais do capitalismo. Também foi um impulsionador do movimento negro e da luta antirracista na Câmara, trazendo o Movimento Negro Unificado (MNU) e intelectuais negros – como Abdias do Nascimento – para as comissões temáticas. Um embrião daquelas discussões germinou na implantação das cotas sociais nas universidades públicas brasileiras, desde os anos 2000.

Dedicou-se à construção de um programa para o PT. Vemos essa diposição no livro *O PT em movimento*, publicado em 1991, durante o primeiro congresso do partido. Foi um crítico ativo das social-democracias europeias e do processo de construção dessa vertente no Brasil. Compreendia-a como uma manifestação "pequeno-burguesa deturpada, que entrega a cabeça aos capitalistas e o coração aos assalariados" (Fernandes, 1991, p. 1). Advogou por um programa partidário abertamente socialista e democrático. Já na década de 1990, criticou a mudança da estratégia de arrecadação do PT no momento em que o partido começou a aceitar doações de grandes grupos empresariais.

Após um ano e meio de trabalho, a Carta foi finalmente promulgada em 22 de setembro de 1988. Nascia a Constituição Cidadã – uma referência à amplitude dos direitos sociais. De fato, muitas das pautas sociais foram anexadas ao texto legislativo, principalmente pela atuação dos grupos de pressão, que participaram ativamente das audiências públicas.

Foram incluídas 122 iniciativas correspondentes às chamadas *emendas populares*, que coletaram mais de 12 milhões de assinaturas. Era a primeira vez em 21 anos que a sociedade civil se organizava em grupos de pressão, com consequências diretas para a Administração Pública. Os movimentos articulados inovavam, criando novas estratégias de pressão. Um exemplo é a multiplicação de *outdoors* pelo país indicando como votavam os constituintes. A ação era organizada pelo Departamento Intersindical de Assessoria Parlamentar (Diap). Outros fatores foram fundamentais para a construção de um texto notadamente progressista. Além da mobilização de esquerda, é importante ressaltar que a aprovação do texto coincidiu com as eleições municipais de 1988 – a terceira da Nova República. Muitos dos constituintes apoiaram artigos cujo teor poderia render dividendos eleitorais.

Nossa Constituição foi reconhecida internacionalmente como um modelo para os países em desenvolvimento. No campo do trabalho, por exemplo, a Carta garantiu:

- redução da jornada de trabalho de 48 para 44 horas;
- adicional de férias;
- aviso prévio;
- licença-paternidade;
- direito de associação sindical;
- multa de 40% sobre o saldo do Fundo de Garantia do Tempo de Serviço (FGTS) no ato da demissão;
- o Fundo de Amparo ao Trabalhador (FAT), criado para gerir os benefícios trabalhistas.

Na área da saúde, uma das mais mobilizados pela Assembleia Constituinte, o texto legal promulgou a implantação do Sistema Único de Saúde (SUS), universalizando a atenção básica. Vários setores da sociedade civil conquistaram avanços, como o movimento feminista, que conseguiu ampliar o conceito de família, até então restrito à família nuclear com pai, mãe e filhos. O movimento indigenista assegurou a posse e a demarcação das terras tradicionais pela União. Por sua vez, o movimento conservacionista/ecológico emplacou regulamentações sobre a preservação e o manejo de áreas florestais.

Passadas três décadas da promulgação da Constituição, é preciso refletir sobre os avanços e as limitações dessa etapa de nosso desenvolvimento democrático. Em primeiro lugar, é necessário destacar que grande parte das conquistas sociais da Constituinte foi negligenciada pelos governos posteriores ou reformada pelos legisladores ou, ainda, enfrentou a oposição dos setores mais conservadores da sociedade. Permanecer no processo constituinte mesmo ciente de que estava sendo tramada uma transição branda do antigo regime foi o primeiro sinal de que a esquerda ensaiava uma estratégia conciliatória e reformista. A opção ficou mais evidente nos anos seguintes, quando os partidos de esquerda começaram a aumentar suas candidaturas competitivas. O custo de uma transição democrática pacífica e ordenada foi a sedimentação de nossas contradições políticas. A nova sociedade já nascia muito desigual. Sua democracia se organizava de forma profundamente hierárquica.

Nos anos 1990, as crises econômicas e os problemas sociais, como desemprego e insegurança alimentar[3], ofereceram inúmeros desafios para a jovem Constituição. Com a opção pelo neoliberalismo econômico, ampliou-se a crença de que o Estado brasileiro era custoso e grande

3 Mais informações sobre essa questão serão apresentadas na última parte deste capítulo.

demais e que sua manutenção seria um entrave para o crescimento econômico. Para atrair investimentos e criar condições favoráveis ao crescimento, ventilou-se a ideia de um Estado mínimo e não interventor, capaz de honrar débitos internacionais e perfeitamente inserido no sistema financeiro global. Em troca da estabilidade econômica, as forças políticas que representavam o pensamento neoliberal operaram uma estagnação das políticas sociais, especialmente nas áreas de assistência social e educação. A proposta retardou a diminuição dos índices de desigualdade por mais de uma década.

A partir dos anos 2000, o Brasil expandiu-se como economia de mercado conduzida por políticas de caráter neodesenvolvimentistas. Essa estratégia foi executada em duas frentes: ampliação do consumo interno por meio da oferta de crédito e da valorização do salário mínimo e implantação de políticas de transferência de renda e subsídio à moradia popular. As duas políticas promoveram, ainda que timidamente, a diminuição da desigualdade de renda.

Mesmo admitindo os avanços sociais desse período, é importante salientar que custaram à esquerda uma ruptura com sua posição na Constituinte. No momento em que abdicaram de direitos sociais fundados na lei em troca de uma promoção social conjuntural, os movimentos de esquerda majoritários se abstiveram de sua vocação histórica. Ao optarem por uma distribuição de renda progressiva e dependente de políticas de governo, negaram as lições do Professor Florestan, que ensinavam a construir uma ruptura radical rumo ao socialismo.

Por fim, voltamos às perguntas que iniciaram essa reflexão: Qual é o papel do Estado na efetivação de uma Constituição progressista e – realmente – cidadã? Os ritos democráticos que culminaram na Constituinte foram um canal de manifestação das ansiedades populares ou apenas um acordo entre as forças políticas da ordem dominante? Por ora, restam as indagações. Sabemos, porém, que a sociologia está atenta aos percalços de nossa sociedade em sua busca pelo almejado Estado democrático de direito.

Indicações culturais

A CONSTITUIÇÃO da Cidadania. Brasil: TV Senado, 2008. 62 min. Disponível em: <https://www.youtube.com/watch?v=Nc-1GIZD1t0>. Acesso em: 17 ago. 2019.

O vídeo *A Constituição da Cidadania* traz uma narrativa oficial sobre o processo de promulgação da Constituição brasileira de 1988. Os principais atores políticos daquele período comentam o processo constituinte, destacando-se, especialmente, os políticos profissionais que disputavam o texto a ser redigido. Assista ao documentário situando, sempre que possível, tais atores no período posterior ao processo constituinte. Procure saber como eles estão dispostos no espectro político contemporâneo.

4.2 Atualização e crítica dos clássicos do pensamento social brasileiro

Voltemos ao tema das relações raciais no Brasil, buscando identificar como as discussões foram impactadas desde os anos 1970. De maneira geral, a redemocratização da sociedade brasileira atuaria como catalisadora da participação da sociedade civil na esfera política. Os novos debates sobre inclusão racial avançaram pela década de 1990 e até o início dos anos 2000, quando culminaram na implantação do sistema de cotas universitárias para a população negra. Tal demanda estava apresentada desde o processo constituinte. Os atores sociais e a questão da desigualdade racial foram colocados no centro de um núcleo de direitos a serem inaugurados pelo novo Estado. Na sociologia acadêmica, novos horizontes teóricos, conceituais e metodológicos resultaram em uma nova compreensão da desigualdade racial. Surgiram interpretações alternativas para os problemas pensados pelos clássicos do pensamento social brasileiro, estudados nos Capítulos 1 e 2.

Duas chaves são importantes para compreender como esse debate se expandiu desde a Constituinte até as políticas afirmativas. Devemos considerar, primeiramente, as transformações ocorridas no movimento negro com a criação do Movimento Negro Unificado (MNU) e a crítica à ideia de democracia racial, a partir da década de 1970. O segundo ponto é a interlocução dos pensadores sociais com o movimento negro, que reorientou seus paradigmas analíticos e metodológicos. Analisaremos esses dois aspectos na sequência.

Por *movimento negro* entendemos um processo histórico complexo no qual indivíduos não brancos se uniram para reivindicar sua origem étnica comum, como forma de se contrapor à dominação do elemento branco e colonizador. A história desse movimento é tão rica e intrincada quanto a densidade das relações de dominação entre esses dois grupos étnicos, desde a abolição da escravidão até a atualidade. Embora possamos apontar algumas datas, inclusive recentes, a construção de sentidos políticos nesse âmbito é tão extensa quanto a **diáspora** africana pelo mundo. Dessa imensidão, pinçaremos a situação do movimento durante a redemocratização da sociedade brasileira[4].

Em 7 de julho de 1978, um grupo de ativistas negros realizou uma manifestação nas escadarias do Theatro Municipal de São Paulo para denunciar a violência contra pessoas negras. O protesto foi apoiado por diversas entidades associadas à luta antirracista no Brasil, que assinaram

4 Um panorama completo sobre a história do movimento negro pode ser encontrado no artigo "Movimento negro brasileiro: alguns apontamentos históricos", de Petrônio Domingues (2007).

uma carta aberta de denúncia contra as condições adversas enfrentadas pela população negra. Esse ato marcava o retorno do movimento negro à cena depois de um longo período sufocado pelo regime autoritário e lançou as bases para a formação de uma mobilização de caráter nacional.

A ideologia de Estado durante a ditadura assumia que o racismo não era um problema nacional, uma vez que o país era reconhecidamente miscigenado e integrado. O problema do Brasil seria a pobreza, e não o preconceito racial. Entre os aliados do campo da esquerda, as forças estavam direcionadas à derrubada do regime; demandas identitárias deveriam esperar.

O grupo nascido das escadarias do Municipal foi batizado de Movimento Unificado Contra a Discriminação. Após 1982, tornou-se Movimento Negro Unificado (MNU), desde então uma das alianças negras mais conhecidas do Brasil. Entre suas pautas, podemos citar:

> desmistificação da democracia racial brasileira; organização política da população negra; transformação do Movimento Negro em movimento de massas; formação de um amplo leque de alianças na luta contra o racismo e a exploração do trabalhador; organização para enfrentar a violência policial; organização nos sindicatos e partidos políticos; luta pela introdução da História da África e do Negro no Brasil nos currículos escolares, bem como a busca pelo apoio internacional contra o racismo no país. (Domingues, 2007, p. 114)

A reorganização ideológica do movimento negro pautava-se em dois alicerces fundamentais. De um lado, suas ações buscavam a associação com outras lutas sociais que se desenvolviam no país. Ocorreram alianças com movimentos sindicais e operários, que naquele momento refundavam o sindicalismo nacional. O objetivo era encontrar um elo comum, que aliasse a luta de setores oprimidos e marginalizados da sociedade com a contestação da ordem e do sistema econômico. Nesse sentido, o MNU pendia para a esquerda. O entendimento era que a extinção do racismo passava, também, pela superação das relações capitalistas de produção, que haviam engendado o estado de subalternização dessa população.

Por outro lado, o MNU também buscava inspiração ideológica no movimento pelos **direitos civis** de negros norte-americanos. Esses grupos eclodiram na década de 1960, inicialmente com desobediência civil às leis de segregação racial existentes desde a Guerra Civil Americana. A militância alcançou diversas esferas de sociabilidade da comunidade afro-americana, como as relações religiosas, culturais e trabalhistas. Tinham como referência uma pluralidade de personalidades afro-americanas, como:

- **Malcolm X**: famoso ativista antirracista e nacionalista dos Estados Unidos. Converteu-se ao islamismo como forma de se reconectar às raízes culturais africanas. A partir dessa posição religiosa, influenciou a população afro-americana a se levantar contra a segregação racial.
- **Martin Luther King Jr.**: pastor protestante e ativista a favor da não violência. Além de representar uma liderança negra central no movimento pelos direitos civis, tornou-se militante na luta contra a Guerra do Vietnã e na redução das desigualdades econômicas nos Estados Unidos.
- **Angela Davis**: ativista política e militante do feminismo negro. Era associada ao movimento Panteras Negras, um grupo de autodefesa da comunidade afro-americana. Também é lembrada por sua adesão ao socialismo radical, advogando que o racismo e o capitalismo estão interconectados.

É importante ressaltar que a pauta negra no Brasil tinha divergências em relação à militância norte-americana. Naquele país, os movimentos de direitos humanos estavam empenhados em reagir às desigualdades entre brancos e negros e criticar a participação americana na Guerra do Vietnã. No Brasil, a denúncia voltava-se para os crimes do governo autoritário cometidos contra presos políticos, incluindo a tortura e o assassinato. Eram, portanto, lutas travadas em dois sistemas distintos: enquanto nos Estados Unidos a mobilização era parte do jogo democrático e inclusive clamava pela expansão deste, no Brasil as manifestações eram contidas via censura e perseguição política; a pauta, então, era justamente o retorno ao jogo democrático interrompido pelo golpe. Tanto era assim que, após a redemocratização, o MNU passou a se informar também pelas lutas dos afro-americanos, pois, a partir daquele momento, o movimento negro em ambos os países viu-se inserido em um mesmo tipo de regime político.

Além da influência política dos norte-americanos, o movimento negro absorveu inspirações africanas. A estética, a filosofia e a cultura do continente ressignificaram sua hereditariedade, dando o sentido de pertencimento a uma comunidade negra transnacional. Essa postura representou, entre outras ações, "vestir" os elementos biológicos e culturais negros. Os cabelos afro, trançados ou crespos, são defendidos politicamente como parte da beleza negra; devem ser assumidos e exibidos. O negro deve orgulhar-se de suas características fenotípicas, em vez de tentar escondê-las. Da mesma forma, o uso de vestes tradicionais africanas, como a capulana, ganha a significação do reconhecimento e respeito à ancestralidade. Essa tendência de moda, chamada de *Black is Beautiful* (em tradução livre, "Preto é lindo"), começou nos Estados Unidos e espalhou-se para outros países do mundo, impactando, inclusive, a autopercepção dos países africanos.

O MNU também se voltou à África para denunciar o colonialismo branco, acusado de fragmentar grupos étnicos em Estados-nação artificialmente criados. Divididas, as etnias africanas não puderam resistir ao saque das riquezas. Ao pregarem a restauração das configurações tribais originais, os militantes refletiam sobre o lugar deles na história da diáspora negra. O objetivo era recompor uma ancestralidade negada pelo tráfico negreiro. A conexão étnica também promovia um retorno e uma conversão, por parte dos simpatizantes do MNU, às religiões de matriz africana no Brasil. Embora tais práticas nunca tenham sido abandonadas pelo núcleo orgânico do movimento, naquele momento elas se converteram em um emblema de "africanidade", valorizada principalmente pelos setores mais intelectualizados do movimento. Tais estudiosos, aliás, questionaram a produção da literatura sociológica clássica sobre o tema, como discutimos no tópico que tratou de Roger Bastide.

Alguns sociólogos dialogaram com o movimento, o que certamente contribuiu para uma reorientação de alguns paradigmas da análise sociológica. O livro de Carlos Hasenbalg, *Discriminação e desigualdades raciais no Brasil*, é um marco dessa interação. Publicado em 1976, esse estudo questionou argumentos sobre a origem das desigualdades raciais no Brasil arraigados profundamente na academia brasileira, principalmente as teses de Florestan Fernandes, que examinamos no Capítulo 2. Hasenbalg discutiu a noção de resíduo arcaico do racismo brasileiro, apontando que o racismo e a discriminação racial no período pós-abolição foram as principais causas da subordinação dos negros e de seu recrutamento para os estratos menos prestigiados da estrutura ocupacional brasileira (Hasenbalg, 1979, p. 20). Ele defende que a dispersão geográfica da população negra no território brasileiro é resultado do processo escravagista, que alocou os negros em regiões agrárias e subdesenvolvidas. Quando o Estado incentivou o uso da mão de obra branca, europeia, para ocupar o espaço deixado pelo fim da escravidão, contribuiu para criar um mercado de trabalho urbano refratário à população nativa negra. Além de estar submetida aos estigmas do passado escravista, essa força de trabalho detinha pouco treinamento para aderir às novas formas e relações de produção.

A linha de investigação inaugurada por Carlos Hasenbalg reconheceu a tese da desigualdade ocupacional proposta por Florestan Fernandes. Para ambos, a limitada variedade de ocupações disponíveis para pessoas negras, relegadas às atividades de caráter manual, seria o principal motivo de sua arregimentação para as classes inferiores. Hasenbalg, contudo, procurou demonstrar que essa estrutura arcaica não estava sendo modificada pela sociedade de mercado. Pelo contrário, era um elemento de reprodução das desigualdades acumuladas entre gerações. Também foi desconstruída a hipótese de que o racismo seria incompatível com uma economia industrial. Com base em uma análise profunda de regiões que atravessaram o processo de industrialização, foi possível detectar que a desigualdade de renda entre grupos raciais se manteve no mesmo patamar.

O foco de análise deixou de ser a transição de sistemas econômicos, pois o racismo persistiu nas instituições e no mercado de trabalho propriamente capitalistas. Para um movimento negro que questionava o racismo e o capitalismo ao mesmo tempo, situar o preconceito racial como parte do desenvolvimento capitalista – e não como resquício de outra ordem social – uniu as lutas sociais da reabertura brasileira. A literatura de Carlos Hasenbalg circulou intensamente nos meios ativistas. Além disso, teve grande papel na formação de uma geração de pesquisadores negros, como Marcelo Paixão, Márcia Lima e Ângela Figueiredo. A partir da década de 1990, essa nova geração passaria a estudar a questão racial em sintonia com as pautas do movimento negro.

Também a partir da reflexão sociológica, o movimento negro impôs a utilização do termo *negro* como paradigma para a definição do conjunto de pessoas de cor, recusando definições intermediárias como *mestiço*, *pardo*, *mulato* ou *moreno*. Entende-se que os antepassados negros foram obrigados a forjar esses termos na tentativa de se integrarem à sociedade branca. Ao tentarem diluir sua ancestralidade africana, driblando um rótulo pejorativo, os negros do Brasil do passado acabaram incorporando em si o desejo de branqueamento percebido na sociedade brasileira. Tais classificações, portanto, estão carregadas pela ideologia racista, que busca despolitizar e tornar invisível a população de cor.

A reivindicação encontrou certo direcionamento, por exemplo, nas categorias raciais adotadas em pesquisas do Instituto Brasileiro de Geografia e Estatística (IBGE), notadamente o Censo Demográfico. Desde que a contagem populacional foi adotada, em 1872, o Censo definiu diferentes categorias raciais[5], utilizando como critério um misto entre fenótipo e descendência dos entrevistados. A partir de 1940, quando se aboliu o termo *caboclo*, a população não branca passou a ser dividida entre *pardo* e *preto*. Havia ainda a categoria *amarelo*, utilizada para classificar a população asiática, incorporada em 1950.

O MNU defendeu que o instituto utilizasse apenas a categoria *negro* para classificar a população de cor. O IBGE manteve duas categorias – preto e pardo –, além de incluir a categoria *indígena*, a partir de 1991. Muitos pesquisadores passaram a somar as categorias *preto* e *pardo*, criando a categoria *negro* de forma independente. Como mostrou Hasenbalg (1979), a similaridade das condições socioeconômicas de pretos e pardos justifica a agregação das categorias.

5 Em 1872, quando foi criado, o Censo contemplava quatro categorias – branco, preto, pardo e caboclo –, associando a categoria *pardo* à união de brancos e pretos e a categoria *caboclo* ao indígena e seus descendentes. Nas décadas de 1910 e 1920, a investigação sobre a declaração racial não foi realizada, retornando só em 1940, com uma configuração mais próxima da atual (Senkevics, 2015).

A análise do Gráfico 4.1 indica que, em 2010, a população negra (pretos + pardos) atingiu 50,9% do total da população brasileira, superando, pela primeira vez desde 1972, a população branca. Ou seja, a população negra passou a ser, em 2010, o maior grupo populacional do Brasil. O dado serve para pensar sobre a adequação de atribuir ao grupo negro o rótulo de *minoria*, tal como adotado nos Estados Unidos (*minority*). No caso brasileiro, o grupo negro não deve ser entendido como uma minoria em termos demográficos, mas em relação à sua participação nos espaços de poder e prestígio econômico.

Gráfico 4.1 – Distribuição percentual da população brasileira segundo raça-cor – de 1872 a 2010[6]

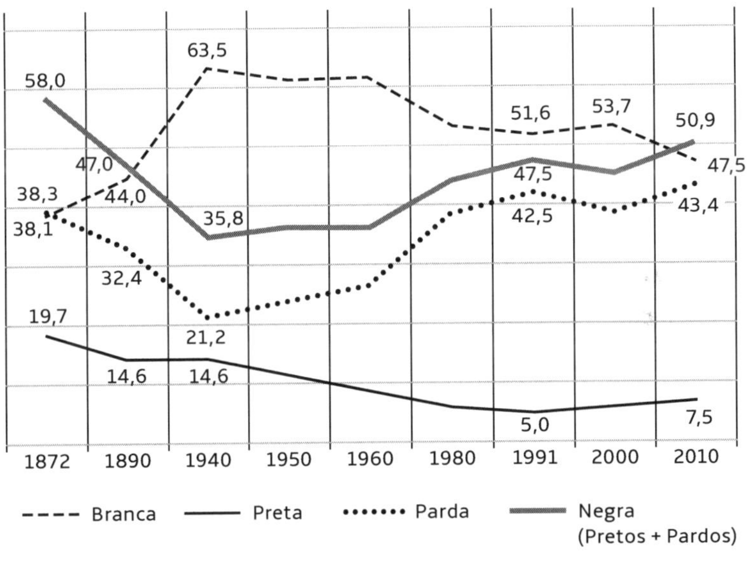

Fonte: Elaborado com base em IBGE, 2019a.

6 Dados compilados mediante consulta feita ao Sistema IBGE de Recuperação Automática (Sidra).

Enquanto o MNU reivindicava o termo *negro* como signo de autoafirmação, o uso do conceito de *raça* era amplamente discutido e relativizado por certas correntes do pensamento sociológico. Afinal de contas, tal uso ficou gravado no passado evolucionista e racialista da disciplina, como destacamos no Capítulo 1. Nesse contexto, especulava-se sobre a substituição pelo conceito de *etnia*. Sua complexidade teórica seria capaz de evitar o determinismo fenotípico e estético incutido na categoria *raça*?

Em "Como trabalhar com 'raça' em sociologia", Antonio Sérgio Guimarães (2003) expõe os argumentos centrais para a utilização metodológica do termo. Ele lembra que, depois da Segunda Guerra Mundial, houve um esforço interdisciplinar para sepultar o conceito de raça em seus termos biológicos, ou seja, usado como forma de admitir que "a espécie humana poderia ser dividida em subespécies, tal como o mundo animal, e de que tal divisão estaria associada ao desenvolvimento diferencial de valores morais, de dotes psíquicos e intelectuais entre os seres humanos" (Guimarães, 2003, p. 96). De fato, os avanços da genética, especialmente depois da decodificação do genoma humano, demonstraram que o *pool* genético de nossa espécie não permite afirmar que existam subespécies humanas.

Guimarães ressalta que, mesmo que a raça tenha desaparecido do discurso das ditas *ciências naturais*, o conceito permanece vivo na linguagem popular ou, ainda, no discurso nativo. Tal expressão vem sendo utilizada para formular um senso de comunidade entre determinados indivíduos que reclamam uma origem e certo destino político comuns: quando isso ocorre, estamos diante de um processo de formação de uma nação (Guimarães, 2003, p. 97). Devemos, portanto, entender o uso do termo *raça* como um conceito nativo – que significa e é significado pela comunidade –, recuperando seu potencial como conceito analítico da sociologia.

No Brasil, *raça* foi por muito tempo um conceito nativo, herdado de uma longa escravidão e frequentemente aplicado para determinar a posição social de um indivíduo. Quando a população negra e livre forçou sua entrada na sociedade, emergiu uma categoria substituta: a cor.

A doutrina antirracialista da década de 1930, que teve em Gilberto Freyre sua figura mais emblemática, contribuiu para elevar a cor à categoria de classificação nacional. A raça foi equiparada à noção de *cultura*, construindo-se certa equivalência de contribuição dos tipos nacionais a um projeto comum. Fundava-se ali certa ideia de destino da nação, na qual a raça não era importante para entender a desigualdade e a cor era mero acidente. Circulava a ideia de que, embora sejamos um país muito desigual economicamente, desenvolvemos certo igualitarismo cultural. Tendo em vista esse processo, era possível compreender o Brasil como uma "democracia racial".

O MNU combateu essa concepção, tachando-a de **mito**, em um movimento de retorno militante à categoria *raça*, elevada agora a uma categoria política. Observou-se, assim, a valorização do termo *negro*, que aglutina indivíduos com diferentes tonalidades de pele em uma mesma categoria política. Guimarães (2003, p. 103) aponta, no entanto, que não estamos diante de uma categoria analítica nem nativa: "Não era analítico porque a sociologia não o sustentava, tampouco a biologia, e não era nativo senão para uma parte mínima da população brasileira, ou seja, para os ativistas e simpatizantes do MNU".

Depois dos anos 2000, a categoria *negro* acabou sendo hegemonizada entre os pesquisadores que analisaram as interseções entre raça e desigualdade social. Houve o avanço de uma corrente disposta a criticar o **mito da democracia racial** como ideologia, ou seja, como discurso que esconde as desigualdades entre brancos e não brancos no Brasil. Isso vem gerando uma série de confusões acerca das categorias estatísticas ditas "oficiais" (censitárias), a ponto de alguns pesquisadores defenderem que a categoria *negro* deve ser considerada em tais pesquisas ou que os termos *preto* e *negro* devem ser fundidos. De alguma maneira, o discurso do MNU dos anos 1980 saiu da marginalidade, expandiu-se e tornou-se hegemônico a partir do início dos anos 2000, conferindo certo caráter analítico à categoria *negro*.

Quais são as implicações dessa transição? E o que um estudante ou pesquisador da área de sociologia deve saber a respeito disso?

Embora reconheçamos a legitimidade do movimento negro para pensar e criar categorias, utilizar o termo *negro* sem conhecer a trajetória teórica do conceito desperdiça o potencial compreensivo que essa categoria gera no tocante à formação de comunidades. Ainda que a apropriação acadêmica de uma categoria construída pelo movimento social seja louvável, é preciso que ela esteja situada em um contexto discursivo específico, que tentamos aqui resumir. Não é o caso de refutar a categoria *negro* como produtora de sentido, mas de lembrar que, "quando nos deparamos com uma resposta sobre identidade, temos que investigar qual o discurso que está orientando as respostas" (Guimarães, 2003, p. 106).

Indicações culturais

QUANTO vale ou é por quilo? Direção: Sergio Bianchi. Brasil: Riofilme, 2015. 104 min.

Esse filme traça um paralelo entre situações de hierarquia racial na sociedade colonial e a estratificação social na sociedade contemporânea. Serve-se de documentos oficiais do tráfico negreiro para narrar práticas e técnicas de dominação desse período. Observe a estética apresentada no filme e compare com as reivindicações do movimento negro estudadas nesta seção. Você consegue perceber como essas pautas políticas influenciam a elaboração de obras artísticas?

4.3
Desafios para a nova democracia: a década de 1990 e a crise no mercado de trabalho

Trataremos, agora, do contexto econômico e político posterior à promulgação da Constituição Federal de 1988. Vamos enfatizar a análise do mercado de trabalho e tentar perceber como a sociologia respondeu aos problemas de pesquisa colocados pela agenda econômica em vigor. Nosso objetivo geral é introduzir alguns conceitos e interpretações formulados pela sociologia econômica e pela sociologia do trabalho. Essas áreas estiveram em sintonia com a ciência econômica na investigação sobre os problemas do desenvolvimento econômico nacional.

Na década de 1990, a abertura econômica e política tensionou os pressupostos fundamentais do desenvolvimentismo – que examinamos no Capítulo 3. O sistema sofreu profundas mudanças estruturais, como a abertura ao capital estrangeiro e a estabilização monetária e cambial. Ao mesmo tempo, os antigos problemas centrais das economias de mercado, como o desemprego estrutural e a baixa remuneração, apresentavam-se como fatores de desintegração social.

Em 1989, os brasileiros votaram para a presidência da República depois de longos 29 anos. A eleição foi disputada por 22 postulantes, um número elevado, que tenderia a diminuir nos pleitos seguintes, com o avanço das coligações eleitorais. O segundo turno foi disputado entre os candidatos Luiz Inácio Lula da Silva, da aliança Frente Brasil Popular (PT, PSB e PCdoB), e Fernando Collor de Mello, do Movimento Brasil Novo (PRN, PSC, PST e PTR). Em uma eleição marcada pelo retorno dos debates presidenciais televisivos, ficou notório o favorecimento do candidato conservador pela mídia, especialmente pela Rede Globo de Televisão. O próprio Collor admitiu o apoio anos depois, em uma entrevista jornalística. O primeiro presidente eleito diretamente na Nova República adotou uma política de abertura comercial e redução da participação do Estado na produção de bens e riqueza. Iniciava-se um período de influência do paradigma neoliberal na condução da economia nacional. Mas o que é neoliberalismo?

Chamamos de *neoliberalismo* (ou *doutrina neoliberal*) a releitura ou reinterpretação do pensamento clássico econômico – o pensamento ***laissez-faire***. Essa doutrina busca conciliar os pressupostos de liberdade econômica e autorregulação do mercado com a necessidade de existência de um Estado regulador da atividade econômica. Sua definição se modificou desde os anos 1930, acompanhando as mudanças que o mundo atravessou com os conflitos geopolíticos e as crises do capitalismo. *Grosso modo*, o neoliberalismo preconiza que a influência do Estado na economia deve ser mínima, restrita às áreas estratégicas para o desenvolvimento e a segurança nacional. As contas públicas devem ser austeras, ou seja, as despesas não podem superar as receitas. Devem-se buscar sempre o equilíbrio fiscal e o superávit primário, seja pelo ajuste das despesas às receitas, seja pela diminuição da participação do Estado na produção de bens e riquezas, por meio de privatizações.

É importante lembrar que esse cenário de abertura econômica e influência do **paradigma** neoliberal não era exclusivo do Brasil. Em 1989, o mundo observou a queda do Muro de Berlim. Rompia-se, portanto, a dissolução da cortina de ferro que "separava" o Ocidente capitalista e o Oriente sob influência socialista/soviética. Nos anos subsequentes, o fim da União Soviética representou o encerramento da ordem bipolar e a emergência de novas relações diplomáticas, especialmente para as nações fundadas a partir dos fragmentos do bloco no Leste Europeu. Esses países se colocavam como campos férteis para os preceitos neoliberais, que prometiam crescimento aliado ao desenvolvimento econômico em troca da desregulamentação da atividade econômica.

Enquanto isso, na América Latina, a maioria das nações se redemocratizava depois de anos sob ditaduras militares. Esses regimes se amparavam em programas nacional-desenvolvimentistas conservadores, baseados no protecionismo e no financiamento da indústria de base nacional. A dívida pública elevada dessas economias contribuiu para a sujeição ao sistema financeiro global, notadamente o Fundo Monetário Internacional (FMI), que impunha condições para a abertura econômica ao capital estrangeiro.

Quanto ao Brasil, podemos dividir a década de 1990 em dois subperíodos. O quadro é proposto por Neri, Camargo e Reis (2000). O primeiro período abrange de 1990 até 1994, quando a economia nacional apresentou fortes taxas de recessão: teve uma queda de 3,8% entre 1990 e 1992 (ver Gráfico 4.2, linha contínua), recuperando-se entre 1993 e 1994, após a estabilização monetária e a implantação do Plano Real. Ao mesmo tempo, a taxa de desemprego aberto (ver Gráfico 4.2, linha tracejada) acompanhou o agravamento da crise econômica entre 1989 e 1992, saltando de uma taxa média de 3,3% até atingir 5,8%, em 1992, retroagindo no subperíodo subsequente. Porém, concluiu o ano de 1995 em percentual superior ao do início da década (4,6%).

No segundo período, de 1994 até 2000, a taxa de crescimento do PIB manteve-se positiva, mas em tendência de queda, especialmente depois de 1998, em concomitância com a crise econômica nos mercados asiáticos. Por outro lado, o desemprego aberto apresentou trajetória de elevação, partindo de 4,6%, em 1995, e atingindo 7,6%, no fim da série. Vale notar que os resultados apresentados comprovam a Lei de Okun, um postulado macroeconômico que estabelece uma relação inversamente proporcional entre crescimento econômico e desemprego aberto, isto é, a elevação do crescimento acarreta a queda do desemprego e vice-versa. Entretanto, a curva do desemprego apresenta certa rigidez, ou seja, demora a se alterar em face de outras transformações de fenômenos macroeconômicos.

Gráfico 4.2 – Taxa média anual de desemprego aberto e variação do PIB[7]

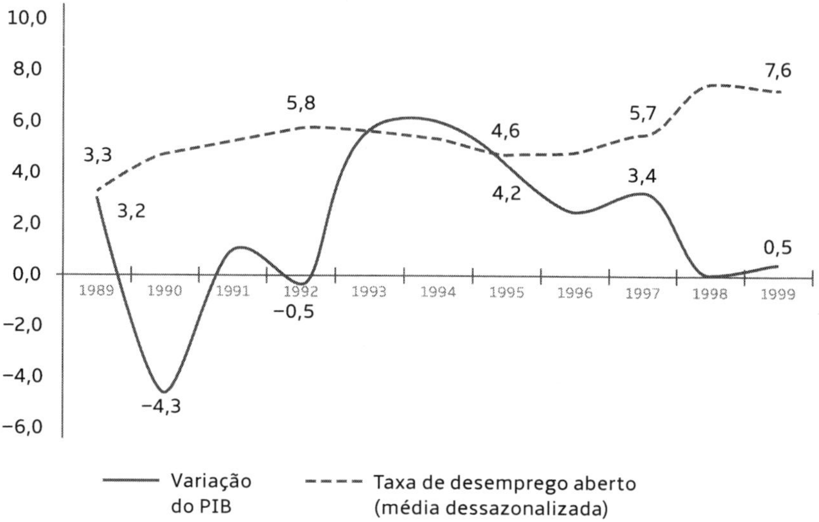

Fonte: Elaborado com base em IBGE, 2019b, 2019c.

Esse cenário econômico está relacionado a alguns marcos políticos do período. O primeiro é o *impeachment* de Fernando Collor de Mello, levado a cabo em 1992. Com um governo marcado pelo baixo apoio parlamentar, Collor adotou medidas radicais para o controle da hiperinflação, que atingiu exorbitantes 1.585% ao ano em 1990. Ao decretar o confisco da caderneta de poupança por 18 meses, o ex-presidente buscava diminuir a disponibilidade de moeda para circulação, no intuito

7 Dados compilados mediante consulta feita ao Sistema IBGE de Recuperação Automática (Sidra).

de conter o processo inflacionário. O plano foi malsucedido, custando ao governo a corrosão da fraca base de apoio parlamentar. A derrocada foi acelerada pelas manifestações encabeçadas pelo movimento popular dos chamados "caras-pintadas". O golpe derradeiro veio em maio de 1992, quando Pedro Collor, irmão do presidente, revelou à revista *Veja* um esquema de lavagem de dinheiro que encobria o presidente e seu tesoureiro de campanha, Paulo César Farias.

Outro capítulo central da política macroeconômica na década de 1990 foi a adoção do Plano Real, em 1994. Foi implantado no governo de Itamar Franco, vice e sucessor de Collor, e desenvolvido por seu ministro da Fazenda, Fernando Henrique Cardoso. O objetivo do plano era conter a inflação elevada, e a estratégia usada contemplou duas etapas. A primeira foi a implantação da Unidade Real de Valor (URV), em fevereiro de 1994. A URV era publicada diariamente pelo Banco Central e apresentava um valor de conversão para transações financeiras, o que serviu para desindexar a economia do processo inflacionário. Além disso, o governo atuava para o equilíbrio fiscal desde 1993, contendo gastos e aumentando receitas.

Em 1º de julho de 1994, o Brasil lançou sua nova moeda. O real substituiu o cruzeiro real como moeda nacional forte, em paridade com o dólar, o que destravou as importações e contribuiu para a queda dos preços domésticos. A longo prazo, esperava-se que a paridade com o dólar, acrescida da retirada de barreiras alfandegárias, favorecesse o aumento da competitividade e produtividade da indústria nacional, seja pelo aumento da concorrência, seja pela modernização do parque industrial com o incentivo à importação de bens de capital.

Outro elemento importante foi a elevação da taxa básica de juros nesse segundo período. Buscava-se, em primeiro lugar, restringir a oferta de crédito disponível, o que levaria à queda da circulação monetária e, por consequência, à contenção do processo inflacionário. A elevação da taxa de juros (que chegou a 45,7% em outubro de 1997) deveria atrair o investidor estrangeiro e favorecer o aporte de capitais em moeda forte, quando as crises em economias emergentes incitavam a fuga de capitais para os centros dinâmicos do capitalismo mundial. Ressaltamos, entretanto, que a manutenção de uma política de juros elevada restringia o consumo de bens duráveis, pois a população se tornava incapaz de contrair crédito.

Apesar de estabilizar a economia nacional, a implantação do Plano Real trouxe uma série de implicações estruturais para a economia brasileira. Podemos citar o aprofundamento da adequação tecnológica na indústria nacional, o que fez reduzir ou encerrar uma série de ocupações que geravam empregos nesse setor econômico. Esse fator, aliás, pode ser entendido como um dos responsáveis pela persistência do desemprego estrutural na economia nacional: à medida que ocupações eram encerradas, os trabalhadores liberados de suas funções buscavam a inserção no mercado de trabalho, pressionando a taxa de desemprego para cima. Como as políticas de qualificação eram difusas e pouco abrangentes, essa mão de obra acabava compondo um grupo de desempregados a longo prazo. Quanto mais tempo esse contingente de reserva ficava à margem do sistema produtivo, mais difícil era a reinserção dessas pessoas em postos de trabalho qualificados, com proteção social e remuneração elevada, como os que a indústria costuma gerar.

Nesse período, o conceito de empregabilidade[8] ganhou relevância no debate sociológico brasileiro. Quanto maior for a empregabilidade do trabalhador, mais chances ele terá de ser reinserido no mercado de trabalho. Trata-se de uma visão, no entanto, que transfere a responsabilidade pela

---

8 A empregabilidade mensura a capacidade de conseguir um trabalho, levando em conta qualificação, experiência profissional, além de aspectos comportamentais.

reinserção ao trabalhador. O sistema não assume qualquer compromisso com os que fracassam, deixando-os à própria sorte.

Com o aumento contínuo da oferta de mão de obra, exponenciada pela substituição da força humana pela tecnologia, os empregadores encontram espaço para achatar salários, desregulamentar as relações trabalhistas e deteriorar as condições de trabalho. Em uma interpretação clássica da ciência econômica, o desemprego é resultante de um mero ajuste do valor da força de trabalho, ou seja, o profissional permanece em casa até encontrar uma ocupação cujo salário ele acredita ser condizente com suas qualificações. A sociologia, contudo, analisa o trabalho em um sentido mais amplo, como fator de dignidade e identidade dos sujeitos.

Os processos econômicos contribuíram para a deterioração do chamado **pacto fordista** (Almeida; Larangeira, 1996), vigente desde a Segunda Guerra, que articulava ganhos de produtividade, aumento de salários e redução de jornadas.

> O esgotamento do modelo fordista expressa-se por sua incapacidade de enfrentar, dentre outros, os desafios da crescente internacionalização da economia, da nova estrutura do comércio exterior, da redução dos ganhos de produtividade. A resposta a tais dificuldades foi buscada no chamado processo de flexibilização. (Almeida; Larangeira, 1996, p. 266)

A força de trabalho dispensada da indústria tende a migrar para o comércio e, principalmente o setor de serviços. Esse movimento traz uma série de implicações. Em primeiro lugar, esses setores são conhecidos pela baixa produtividade, isto é, a capacidade de agregar valor ao produto é restrita. Além disso, costumam oferecer baixos salários. Como podemos observar no Gráfico 4.3, a participação da indústria nos empregos formais era 27,6% em 1990. Ao final daquela década, havia recuado para 20,2%. No mesmo período, a participação dos serviços aumentou de 52,3% para 55,4%, e o comércio expandiu de 13,9% para 16,2%.

Gráfico 4.3 – Evolução da participação dos setores de atividade econômica no estoque de empregos formais[9]

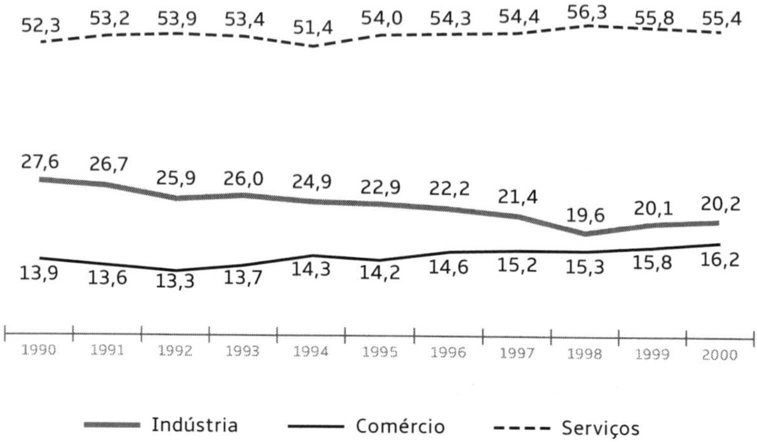

Fonte: Elaborado com base em Brasil, 2019b.

Ruy Braga, professor na USP, é um dos principais analistas de mercado de trabalho do período. Ele introduziu o conceito de **precariado**, ou seja, um trabalhador – e, portanto, parte do proletariado – precarizado pela remuneração baixa e pela piora das condições de trabalho. Esse profissional geralmente recebe entre um e três salários mínimos. Faz parte de um perfil profissional progressivamente excluído dos pactos de proteção sobre o trabalho, seja pelo desemprego de longo prazo, seja pela desregulamentação das leis trabalhistas, seja pela permanência na informalidade. Embora o trabalhador precarizado sempre tenha existido, na década de 1990 esse fenômeno se tornou massivo. As mudanças na infraestrutura econômica elevaram a participação do setor de serviços,

9 Dados compilados mediante consulta feita à Base de Gestão do Cadastro Geral de Empregados e Desempregados (Caged), mantida pelo Ministério do Trabalho e Emprego (MTE). Excluímos a participação da construção civil, da agropecuária e outras não classificadas.

no qual a mobilização sindical é mais difícil; consequentemente, a capacidade de negociar melhores salários é diminuta.

Por muito tempo, a precarização do trabalho esteve associada apenas à informalidade. Imaginava-se que a formalização seria o suficiente para garantir condições mínimas de dignidade ao trabalhador. O trabalho de Ruy Braga demonstrou que, mesmo no mercado formal, as condições laborais poderiam ser deterioradas a ponto de os trabalhadores passarem a ter dificuldade de subsistência. Sua descrição de precariado engloba também jovens oriundos da classe trabalhadora, que transitam entre a informalidade e a formalidade, em postos marcados por alta rotatividade e baixa remuneração. O precariado, portanto, distingue-se do proletariado pela restrição de garantias e direitos, além da exposição ao desemprego de longo prazo e da consequente dependência do autoemprego. O precariado representaria a "franja de baixo" do proletariado, empregada nos setores mais afetados por mudanças na legislação trabalhista.

Braga (2012) apontou que a existência de trabalhadores precarizados contribui para a regulação do custo do trabalho. A primeira geração "precária" foi a dos migrantes, que saíram de regiões atrasadas rumo ao centro dinâmico do capitalismo nacional. Atualmente, esse contingente é formado, sobretudo, pelos filhos desses migrantes. Depois do pacto fordista, essa classe passou a ocupar posições subalternas no capitalismo periférico nacional, mesmo durante os ciclos de expansão do emprego ocorridos nos anos 2000. Discutiremos o período e suas características no Capítulo 5.

Indicações culturais

MUITO além do Cidadão Kane. Direção: Simon Hartog. Reino Unido, 1993.

Esse documentário analisa o poder e a influência da Rede Globo de Televisão. O título é uma referência ao drama clássico *Cidadão Kane* (1941), dirigido por Orson Welles, sobre a ascensão e a queda de um magnata da mídia. A obra de Hartog analisa como o monopólio da Rede Globo contrastava com a economia debilitada do país durante década de 1990. Assista ao documentário e reflita sobre alternativas para a democratização das mídias no Brasil. Qual é o papel social esperado dos concessionários de rádio e tevê no Brasil? Como esses meios têm convivido com outras formas de mídia contemporâneas, como as redes sociais?

Síntese

Neste capítulo, abordamos o processo de redemocratização da sociedade brasileira durante a década de 1980. Começamos pela análise do processo que culminou na formação da Assembleia Nacional Constituinte, que entregou a Carta Magna em 1988. Descrevemos a composição de forças políticas que disputaram a elaboração desse documento, os principais personagens e marcos históricos. Por fim, apontamos a atuação dos sociólogos na Constituinte, com ênfase em Fernando Henrique Cardoso e Florestan Fernandes. Os dois intelectuais uspianos contribuíram, respectivamente, para a consolidação do PSDB e do PT – dois dos principais partidos do período pós-ditadura.

Na segunda parte do capítulo, examinamos os estudos das relações raciais que a sociologia produziu a partir dos anos 1980. Vimos que a militância se rearticulou, nessa década, em torno do Movimento Negro Unificado (MNU), influenciado pela estética africana e pelos movimentos de direitos civis norte-americanos. Relacionamos as transformações dos movimentos sociais à produção sociológica do período. Recuperamos a literatura acadêmica de Carlos Hasenbalg e suas teses sobre a persistência do preconceito racial na sociedade brasileira capitalista. Concluímos essa abordagem dissecando as complexidades que envolvem a definição da categoria *negro*, apontando os impactos do conceito para a formulação identitária e a estratificação social em pesquisas censitárias.

Na última seção, estimulamos um diálogo entre a sociologia econômica e a sociologia do trabalho para pensar os novos e velhos problemas de emprego nos anos 1990. Depois da primeira eleição direta para a presidência da República, que conduziu Fernando Collor de Mello ao poder, o Brasil adotou uma abertura econômica pautada pela agenda neoliberal. Essa década foi dividida em dois períodos: entre 1990 e 1994, a economia brasileira apresentou taxas de recessão e elevação do desemprego; em seguida, até o ano 2000, o crescimento econômico se manteve positivo, ainda que decrescente; porém a taxa de desemprego cresceu acima de 5%. Por fim, destacamos a categoria de precariado, proposta por Ruy Braga. O conceito foi criado para contemplar as transformações na ocupação da força de trabalho do período neoliberal, marcado pela restrição de direitos e pela deterioração das condições e relações de trabalho.

Atividades de autoavaliação

1. Sobre o processo e o contexto da Constituinte na década de 1980, analise com atenção as seguintes assertivas:
   I) Em janeiro de 1985, Tancredo Neves foi eleito presidente do Brasil por meio de eleições diretas.
   II) Tancredo Neves morreu em abril de 1985, antes de assumir o cargo. Assumiu então seu vice, José Sarney.
   III) Nos bastidores do movimento Diretas Já, o PT e o PSDB começaram a se organizar.
   IV) Em 1985, a inflação bateu um recorde histórico, registrando uma elevação de 235,1% ao ano.

   Agora, assinale a alternativa que contém apenas as afirmações corretas:
   e) I, II, III e IV.
   f) II, III e IV.
   g) I e II.
   h) I e IV.

2. Sobre o Movimento Negro Unificado (MNU), criado no Brasil em 1982, assinale a alternativa correta:
   a) Definiu suas pautas pela ideia de que o maior problema do Brasil seria a pobreza.
   b) Emergiu durante o período da ditadura militar, encontrando espaço para instituir suas pautas.
   c) Conseguiu eliminar todo tipo de preconceito racial no país.
   d) Contribuiu diretamente para a desmistificação da democracia racial brasileira.

3. Sobre a concepção e o conceito de raça no Brasil, assinale a alternativa correta:
   a) Após a Segunda Guerra Mundial, a raça passou a ser compreendida no país como uma categoria restrita à classificação animal, não relacionada a de seres humanos.
   b) A doutrina antirracialista de Gilberto Freyre contribuiu para que a ideia de raça fosse substituída pela ideia de cor.
   c) A partir da década de 1930, o conceito de raça passou a ser entendido no país como um determinante da desigualdade econômica.
   d) Os termos *raça* e *cor* tornaram-se sinônimos em seus sentidos e significados.

4. O neoliberalismo representa pressupostos de liberdade econômica e autorregulação do mercado. Sobre essa concepção no contexto histórico brasileiro, assinale V para as afirmações verdadeiras e F para as falsas:
   ( ) O neoliberalismo preconiza que a influência do Estado na economia deve ser mínima.
   ( ) O neoliberalismo preconiza que as despesas do Estado não podem superar as receitas, a fim de obter o equilíbrio fiscal e o superávit primário.

( ) O neoliberalismo vem representando, desde os anos 1930, a expansão do poder do Estado.

( ) O neoliberalismo representa a liberdade econômica e a separação total entre Estado e mercado.

Agora, assinale a alternativa que contém a sequência correta:

a) V, V, V, V.
b) V, F, V, V.
c) V, V, F, F.
d) F, F, V, V.

5. Sobre o contexto histórico durante o processo de implantação do Plano Real, assinale a alternativa correta:
   a) Foi desenvolvido e implantado no governo Collor.
   b) O Plano Real foi a primeira alteração de moeda brasileira desde a instauração da República.
   c) O objetivo do plano era a contenção da inflação elevada e o marco inicial foi a implantação da Unidade Real de Valor (URV).
   d) O Plano Real foi implantado no governo do PT.

Atividades de aprendizagem

Questões para reflexão

1. Quais são as aproximações entre as categorias de raça e cor nas pesquisas censitárias e as admitidas pelo movimento negro? Nos anos 2000, o Brasil implantou programas de ação afirmativa – notadamente, as cotas em universidades públicas – com o objetivo de garantir direitos sociais para grupos étnico-raciais compreendidos como marginalizados. Para validar o direito, o postulante deve entregar uma autodeclaração étnico-racial, na qual o cidadão precisa

atribuir a si uma das categorias utilizadas em pesquisas censitárias. Ou seja, têm direito às cotas para negros aqueles que se identificam como pretos ou pardos. O que você pensa sobre as categorias utilizadas no Censo? Elas contemplam sua definição de pertencimento étnico-racial? Que mudanças você promoveria?

2. O que é precariado e qual é sua relação com as mudanças estruturais observadas na economia brasileira na década de 1990? Você já teve um emprego formal, com carteira de trabalho assinada? Mudanças recentes na legislação trabalhista permitiram – por meio da Lei n. 13.467, de 13 de julho de 2017 – a flexibilização de uma série de direitos trabalhistas, como a ampliação da jornada de trabalho, a prevalência de negociações individuais sobre acordos coletivos e os contratos de trabalho intermitentes. Procure fontes de informação sobre as mudanças na legislação trabalhista e reflita sobre o conceito de precariado no contexto posterior à reforma.

Atividade aplicada: prática

1. **Prática de pesquisa quantitativa secundária**

   Nesta atividade prática, você aprenderá a realizar uma pesquisa quantitativa a partir de dados primários, isto é, coletados por outras fontes ou institutos de pesquisa. Serão utilizados os dados do Instituto Brasileiro de Geografia e Estatística (IBGE), um dos mais importantes para as áreas de sociologia e economia no Brasil. A pesquisa se concentrará nos dados do Censo Demográfico. Trata-se um levantamento amplo, feito a cada dez anos, sobre as condições demográficas, socioeconômicas e de mercado de trabalho da população brasileira.

Duas fontes de informação estão disponíveis: aquelas obtidas para o **universo** da população (99,9% dos domicílios brasileiros) e as que computam uma amostra desse total. O universo é subdivido em duas bases de dados: (1) os domicílios, a unidade em que se baseiam os pesquisadores para organizar a coleta de informações; (2) a população, que serve como referência para a contagem do número de pessoas estimado pela pesquisa.

As informações do Censo podem ser muito úteis para ilustrar uma aula, organizar uma pesquisa ou simplesmente compor uma matéria para o jornal da escola. Veja a seguir como gerar alguns **indicadores**.

Passo a passo para gerar um indicador usando-se o Sistema IBGE de Recuperação Automática (Sidra):

I) Acesse o *site*: <https://sidra.ibge.gov.br/home/pnadcm>.

II) Em *Pesquisas*, clique em *População* e, em seguida, em *Censo Demográfico*. Leia o texto de introdução para compreender mais sobre essa base de dados.

III) Clique em *Demográfico 2010* para selecionar os dados do último censo disponível.

IV) No subitem *Universo*, escolha *Resultados Preliminares*.

V) No item *População*, escolha a primeira opção da tabela: *População residente por sexo, situação do domicílio e cor ou raça – Resultados Preliminares do Universo*.

VI) No item *Sexo*, marque as caixas *Homens*, *Mulheres* e *Total*.

VII) No item *Cor ou raça*, marque todas as opções disponíveis: *Branca*, *Preta*, *Amarela*, *Parda*, *Indígena* e *Sem declaração*.

viii) Na aba *Unidade Territorial*, escolha o item *Município* e clique no ícone da lupa (pesquisar) no quadro da direita. Busque seu município e marque o *box* correspondente. Clique em *Visualizar*.

ix) Analise a tabela e crie participações em relação ao total. Como a população de seu município está distribuída em relação à declaração étnico-racial e ao sexo? Escreva um parágrafo com a descrição dos resultados.

x) Busque outras tabelas com variáveis diferentes e experimente as ferramentas disponibilizadas no *site*.

5 Sociologia brasileira contemporânea

Benno Warken Alves

Neste capítulo final, faremos uma breve radiografia da produção atual da sociologia brasileira, elencando os temas, os autores e as abordagens mais debatidos dentro e fora da academia. Discutiremos, primeiro, as ideias de Jessé Souza, destacando sua crítica aos intérpretes do passado, suas investigações empíricas e sua análise do processo político recente. Na segunda parte do capítulo, veremos dois autores que apresentam visões opostas sobre os governos de caráter popular do Partido dos Trabalhadores (PT). Chico de Oliveira acredita que o partido sucumbiu à cartilha neoliberal, levando o país a uma era de "hegemonia às avessas". Já André Singer é mais ponderado, enfatizando os ganhos graduais de um programa nomeado por ele de "reformismo fraco". As leituras de Jessé Souza, Chico de Oliveira e André Singer têm em comum a centralidade do conceito de classes sociais. Encerraremos nossa análise ressaltando a importância de abordagens que consideram outras dimensões das divisões sociais, combinando classe com raça e gênero. Examinaremos mais de perto o conceito de interseccionalidade e alguns de seus impactos sobre a agenda das ciências sociais no Brasil atual.

5.1
A subcidadania – da escravidão à Lava-Jato

O desfile da escola de samba carioca Paraíso do Tuiuti, no Carnaval de 2018, levantou uma acirrada polêmica sobre as relações entre arte, cultura popular, sociologia e política. Você, leitor, provavelmente se deparou com essa polêmica, se é que em algum momento não chegou a se envolver diretamente com ela. Ao interpretar a história do Brasil em função da submissão do trabalhador, o samba *Meu Deus, meu Deus, está extinta a escravidão?* sugeriu uma linha de continuidade entre a escravidão (lembre-se de que o Brasil foi o último país do mundo a abolir oficialmente a escravidão) e o regime neoliberal, simbolizado, no fechamento do desfile, pela controversa figura do "vampiro neoliberalista".

Para além dos pontos de vista em discussão, a representação feita pela Tuiuti baseou-se numa importante tradição da sociologia brasileira. A disciplina busca compreender a relevância, a continuidade histórica e as consequências políticas da submissão de grande parte dos trabalhadores a condições precárias de trabalho e existência. É uma situação que vem se alterando muito lentamente, mesmo no contexto de forte crescimento durante o século XX, quando o Brasil se tornou uma das maiores economias do mundo. As contradições em torno da permanência dessa "massa" explorada movem, ainda hoje, algumas das interpretações mais abrangentes sobre nossa sociedade.

Jessé Souza, um sociólogo notadamente inscrito nessa tradição, tem desenvolvido um amplo trabalho de interpretação da sociedade brasileira. Seu trabalho iniciou bem antes do turbilhão político dos últimos anos, porém ganhou notoriedade pela aderência às questões surgidas após 2013. Consolidado numa série de obras, seu programa de pesquisas inclui a crítica às principais interpretações sobre o Brasil, que apresentamos em capítulos anteriores, e trabalhos empíricos. Sua combinação de crítica às ideias e análise da realidade resultou numa interpretação assertiva e posicionada da história recente do Brasil. Em virtude disso, Souza tem atuado cada vez mais na arena pública, participando de debates na imprensa, ministrando palestras e escrevendo artigos de jornal.

5.1.1 Os clássicos culturalistas

Em suas intervenções para o público extra-acadêmico (o que poderia ser categorizado como **sociologia pública**), Jessé Souza tem enfatizado o poder das ideias. É por meio delas, afinal, que os indivíduos constroem a realidade social. Por isso, é interessante começar expondo a crítica de Jessé aos clássicos da sociologia brasileira. Para ele, nossos principais intérpretes desenvolveram teorias que contribuíram (e ainda contribuem) para a manutenção da desigualdade e da dominação, isto é, explicações profundamente ideológicas.

Para Souza, o grande erro da sociologia brasileira teria sido vincular nossas desgraças (miséria, desigualdade, atraso) à cultura pré-moderna que teríamos herdado dos colonizadores portugueses. Em tais explicações, que ele chama de *culturalistas*, nossa herança cultural longínqua explica o que somos. O problema, afirma ele, é a dificuldade em acreditar que, após tantos séculos, não tenhamos mudado em nada essa cultura, ou seja, o modo de ser brasileiro. A admissão da hipótese culturalista, critica o sociólogo, demanda refutar os principais episódios de nossa história, como o "Descobrimento", a Independência, a Proclamação da República e a Revolução de 1930, como acontecimentos capazes de pautar mudanças significativas na sociedade. Dizer que temos uma cultura atrasada em comparação a outros povos é mais justificativa que explicação. E, como boa justificativa, contribui para bloquear as transformações.

Esse culturalismo é atacado, principalmente, na obra *A construção social da subcidadania*. Quais são os alvos de Souza? "no âmbito da sociologia brasileira, o paradigma dominante no século XX [...] encadeia as noções complementares de personalismo, familismo e patrimonialismo" (Souza, 2003, p. 13). Lembremos que são conceitos centrais para as interpretações de Sérgio Buarque de Holanda, Gilberto Freyre e Raymundo Faoro, respectivamente. Por isso, vamos retomar brevemente esses conceitos.

O **personalismo** remete à famosa tese do "homem cordial" de Sérgio Buarque de Holanda (1995). Os brasileiros não se guiariam, na vida pessoal ou pública, por princípios de isonomia e impessoalidade. O afeto dominante da alma brasileira seria a *cordialidade*, palavra derivada do latim, referente a *coração*. Aqui é preciso notar que o coração não observa igualdades, classificando os indivíduos conforme o grau de proximidade. Admite, portanto, a existência de amigos e inimigos. As relações cordiais relativizam tudo, até a exigência de cumprimento de regras. As consequências desse suposto modo cultural de agir aproximam-se daquele antigo ditado: "Para os amigos, tudo; para os inimigos, a lei".

O **familismo** faz parte da estrutura argumentativa da principal obra de Gilberto Freyre, *Casa-grande e senzala*. O conceito descreve a formação da sociedade brasileira a partir da dominação patriarcal, as consequências desse tipo de dominação na vida familiar e a forma como organiza relações de propriedade e poder. A lógica patriarcal baseia-se no poder supremo e, às vezes, violento (embora também afetivo) de um pai sobre sua família. Esse sistema, comum na gestão dos negócios da colônia, teria sobrevivido ao fim da escravidão. Reproduzindo-se em contextos diferentes daquele em que se originou (a grande propriedade escravista do Nordeste açucareiro), o familismo teria se adaptado e incorporado à industrialização e à urbanização. Muitos dos dirigentes do país continuaram a ser provenientes de grandes famílias patriarcais, que detêm o poder há séculos. Isso só é possível porque inúmeros laços familiares conectam todas as esferas do poder: econômico, jurídico e político. Para a teoria freyreana, o familismo é um traço cultural quase imutável.

O terceiro alvo de Jessé Souza é o conceito de *patrimonialismo*. Sua definição mais famosa foi introduzida por Raymundo Faoro (2008), embora diversos autores, inclusive Sérgio Buarque de Holanda, o tenham utilizado. Para Max Weber, de quem Faoro empresta o conceito, patrimonialismo é um regime de dominação baseado na tradição, e não em códigos justificados racionalmente. O soberano exerce seu poder pessoal sobre as diversas esferas da vida social como se fosse um "pai de família", ou seja, proprietário dos bens e dos corpos de todos os membros da comunidade. O feudalismo da Idade Média europeia seria um tipo extremo de regime patrimonialista. Na história brasileira, o conceito passou a significar, em poucas palavras, a apropriação privada do patrimônio público pelos membros dos grupos dominantes. Ele seria a causa de uma espécie de "confusão" entre o público e o privado, muito próxima da definição de *corrupção* empregada no senso comum.

Para Jessé Souza, as explicações para o atraso brasileiro ancoradas em determinados traços culturais não são apenas inexatas. A enorme influência que elas exercem sobre o debate, em virtude da notoriedade de seus autores, interdita a busca pelas verdadeiras causas do problema. Torna-se, portanto, parte dele. Todos nós já nos deparamos com análises que utilizam esses conceitos, quase sempre com o objetivo de explicar – ou seria justificar? – o atraso do Brasil.

Em *A construção social da subcidadania*, Souza (2003) busca construir uma perspectiva alternativa. Sua argumentação não está centrada no fracasso da modernização brasileira, e sim no "efetivo processo de modernização de grandes proporções que toma o país paulatinamente a partir de inícios do século XIX" (Souza, 2003, p. 17). Em seguida, o autor critica um dos conceitos da sociologia clássica: "ao contrário de ser personalista, [a desigualdade] retira sua eficácia da 'impessoalidade' típica dos valores e instituições modernas" (Souza, 2003, p. 17).

A desigualdade e a dominação não decorrem do atraso ou do fracasso da missão de modernizar o país. Decorrem, defende Souza, de um projeto bem-sucedido, embora periférico, de modernização. O Brasil é um dos países mais ricos do mundo, e também um dos mais desiguais: modernizou-se enriquecendo sua classe dominante, por meio da exploração de seus inúmeros pobres. É fácil enxergar aqui a influência das teorias a respeito das relações centro-periferia no capitalismo, muito em voga na América Latina a partir de meados do século XX (ver Capítulo 3).

5.1.2 A ralé e o mercado

O posicionamento de Jessé Souza nos estimula a questionar: Quais são, afinal, os valores e as instituições modernos que produzem riqueza por meio da desigualdade? A resposta, em uma palavra, é: mercado. O autor aponta como o mercado gera riqueza e desigualdade ao mesmo tempo. Uns estão destinados ao sucesso; outros, ao fracasso. Trata-se de um sistema secular de exploração, no qual todos têm um papel a cumprir. Essa explanação pode ser encontrada em *A ralé brasileira: quem é e como vive* (Souza, 2009), escrito em parceria com sociólogos colaboradores.

Nos países centrais do capitalismo, como as nações europeias e os Estados Unidos, o povo derrubou o colonialismo e o feudalismo por meio de revoluções sangrentas. Um dos grandes legados dessas rupturas foi, por imposição popular, o estabelecimento da dignidade de todos os membros da comunidade na qualidade de cidadãos e trabalhadores[1]. No Brasil, a modernização periférica gradual não assentou a igualdade em bases políticas sólidas. Importamos as instituições de mercado mais modernas, mas sem realizar qualquer ruptura política profunda. Assim, nunca conseguimos produzir um sistema social mais ou menos justo. O poder político e econômico continua concentrado nas mãos de poucas famílias e grupos. O sistema reproduz uma classe de subcidadãos que enfrenta, por obra do próprio mercado, os maiores obstáculos para melhorar de vida.

A provocação de Jessé Souza começa no título de seu livro. *Ralé* é um xingamento usado contra o pobre ou o trabalhador para destituí-lo de sua dignidade. A questão que motiva a obra (Quem é e como vive a ralé brasileira?) é compreender os mecanismos de exploração de uma classe social subalterna, um povo que ainda hoje é definido pela subcidadania, assim como na época da escravidão, uma gente que, na prática, tem menos direitos do que os outros cidadãos.

Para entender a continuidade histórica dessa forma de dominação, é preciso compreender como a vida real dos membros da ralé é determinada pelos mecanismos do mercado: trabalho, investimento, acúmulo, valorização e competição. Quando ficar claro o funcionamento desses mecanismos de mercado, será possível entender como uma instituição moderna, que supostamente deveria ser cega e neutra (tal como a Justiça), condena a ralé ao fracasso, sem chance de apelação.

O dinheiro, ressaltemos, é apenas um dos **tipos de capital** que definem a estrutura de classes. Souza parte da teoria de Pierre Bourdieu para mostrar a importância de capitais menos visíveis. Numa sociedade

1 É importante ponderar que a definição sobre quem poderia ser considerado cidadão era, por vezes, limitante. Nos Estados Unidos, por exemplo, o sistema escravista sobreviveu por mais um século após a independência daquele país.

capitalista, boa parte do patrimônio que os indivíduos herdam de suas famílias não é monetário, mas cultural e social: são diplomas, comportamentos (também chamados de *disposições*), contatos sociais, relações de parentesco, habilidades como a concentração e a capacidade de sacrificar o prazer imediato em nome da promessa de um bem maior no futuro. Esse patrimônio também possui valor; assim, é regulado por um mercado que recompensa quem o possui. A estrutura de classes sociais é decorrente da desigualdade na distribuição desses diversos valores, determinante para a formação de um mercado complexo e competitivo. Aqui, é preciso um pouco de imaginação para compreender que dinheiro, cultura, disposições e contatos sociais, herdados ou então adquiridos à custa do próprio esforço, são todos fatores que determinam as chances de sucesso ou fracasso dos indivíduos na competição social. Por isso, cada um desses elementos tem "valor" no mercado.

Vamos pensar em termos mais concretos. A classe dominante, em geral, é rica em todos esses tipos de capitais, pois ocupa há várias gerações as posições de mando. Os membros mais tradicionais desse estrato costumam desprezar os chamados *novos-ricos*. Embora tenham acumulado dinheiro, são considerados vulgares, incultos e de mau gosto. Os novos-ricos não têm as marcas nem as maneiras (inclusive o "bom gosto") daqueles que nasceram "em berço de ouro".

Quanto à classe média, a maior parte do patrimônio é incorporada, ou seja, inscrita no corpo. Podemos citar a formação escolar (geralmente atestada por diplomas), as habilidades e as disposições. Os membros dessa classe frequentemente têm alguma propriedade imobiliária. Isso os coloca em posição melhor, pois não precisam pagar aluguel, por exemplo. Têm alguma poupança e dinheiro extra no fim do mês. Podem ter bons empregos, em decorrência de sua formação ou contatos. Ainda assim, dependem do trabalho para manter o padrão de vida, já que não têm capital suficiente para viver de investimentos ou posses herdadas.

A ralé, por sua vez, não possui nenhum tipo de capital. O capital econômico está claramente fora de alcance. Além disso, seus filhos têm muito mais obstáculos para acumular capital incorporado, ou seja, a formação e a cultura que os filhos da classe média herdam com a maior naturalidade. Esse é um déficit menos evidente. Não raro, os filhos da ralé precisam trabalhar mais cedo, e sobra-lhes menos tempo para frequentar escola, cursinhos, faculdade e atividades culturais. O dinheiro, evidentemente, constitui outro – e, às vezes, o principal – impeditivo para o conhecimento.

Não devemos perder de vista que grande parte do capital cultural é transmitida aos descendentes de modo informal, na intimidade da vida doméstica, por meio do acesso à cultura – livros, revistas, discos, conversas – e, sobretudo, por meio do exemplo. Os filhos da classe média veem seus pais lendo e percebem que o estudo, a concentração e a dedicação os beneficiaram, serviram para que conseguissem e mantivessem bons empregos. Enquanto isso, os filhos da ralé frequentemente vão a escolas piores e são incentivados a estudar apenas "da boca pra fora". Afinal de contas, seus pais pouco conseguiram se beneficiar das instituições escolares.

A obra *A ralé brasileira* reúne uma série de investigações biográficas sobre diferentes tipos sociais. São os personagens comuns da ralé: a empregada doméstica, o aluno problemático, o jovem que pende entre a religião evangélica e o crime. Essas histórias revelam, pouco a pouco, os mecanismos que prendem a ralé à pobreza e ao fracasso, geração após geração. É uma questão clássica da sociologia: reconstruir o sentido e a lógica das ações – que acabam por reproduzir ou transformar determinada estrutura. Nesse caso, trata-se fundamentalmente de **reprodução**.

Ao longo das narrativas, outra questão clássica se impõe: Sendo esse sistema tão injusto, como ele se perpetua? Por que as vítimas não se revoltam e lutam para transformá-lo? É claro que lutam, porém respeitando a lógica do mercado, que é tentar "vencer na vida". Nesse ponto, a análise de Jessé Souza toca diretamente no problema da ideologia.

O conceito de ideologia é extremamente abrangente. Por isso, Jessé Souza empresta outra ideia importante de Bourdieu: a **dominação simbólica**. As categorias que usamos para entender o mundo social não são naturais, tampouco eternas. São construções sociais, resultante das lutas pelo poder. O poder de definir o que é a realidade, quais são seus aspectos relevantes, o que é verdadeiro, o que é fato e o que não é, entre outros, tem até mais importância que o poder de se impor violentamente, sobretudo nas democracias, em que o emprego da violência tem altos custos políticos. Basta observar o papel político da mídia, imprescindível para manter ou ameaçar o poder nesses regimes. É importante entender que as categorias usadas para pensar o mundo social são, em geral, as categorias dos grupos dominantes, que as impõem por uma variedade de meios.

A consequência mais visível disso é que as ideias "perigosas" costumam ser boicotadas. Existe, porém, outra consequência ainda mais efetiva para a manutenção da hierarquia social: os dominados avaliam a si mesmos e aos outros utilizando valores e categorias dos dominantes, moldadas para justificar o fracasso dos desfavorecidos. Essa é a verdadeira tragédia. O pobre conhece sua própria história e seus esforços, mas costuma pensar que a situação é merecida. O indivíduo culpa somente a si pelo fracasso escolar ("Não gosto de estudar", "Sou muito burro para a escola" etc.), por ter tido filhos muito cedo, por ter de ajudar os pais ou os avós, por não conseguir permanecer em nenhum serviço etc. O ponto é que, como acabamos de discutir, a própria estrutura de classes sociais, definida pela herança de capitais, força a ocorrência desses sucessivos fracassos.

É claro que isso não é uma lei rígida. Estamos nos referindo a uma tendência sistêmica. Felizmente, ainda é possível vencer essas barreiras. Assim como nem todos os herdeiros estão automaticamente destinados ao sucesso, na classe dominada assistimos a exemplos eventuais de superação das condições. Frequentemente, contudo, a mobilidade ascendente acaba funcionando como falsa prova, entre tantas outras, de que o sucesso decorre exclusivamente do esforço individual. "Quem realmente quer, chega lá", alguns dirão.

O sucesso, além disso, pode assumir as mais variadas aparências: charme, inteligência, bom gosto ou desenvoltura são elementos de distinção social. Essas qualidades costumam ser herdadas por meio dos distintos tipos de capital; desse modo, obedecem à mesma lógica do sucesso financeiro. A diferença é que, como o dinheiro é uma propriedade material, o sucesso financeiro é mais facilmente rotulado. Já as qualidades incorporadas (inscritas no corpo, nas reações mais instintivas) parecem dons inatos, por isso é bem mais difícil compreendê-las como herdadas. Em consequência, os próprios dominados acabam desprezando a si mesmos, pois não reconhecem em si as características valorizadas pela sociedade. Quando são vistos pelos outros como feios, ignorantes, sujos e indignos, começam a se compreender da mesma foram. E, assim, podem acabar culpando a si mesmos, a seus familiares etc.

Vamos deixar bem claro: Jessé Souza não desqualifica o esforço individual; muito pelo contrário. Sua crítica é endereçada à injustiça de um sistema que premia a herança, fazendo-a se passar por esforço. O conceito de **meritocracia** nasceu justamente com esse caráter crítico. O autor se apropria dele para expor como seu entendimento pelo senso comum é, na verdade, uma máquina de justificar desigualdades.

É justamente por defender a recompensa ao verdadeiro mérito que Jessé Souza critica a meritocracia fundada na injustiça. Usada dessa forma, é apenas uma ideologia que oculta as verdadeiras relações de poder, transformando em mérito individual uma disparidade programada no algoritmo da estrutura social.

Trata-se de uma tragédia humana regulada e legitimada pelo mercado. Para o autor, isso não tem nada de "cultural" ou "atrasado". É um sistema socioeconômico guiado pela política da desigualdade, que rende riqueza, luxo e conforto para a classe dominante. Quem está por cima se beneficia da situação precária e do trabalho barato dos que estão por baixo. Para Jessé Souza, a explicação culturalista dos intelectuais clássicos serviu para esconder esse moderno sistema de dominação e culpar o próprio povo pelo fracasso. Dessa forma, os grandes intérpretes do Brasil teriam se colocado claramente do lado da classe dominante.

5.1.3 Corrupção, dominação e subcidadania

Nos últimos anos, Jessé Souza tem analisado, numa série de novos livros interpretativos, o processo continuado de ataque e degradação das instituições democráticas e da Constituição de 1988. Sua análise, mais uma vez, é contra-hegemônica, contestando a narrativa dos grandes meios de comunicação. Ele busca desmontar ideias de corrupção que considera diversionistas. Boa parte dos brasileiros foi levada a acreditar que os governos do PT foram terrivelmente corruptos, tendo sucumbido à cultura do personalismo, do familismo e do patrimonialismo. Os meios de comunicação dominantes indicaram que o ciclo de corrupção seria cortado com a derrubada de Dilma Rousseff. Em seguida, seria necessário moralizar o exercício do Poder Público e punir exemplarmente as principais figuras associadas aos desvios. Para Jessé Souza, no entanto, essa é apenas a mais nova encarnação de uma velha ideologia conservadora.

Em *A radiografia do golpe* (Souza, 2016), um livro curto sobre o processo de *impeachment* de Dilma, o sociólogo se esforça para demonstrar que "os golpes sempre foram por mais dinheiro para poucos, e nunca para combater a corrupção" (Souza, 2016, p. 19). Em sua opinião, a chamada *Operação Lava-Jato* teria sido apenas uma boa justificativa para entregar o poder a um grupo político incapaz de conquistá-lo democraticamente, por intermédio do voto. Se o autor tiver razão, caberá a nós questionar: Como, afinal, se constituiu um vasto público apoiador, tanto para a operação quanto para o processo de *impeachment*? Para o autor, os meios de comunicação hegemônicos conseguiram construir esse público. Como? Mobilizando precisamente a velha retórica culturalista dos grandes intérpretes do Brasil.

Em uma de suas obras mais recentes, *A elite do atraso: da escravidão à Lava-Jato* (Souza, 2017), Jessé sofistica os argumentos de *A radiografia do golpe*. Seu principal desafio é demonstrar a conexão entre a estrutura de classes brasileira, baseada na superexploração de uma classe social marcada pela subcidadania, e as motivações do golpe de Estado. É importante termos compreendido, da análise das outras obras, que a ralé é uma classe de "novos escravizados", cuja persistência demonstra a continuidade histórica de uma exploração brutal. Assim, a escravidão é nosso berço, conforme o título de um dos capítulos da obra de Souza (2017).

O samba da escola Paraíso do Tuiuti no Carnaval de 2018, *Meu Deus, meu Deus, está extinta a escravidão?* inspirou-se nessa leitura. O desfile ilustrou a continuidade de um "cativeiro social", como expressa um de seus versos. Não à toa, a apresentação se encerrou com críticas aos chamados "manifestoches", com um "vampiro neoliberalista" fantasiado de presidente e a denúncia da precarização dos direitos dos trabalhadores.

Essas consequências, que encerraram o desfile, são fiéis à leitura de Jessé Souza. Para ele, a seletividade de viés político da Operação Lava-Jato serviu essencialmente para reverter o processo gradual de conquista da cidadania que avançava, ainda que lentamente, desde a promulgação da Constituição de 1988. Desse modo, o Brasil voltou a aprofundar as desigualdades que fazem do país um empreendimento lucrativo para a classe dominante e o capital financeiro. É possível perceber que, nessa interpretação, a dinâmica de classes sociais é fundamental.

Embora seja ainda muito recente, o fenômeno *Operação Lava-Jato* começa a ganhar explicações acadêmicas. Uma delas, proposta por Christian Cyril Lynch, de certa forma se contrapõe à de Jessé Souza. Lynch confere centralidade à dimensão ideológica, e não à luta de classes. A atuação controversa dos envolvidos na operação (procuradores, juízes, policiais, ministros etc.) seria resultado de um processo que ele denominou "Revolução Judiciarista" (Lynch, 2017).

Trata-se de uma corrente surgida nas escolas de Direito durante a década de 1990, que "evoluiu na década seguinte voltada para legitimar a judicialização da política e a atuação política dos operadores jurídicos" (Lynch, 2017, p. 160). Somada ao desgaste da política – cujo grande símbolo, para Lynch, foram as manifestações de junho de 2013 –, essa mudança ideológica deu origem ao "tenentismo togado", ou a "uma vanguarda que, em nome da sociedade civil, se investiu do objetivo de regeneração da atividade política, corrompida por representantes 'carcomidos' pela corrupção" (Lynch, 2017, p. 160).

O objetivo aqui não é tomar partido de algum autor específico, mas juntar as peças das diferentes interpretações para analisar esses processos recentes em maior profundidade. Explicações de classe e em termos de ideologia não se excluem necessariamente. A ideologia é um elemento essencial para o agente justificar seu modo de agir. Isso não quer dizer que, ao agir, esse agente tenha plena consciência das consequências diretas e indiretas de suas ações.

Voltando a Jessé Souza, seu argumento final é que devemos diferenciar, nesse contexto tumultuado, a "corrupção real" da "corrupção dos tolos". A "corrupção dos tolos" é aquela que nos é transmitida diariamente como a responsável pelas desgraças do país, isto é, a "roubalheira" da política e dos políticos. Há uma lógica perversa em reduzir toda a corrupção a ela. Isso permite perseguir seletivamente determinados grupos políticos, enquanto outros são protegidos por uma Justiça que frequentemente tarda e falha. Além disso, leva a desqualificar a política como um todo, degradando a confiança da população nos políticos e nos partidos.

O efeito disso é claro. Os dominados já estão condenados pelo mercado; sua única esperança, portanto, é a luta política. Se chegarem ao ponto de desacreditar completamente da política, tudo o que lhes restará será a ditadura das leis de mercado. Eis a "corrupção real": a imposição de uma crença cega no mercado e na meritocracia – combinação que, como descrevemos, legitima o fracasso e o sucesso programados. A "corrupção real", do mercado, é a armadilha da exploração que nos trouxe da escravidão à Lava-Jato.

A interpretação de Jessé Souza sobre os últimos acontecimentos pode ser polêmica, tanto por criticar intelectuais consagrados quanto por desafiar o consenso formulado pelos principais meios de comunicação. Mas você não acredita que a sociologia seria bem menos interessante se apenas repetisse narrativas hegemônicas e não procurasse desvendar a lógica social pouco evidente dos acontecimentos?

O problema das teorias que tentam explicar muitas coisas é que elas, em geral, ignoram os detalhes e simplificam questões abrangentes. Você pode estar questionando essa história de "ralé estrutural". A reprodução de uma classe de subcidadãos desde o final do século XIX até o século XXI parece plausível se admitirmos que a exploração escravista foi transformada em exploração de mercado. Mas e a história? E a política? E os agentes sociais? Uma estrutura social não se reproduz sem agentes, escolhas e transformações. São questões que merecem um aprofundamento adicional. É o que faremos na seção seguinte.

5.2 Política e classes sociais no Brasil atual

Nesta seção, discutiremos a produção de dois autores que tornam mais complexo o debate sobre política e classes sociais no Brasil atual: Chico de Oliveira, com sua crítica ao "ornitorrinco" brasileiro, e André Singer, com sua análise do realinhamento eleitoral que levou à consolidação do lulismo ao longo dos anos 2000. O núcleo dessas interpretações continua sendo a extrema injustiça de nossa sociedade, suas causas e consequências políticas. A preocupação fundamental é com a enorme classe social de deserdados produzida pelo capitalismo brasileiro e as possibilidades de construir uma sociedade que não se fundamente na manutenção da miséria. Apesar de compartilharem pontos de partida semelhantes, como veremos, Oliveira e Singer avaliam o sentido dos processos políticos e sociais de forma distinta.

5.2.1 "Ornitorrinco" e neoliberalismo

Entre os anos 1950 e 1970, um grupo de intelectuais reunidos na Comissão Econômica para a América Latina e o Caribe (Cepal)[2] desenvolveu, em toda a América Latina, uma tradição de pesquisas focada na superação do subdesenvolvimento. Em 1972, auge do milagre econômico da ditadura, Francisco (Chico) de Oliveira publicou um ensaio no qual criticava a

2 A fundação e o repertório teórico da Cepal foram examinados no Capítulo 3.

perspectiva da Cepal desde um ponto de vista marxista (Oliveira, 2003). Para ele, a "razão dualista" da Cepal situava a luta para superar o subdesenvolvimento entre setores modernos e atrasados da economia.

Ao preservarem relações de trabalho informais, arcaicas, pouco produtivas e mal remuneradas (basta pensar na exploração dos "peões" das áreas rurais), os setores atrasados teriam bloqueado o desenvolvimento de uma economia e de uma sociedade modernas. Caberia ao Estado modernizar esses setores para, num projeto nacionalista, desencadear o desenvolvimento. Na visão da Cepal, as elites das áreas atrasadas tinham usado seu poder político para resistir ao projeto. O resultado foi uma industrialização apenas parcial, tanto no Brasil quanto em outros países latino-americanos, combinada com o inchaço precoce do setor urbano de serviços, potencializado pela migração desde as áreas rurais. Como se entendia que os serviços são um ramo improdutivo da economia (as instituições desse setor não fabricam nada, embora sejam remuneradas, afirmavam), seu inchaço consumiria o capital necessário para novos investimentos industriais, numa espécie de armadilha do subdesenvolvimento.

Para Oliveira (2003), o dualismo rígido entre atrasado e moderno, como se fossem cenários isolados, ou até mesmo antagônicos, esconde a verdadeira interdependência entre os dois polos. Eis o sentido de sua crítica marxista. No modelo de desenvolvimento brasileiro, um não poderia existir sem o outro. É inexato afirmar que o capitalismo fracassou ou se desenvolveu apenas parcialmente no Brasil.

Segundo esse sociólogo, durante os dois governos de Vargas (1930-1945 e 1951-1954), a economia brasileira, desencadeada por reformas, iniciou um rápido processo de industrialização. A modernização da legislação estimulou os detentores do escasso capital disponível a investi-lo preferencialmente na industrialização, financiando a compra de bens de capital (tecnologia, máquinas) e a importação de processos produtivos modernos. Em contrapartida, a agricultura e os serviços sofreram com a falta de financiamento. Esses dois setores se mantiveram pouco produtivos, dependentes de trabalho barato em grande quantidade para produzir.

Além do capital, a industrialização requer uma força de trabalho livre, ou seja, dependente de salário. Na teoria marxista, o salário é o valor referente ao custo de reprodução da força de trabalho, isto é, o dinheiro de que o trabalhador precisa para reproduzir sua existência e a de sua família. Isso é necessário para o trabalhador renovar sua força de trabalho e continuar a disponibilizá-la ao sistema. O valor do salário está relacionado ao poder de compra, que, obviamente, depende do preço dos bens e serviços de que os trabalhadores necessitam. Os mais essenciais são os alimentos e os serviços domésticos, sendo que estes últimos também podem ser chamados de *trabalho reprodutivo*, porque todos os trabalhadores precisam deles para reproduzir a própria força de trabalho.

É possível perceber como as coisas se conectam. A produção industrial recebeu investimentos maciços. O aporte de capital aumentou a produtividade do trabalho, mesmo sem aumentos salariais equivalentes. Dessa forma, o ganho de produtividade aumentou as margens de lucro. Isso porque o custo de reprodução da força de trabalho do setor moderno, o salário, foi mantido baixo pela existência de um enorme contingente de trabalhadores informais sub-remunerados.

Esses trabalhadores são, portanto, os mais explorados. Vamos pensar nos trabalhadores do campo e nas empregadas domésticas, que conquistaram direitos como registro em carteira e aposentadoria poucos anos atrás. Eles se concentram justamente em setores fundamentais para a reprodução do trabalho formal: produção de alimentos, serviços pessoais e domésticos, entregas, comércio ambulante etc. O setor de serviços é inchado porque os serviços são manuais, trabalhosos, com pouco emprego de tecnologia e baixa otimização do trabalho. Baseiam-se em força de trabalho bruta. Devemos lembrar que, até recentemente, ter uma máquina de lavar roupas era quase um luxo. Quantas famílias, mesmo hoje, têm uma lava-louças? Esse tipo de tecnologia aumenta a produtividade do trabalho reprodutivo, tornando a vida cotidiana menos trabalhosa. Por outro lado, como o valor dos produtos é relativamente alto em comparação ao salário médio, o trabalhador começa a pressionar por aumento salarial.

Assim, o que permitiu o desenvolvimento acelerado de um país periférico como o Brasil foi a simbiose entre o setor moderno, com trabalhadores mais seguros e mais bem remunerados, e o setor atrasado, formado por trabalhadores superexplorados. Deve estar claro, neste ponto, que o valor reprodutivo do trabalho sub-remunerado é embolsado indiretamente pelo investidor capitalista. O exército de profissionais, quase sempre mal pagos, dedicados a produzir os bens e serviços essenciais possibilita que a mão de obra industrial receba baixos salários e ainda assim consiga prover-se das necessidades básicas.

Também é preciso notar o aspecto político desse arranjo. Ao longo do século XX, o desenvolvimento brasileiro foi construído sobre a segmentação e a superexploração de uma enorme fração da classe trabalhadora. Quais grupos se beneficiaram desse processo? Não há uma resposta simples. Temos de nos perguntar igualmente em que medida os trabalhadores formais se beneficiaram da superexploração dos informais. Nessa armadilha, não são as duas frações da classe trabalhadora que saem perdendo? Como compreender o alinhamento da exploração de classe com a exploração racial e de gênero, considerando-se que os negros e as mulheres, em especial as mulheres negras, constituem maioria entre os informais? O certo é que essas perguntas nos conduzem a refletir sobre análises recentes de Chico de Oliveira, nas quais ele utiliza suas ferramentas críticas para compreender a política atual.

Em 2003, logo após a vitória de Lula, Oliveira chamou atenção para a crescente semelhança entre a nova elite dirigente, de esquerda, e seus principais opositores, os neoliberais. O ensaio *O ornitorrinco* levanta "o aparente paradoxo de que o governo de Lula realiza o programa de FHC, radicalizando-o" (Oliveira, 2003, p. 147). Ao não desafiarem a primazia do capital financeiro, Lula e a elite do PT teriam decidido administrar um "ornitorrinco", animal desengonçado feito por partes aparentemente desconexas. Vale a pena ler sua descrição completa:

> Altamente urbanizado, pouca força de trabalho e população no campo, [...] nenhum resíduo pré-capitalista; ao contrário, um forte *agrobusiness*. Um setor industrial da Segunda Revolução industrial completo, avançando, tatibitate, pela terceira revolução, a molecular-digital ou informática. Uma estrutura de serviços muito diversificada numa ponta, quando ligados aos estratos de altas rendas, a rigor, mais ostensivamente perdulário que sofisticado; noutra, extremamente primitivo, ligado exatamente ao consumo dos estratos pobres. Um sistema bancário ainda atrofiado, embora acapare uma alta parte do PIB [...], quando se o compara internacionalmente. Em termos da PEA[3] ocupada, fraca e declinante participação da PEA rural, força de trabalho industrial que chegou ao auge na década de setenta do século passado, mas decrescente também, e explosão continuada do emprego nos serviços. (Oliveira, 2003, p. 132-133)

Ainda nos anos 1970, Chico de Oliveira publicou uma obra em que reflete sobre sua experiência na Superintendência do Desenvolvimento do

3 População Economicamente Ativa.

Nordeste (Sudene), órgão governamental dedicado ao desenvolvimento da Região Nordeste. Em *Elegia para uma re(li)gião* (Oliveira, 1977), o autor aponta que a ideia de planejamento, central na concepção da Sudene, foi transformada em panaceia, isto é, em solução para todos os problemas políticos e econômicos da região atrasada, como se bastasse alocar os investimentos de modo racional para que o desenvolvimento se concretizasse.

Oliveira critica essa solução exclusivamente técnica, fundada na ideia de planejamento. Qualquer solução será necessariamente política, afirma. O atraso não era um peso para o sistema, e sim um elemento fundamental para a sua sobrevivência. Vamos imaginar o cenário: com o desenvolvimento do Nordeste, são criados empregos qualificados, diminuindo a migração para o Sudeste industrial. Sem a competição dessa mão de obra adicional, o preço da força de trabalho na região mais moderna tende a aumentar. Será que a classe dominante dessa região moderna, cujo poder se estende a todo o país, realmente estaria interessada em desenvolver uma região atrasada?

Oliveira transpôs essa leitura para o início do governo Lula. O que significa administrar o "ornitorrinco" sem desafiar a estrutura do sistema? Sem desafiar os ganhos do capital financeiro, permitindo-se, ao mesmo tempo, a reprodução contínua de uma classe superexplorada? Para o autor, a postura política do governo Lula evidencia a crença de que os conflitos entre classes sociais podem (ou devem) ser resolvidos por uma boa administração pública, capaz de garantir que todos saiam ganhando. Mas é possível todos saírem ganhando?

No final de *O ornitorrinco*, o sociólogo sugere uma explicação para a "transformação" do PT em administrador dessa sociedade exótica: seus dirigentes passaram a ser recrutados entre uma elite sindical que, apesar de sua origem trabalhadora, encastelou-se na administração dos fundos de pensão de categorias mais organizadas, como bancários e petroleiros. Seu interesse voltou-se para a valorização do capital a partir de investimentos financeiros. Os escalões médios da Administração Pública passaram a ser controlados por trabalhadores-financistas alheios aos interesses concretos dos trabalhadores mais explorados. Assim, o governo Lula seria dos trabalhadores, mas não necessariamente para os trabalhadores. Ele denominou essa situação de "hegemonia às avessas" (Oliveira; Braga; Rizek, 2010).

No capítulo anterior, apresentamos Ruy Braga e sua discussão sobre o proletariado precarizado. Em *A política do precariado* (Braga, 2012), o autor retomou a linha traçada por Chico de Oliveira, corroborando a caracterização do "ornitorrinco" e o duro diagnóstico sobre o papel de Lula e do PT. O governo de esquerda teria agido para "combinar o consentimento passivo das massas" com o "consentimento ativo das direções sindicais" (Braga, 2012, p. 37), conciliando-se com a classe dominante e despolitizando a trabalhadora. Contudo, em vez de ficar somente no diagnóstico pessimista, Braga reconstruiu a história dos movimentos dos trabalhadores, complementando-a com uma nova pesquisa sobre os trabalhadores do *telemarketing*. Para o pesquisador, trata-se de "um setor que condensa as características mais salientes do atual regime de acumulação pós-fordista periférico" (Braga, 2012, p. 37). Seu objetivo foi estabelecer uma linha de continuidade entre a "pulsão" política dos trabalhadores ontem e hoje (Figura 5.1).

Figura 5.1 – As manifestações de junho de 2013: Qual seu significado no Brasil atual?

Ueslei Marcelino/Reuters/Fotoarena

Eis o quadro interpretativo: o "classismo em estado prático" dos trabalhadores, que é sua disposição para desafiar o sistema, é apaziguado pelo modo de regulação vigente, ou seja, pelo "complexo social" formado pelas instituições encarregadas da "normalização [...] das relações capital-trabalho (legislação trabalhista, previdência pública), do controle dos sindicatos e dos mercados (interno e externo) de trabalho" (Braga, 2012, p. 22). Complicou um pouco, certo? A ideia vai ficar mais clara com alguns exemplos concretos.

Braga está interessado em dois modos de regulação fundamentais para compreender a história política dos trabalhadores brasileiros. Primeiro, o populismo centrado na figura de Getúlio Vargas, desenvolvido "a partir da década de 1940 visando garantir a reprodução das relações de produção em condições periféricas" (Braga, 2012, p. 22) num contexto de acelerada urbanização e industrialização. Uma das grandes marcas dessa fase foi a conquista de direitos trabalhistas por uma fração da classe trabalhadora, que aderiu ao projeto político varguista. O golpe militar de 1964 substituiu o populismo por um modo de regulação autoritário, baseado mais na repressão que no consentimento. Com o fim da ditadura e o avanço da globalização, desenvolveu-se o segundo modo de regulação que interessa a Braga: a **regulação neoliberal**. Surge uma nova maneira de conquistar a adesão dos trabalhadores a um projeto político-econômico.

Uma das características estruturais do neoliberalismo é a facilidade com que os capitais se deslocam ao redor do globo. Foi assim que boa parte da produção industrial se transferiu, ao longo das últimas décadas, para os países que ofereceram as melhores condições de rentabilidade: baixos salários, energia barata, infraestrutura, poucas exigências sociais e ambientais, baixos impostos, regimes políticos mais autoritários etc. No Brasil, presenciamos o enfraquecimento do setor industrial, incapaz de competir com o Extremo Oriente. Internamente, a chamada *guerra fiscal* entre os estados reproduziu a disputa pelo capital. Ao longo dos anos 1990 e no começo dos anos 2000, os governos estaduais buscavam atrair indústrias, em especial as grandes montadoras de automóveis, por meio de isenções fiscais e outras facilidades.

Não é difícil perceber que esse novo regime global destruiu, pouco a pouco, a relativa segurança dos empregos formais, sobretudo em países capitalistas periféricos, como o Brasil. Por um lado, os trabalhadores formais são obrigados a diminuir seus níveis de exigência. Do contrário, seus postos de trabalho serão imediatamente transferidos. O alto nível de desemprego, comum durante o auge das políticas neoliberais, pressiona o trabalhador empregado, que teme sua substituição. Crescem os postos precários de trabalho, avançando sobre empregos protegidos pela legislação trabalhista. Emergem as figuras do trabalhador PJ (pessoa jurídica), do microempreendedor individual e do temporário. São formas de contratação por empreitada ou tempo determinado, nas quais o empregador não se compromete com direitos e garantias trabalhistas. É bastante claro que esse modelo extremamente flexível destrói as condições de mobilização política dos trabalhadores. Além das consequências materiais, a insegurança das relações trabalhistas no contexto neoliberal gera pressões psicológicas e políticas.

Voltemos ao modo de regulação. A política que regula o conflito de classes durante a era neoliberal, com predominância do capital financeiro, não poderia ser a mesma da era fordista, construída pelo capital industrial. Ao radicalizar o programa de FHC, Lula encontrou a fórmula da estabilidade política nesse novo contexto, afirma Chico de Oliveira. Lula interrompeu o avanço do neoliberalismo de rapina e construiu um novo consenso, promovendo oportunidades de ascensão social, transferência de renda, erradicação da miséria, incorporação da "ralé" ao mercado de consumo e, com frequência, ao emprego formal. Em troca, não desafiou a predominância do capital financeiro; pelo contrário, aprofundou-a. Por um breve período, parecia que todos estavam ganhando. A prosperidade econômica desarmou temporariamente a bomba-relógio da insegurança, sem transformar a estrutura social marcada pela existência de um enorme (e crescente) precariado.

5.2.2 Lulismo

Há interpretações menos pessimistas. O melhor exemplo é André Singer, autor de *Os sentidos do lulismo*. O livro, de 2012, busca "apresentar uma interpretação alternativa à de Chico", mas colocando-se "no mesmo campo de pensamento que o dele" (Singer, 2012, p. 261). A questão principal continua sendo a massa de superexplorados ora caracterizada como ralé, ora como precariado, ora ainda como subproletariado (o conceito preferido por Singer). Afinal, "a singularidade das classes no Brasil consiste no peso do subproletariado, cuja origem se deve buscar na escravidão, que ao longo do século XX não consegue incorporar-se à condição proletária" (Singer, 2012, p. 20-21). Do mesmo modo, o interesse maior é, também, compreender a relação entre esse aspecto fundamental de nossa estrutura social e as transformações e os rumos recentes da sociedade brasileira.

Como revisamos as definições de *ralé* (neste capítulo) e de *precariado* (no Capítulo 4), é interessante desenvolver ainda a definição de *subproletariado*: "sobrepopulação trabalhadora superempobrecida permanente" (Singer, 2012, p. 18). Atente para a linhagem igualmente marxista da definição. O substantivo é *sobrepopulação*, que se aproxima da ideia de "exército industrial de reserva", com a qual Marx caracterizava os trabalhadores excedentes, frequentemente acometidos pelo desemprego. Os trabalhadores nessa situação não chegavam sequer à condição de proletários. É possível perceber que, ao formular o problema da massa de superexplorados e conceituar o subproletariado, Singer se coloca no mesmo campo de Chico de Oliveira. Vale a pena refletir um pouco.

O destino dessa classe social é o destino da nação. Ao longo de todo este livro, analisamos como os grandes intérpretes do Brasil recorreram aos mais diversos conceitos antropológicos, sociológicos e políticos para explicar a formação de nosso povo e de nossa nação. Sob diferentes formas, o que sempre reaparece é o enigma do povo. É preciso notar como a questão toma forma na sociologia brasileira atual. Existe uma linha de continuidade desde os autores trabalhados no primeiro capítulo até aqui, certo? Mas também há diferenças importantes. Talvez a principal seja o modo de conceituar o povo: em função de ideias raciais, das características culturais, da desigualdade, da dominação e, ainda, de acordo com os mais variados conceitos de classes sociais.

Em nossa história recente, a Revolução de 1930 e os governos de Getúlio Vargas (1930-1945 e 1951-1954) representaram marcos fundamentais no modo de pensar o povo. A partir de 1930, o governo republicano passou a se apoiar politicamente em interesses nacionais, e não apenas regionais, pela primeira vez. Os grandes ensaios da sociologia brasileira, que não por acaso começaram a surgir nessa década, investigaram as características da formação nacional. O povo brasileiro tornou-se objeto de reflexão e disputa em todas as esferas, incluindo a política. Enquanto isso, o varguismo permitia, pela primeira vez em nossa história, a emergência da massa como sujeito político na arena institucional. Mesmo com a morte de Vargas, em 1954, o varguismo se transformou numa ideia, continuando a dominar a política brasileira até o golpe militar, dez anos mais tarde. É importante observar que a emergência do povo na política, ameaçando a estrutura da sociedade, levou à reação das classes dominantes na forma de um golpe de Estado. Uma vez mais, vemos o poder das ideias: após a Revolução de 1930, a elaboração de uma concepção de povo andou lado a lado com a emergência do povo como sujeito político.

Lembremos que, embora Vargas tenha governado como ditador entre 1937 e 1945, foram medidas suas que permitiram a ampliação do direito de voto às mulheres, por exemplo, dando os primeiros passos na direção de uma democracia de massas. Quando retornou ao poder como presidente eleito, em 1951, a força do varguismo já havia organizado o eleitorado e os partidos políticos em uma oposição inédita entre pobres e ricos, entre povo e elite. O povo, ou o trabalhador, era representado sobretudo pelo Partido Trabalhista Brasileiro (PTB), de Vargas. A classe dominante (inclusive rural), assim como as classes médias urbanas, organizava-se em torno da União Democrática Nacional (UDN). Trata-se de um arranjo político sem lugar na república oligárquica anterior a 1930, tampouco durante o regime ditatorial do próprio Vargas.

O pós-1945 foi a era da democracia de massas, muitas vezes caracterizada como populista. Para Singer (2012, p. 36), a viabilidade desse arranjo começou a se esgotar quando o partido de Vargas conquistou a preferência dos pobres do interior do país, obrigando a oposição udenista, fortemente apoiada no coronelismo, a depender cada vez mais das classes médias urbanas. No início dos anos 1960, a massa camponesa mobilizada passou a clamar por reforma agrária. Parte da classe média urbana, insuflada pelo udenismo, reagiu com uma radicalização à direita. Com essa polarização, o varguismo perdeu a capacidade de mediar os conflitos sociais, deixando de ser "um poder *aparentemente* acima das classes" (Singer, 2012, p. 45, grifo do original).

Singer argumenta que o *lulismo* (foi o próprio autor quem popularizou o termo na academia) tem muito em comum com o varguismo – por isso a importância desse breve passeio histórico. Assim como o varguismo "soldou os migrantes rurais à classe trabalhadora urbana por meio da industrialização, da CLT e do PTB" (Singer, 2012, p. 45), o lulismo "lev[ou] adiante a integração do subproletariado à condição proletária" (Singer, 2012, p. 45), formando, cinquenta anos mais tarde, um novo bloco de massas para dar sustentação política ao governo. Além disso, "no plano ideológico, isso trouxe, outra vez, à tona a gramática varguista, que opunha o 'povo' ao 'antipovo'" (Singer, 2012, p. 16).

Nessa interpretação, o lulismo reeditou a formação da massa subproletária como sujeito político. Ao colocar-se como representante de seus interesses, deu-lhe expressão no interior da política institucional. Em troca, consolidou-se ao seu redor um bloco de apoio popular que se mostrou vitorioso em sucessivas eleições. A perspectiva de Singer deixa claro que a direita oposicionista tornou-se incapaz de conquistar de volta o apoio dessa massa historicamente excluída, restando-lhe poucas possibilidades de reconquistar o poder democraticamente.

Assim como o varguismo não é o antigo PTB, o lulismo não deve ser simplesmente confundido com o PT. A formação do consenso político em torno da figura do ex-presidente petista é uma novidade interpretativa de Singer. O problema fundamental é que essa aliança do PT com o subproletariado nada tem de natural. Singer, especialista em análise de resultados eleitorais, é um observador privilegiado. Em seu livro *Esquerda e direita no eleitorado brasileiro*, publicado em 2000, defende que grande parte dos eleitores brasileiros votava de modo coerente com a percepção sobre o próprio posicionamento ideológico. O PT, situado à esquerda no espectro político, apresentava uma forte base eleitoral na classe média com alto nível de instrução. Os pobres mantinham uma tendência de voto para a direita, tal como percebido na eleição de Fernando Collor (Singer, 2000). Esse esquema teria durado até a eleição presidencial de 2002.

O apoio histórico de parte da classe média ao PT teria sido obtido com um discurso que combinava retórica radical e moralismo. Singer chamou esse programa de *reformismo forte*. A possibilidade de sucesso na campanha de 2002, entretanto, teria levado a direção do partido a desenvolver uma "segunda alma" (Singer, 2012, p. 87): "compromete-se com a estabilidade e atira as propostas de mudança radical ao esquecimento" (Singer, 2012, p. 97). Talvez o grande símbolo dessa mudança tenha sido a famigerada Carta ao Povo Brasileiro, na qual o então candidato Luiz Inácio Lula da Silva assume o compromisso de a respeitar contratos e obrigações financeiras – o que serviu para acalmar o mercado financeiro. Mas a virada não foi total. Passaram a conviver, no interior do partido, a alma radical e a alma moderada – contradição que estabeleceu a margem de manobra imprescindível para equilibrar ou conciliar interesses de classe antagônicos no interior do Estado.

Quando o partido abriu mão do reformismo forte, parte da classe média, então sua principal base de apoio, passou a se afastar. O rompimento se consumou após o processo político-midiático conhecido como *Mensalão*, que eclodiu em 2005. Simultaneamente, foi colocado em marcha um programa político alternativo, batizado por Singer de *reformismo fraco*. Esse projeto busca "combater a pobreza, sobretudo onde ela é mais excruciante tanto social quanto regionalmente, por meio da ativação do mercado interno, melhorando o padrão de consumo da metade mais pobre da sociedade" (Singer, 2012, p. 15), mas "sem confrontar os interesses do capital" (Singer, 2012, p. 15-16). O combate à pobreza teria atraído para a órbita lulista um eleitorado historicamente mais identificado com a direita, que reconheceu "na invenção lulista a plataforma com que sempre sonhara – um Estado capaz de ajudar os mais pobres sem confrontar a ordem" (Singer, 2012, p. 21).

O subproletariado foi trazido para o debate político. A classe trabalhadora organizada nunca havia conseguido absorver politicamente essa massa subproletária. O lulismo nasceu de uma crescente identificação política, do "encontro de uma liderança, a de Lula, com uma fração de classe, o subproletariado" (Singer, 2012, p. 15-16). Fica claro que o lulismo é imediatamente útil ao subproletariado na medida em que oferece um atalho para sua constituição como sujeito político. Em vez do longo caminho da organização e formação da classe, historicamente vetados ao subproletariado, esse grupo se vincula a uma figura carismática que encarna a história, o sofrimento e a possível redenção de seus membros. Trata-se da "metade mais pobre da população brasileira, que desejava (e deseja) integrar-se à ordem capitalista e nela prosperar, e não transformá-la de baixo para cima, até porque isso não estava a seu alcance" (Singer, 2012, p. 196). Assim como Vargas, Lula solda duas frações da classe trabalhadora que estiveram historicamente separadas pelas situações estruturais e pelos processos de formação política divergentes.

Segundo Singer (2012), o lulismo se consolidou apoiado num "realinhamento eleitoral", ao afastar parte de sua base histórica e atrair parcela crescente do subproletariado. Como esse estrato é extremamente numeroso, o realinhamento passou a organizar toda a política brasileira, inclusive corroendo a base de partidos que se apoiavam na submissão do subproletariado à lógica clientelista (caso do antigo Partido da Frente Liberal, atual DEM, e, em certa medida, do PMDB).

O momento determinante foi a eleição de 2006, quando, "do ponto de vista das classes", continua Singer, "o subproletariado adere em bloco a Lula e a classe média, ao PSDB" (Singer, 2012, p. 14). Essa proposição é sustentada pela análise das relações entre renda, posicionamento ideológico e preferência eleitoral ao longo dos anos de 1990 e 2000 (Singer, 2012, p. 107, 109, 171-172).

Vale a pena esboçarmos um balanço desse processo. Para Singer (2012, p. 119), enquanto o modelo de "redução da pobreza e manutenção da ordem" funcionar, ele sustentará o PT como "partido dos pobres". O reformismo fraco poderá, então, seguir com uma trajetória de transformações graduais da estrutura social, sobretudo da situação do subproletariado. Em trabalhos mais recentes, o autor acrescenta que Dilma Rousseff acelerou o ritmo de transformações do lulismo, causando instabilidade no modelo. Ao atacar as bases do rentismo e do predomínio do capital financeiro, Dilma teria "cutucado com vara curta" os setores da classe dominante que os sustentavam (Singer, 2015). Nesse "sonho rooseveltiano", como denomina Singer, a sucessora de Lula tentou realizar mudanças na base do sistema bancário e no mercado de energia elétrica, entre outras. Porém, os interesses rentistas acabaram prevalecendo sobre os produtivistas (que seriam atendidos por tais medidas), formando uma reação econômico-jurídico-política concentrada em derrotar o lulismo e reimplantar o sistema neoliberal sem a legitimidade do voto popular.

Chico de Oliveira não avistava uma perspectiva de transformação no interior do lulismo, que considerava mero administrador do "ornitorrinco". André Singer, por outro lado, vê no lulismo o potencial de colocar "as contradições brasileiras em degrau superior àquele que conteve a história do país até o início do século XX" (Singer, 2012, p. 221). O que é o lulismo, afinal de contas: reprodução do modelo ou transformação gradual? À luz dos acontecimentos políticos recentes, como você avalia essas distintas interpretações?

5.3 Classe, raça e gênero

Raça e gênero são aspectos essenciais, e não acessórios, dos principais problemas debatidos atualmente pela sociologia brasileira. Até agora, as interpretações analisadas identificaram na escravidão (negra e indígena) as origens da massa de trabalhadores superexplorados. Mesmo com o passar dos séculos e as mudanças nas concepções raciais, estes continuam marcados pela cor. Temos de considerar também que os serviços subalternos e o trabalho reprodutivo, centrais para a existência desse sistema de superexploração, frequentemente são realizados por mulheres.

Raça e gênero, assim como classe, são diferentes aspectos das relações de dominação. É fácil perceber que cada um deles se define tanto pela exploração quanto pela violência. Contudo, as interpretações estudadas falharam em refletir de modo mais aprofundado sobre a relação entre classe, raça e gênero. É o que faremos nesta porção final do capítulo. Começaremos estabelecendo algumas balizas teóricas apoiadas na ideia de dominação. Em seguida, discutiremos a interseccionalidade, conceito fundamental para pensar a atual articulação de classe, raça e gênero, abordando alguns aspectos de seu desenvolvimento no Brasil. O objetivo é analisar como essas ideias têm contribuído para revitalizar a sociologia brasileira e mantê-la conectada aos principais problemas de nossa sociedade.

5.3.1 Dominação e interseccionalidade

A sociologia brasileira se depara com a indissociabilidade de gênero, raça e classe desde os estudos clássicos. Em *Casa-grande e senzala*, por exemplo, Gilberto Freyre (2001) buscava delinear os aspectos básicos de uma civilização colonial e escravista, cuja unidade mais básica era a família patriarcal. Boa parte da obra é dedicada à análise de relações sociais, cujas principais determinantes são as diferenças de raça e de gênero – fundamentais para a divisão do poder na sociedade colonial. Em *A integração do negro na sociedade de classes*, Florestan Fernandes (2008) analisou a passagem desse sistema para um regime de trabalho livre, completada pela abolição da escravidão. Interessava-lhe, em especial, a consequente transformação dos escravos e libertos em proletários, bem como a reinvenção do racismo no novo sistema. O papel do racismo nas relações sociais escravistas era bastante claro, argumentava Fernandes. O desafio era compreender sua permanência num sistema capitalista. Longe de diluir a discriminação, o capitalismo brasileiro a incorporou, reproduzindo a desigualdade racial.

Os dois autores compreendiam que os processos formativos da sociedade brasileira se assentavam simultaneamente em divisões de gênero, raça e classe. Pensando de modo um pouco mais abstrato, podemos notar que esses processos são importantes na medida em que produzem sistemas de dominação. E as categorias sociológicas de classe, raça e gênero nos permitem compreender aspectos essenciais das relações sociais nesses sistemas.

Quando nos referimos a categorias sociológicas, é preciso fazer um esclarecimento: não há nada de natural nas diferenças de classe, raça e gênero. Ao colocarmos a questão desse modo, assumimos, por um lado, que as desigualdades não podem ser explicadas por supostas diferenças naturais entre homens e mulheres, negros e brancos ou ricos e pobres, mas apenas pela lógica própria das relações sociais. Essa lógica, no entanto, é produto das ações humanas, podendo ser transformada de acordo com nossas intenções. Cabe observar, então, que os dois lados da questão – as desigualdades estabelecidas e a possibilidade de transformá-las – convergem para um mesmo ponto central. Trata-se das concepções socialmente construídas de classe, raça e gênero. Boa parte do esforço das ciências sociais, desde os clássicos do século XIX até hoje, teve como objetivo desnaturalizar essas concepções e, consequentemente, mostrar como podemos transformar a sociedade de acordo com nossos valores modernos de justiça, igualdade e liberdade (Guimarães, 2016).

Autoras feministas têm desenvolvido algumas reflexões bastante interessantes sobre essas categorias. Dessa contribuição, podemos destacar duas ideias importantes para o debate atual: **consubstancialidade** e **interseccionalidade**. Os conceitos buscam resolver um problema ao mesmo tempo teórico e político: Como construir uma compreensão e uma luta social que considerem cada uma das relações de dominação sem criar escalas de importância? Você já deve ter se deparado com várias opiniões sobre questões de classe, raça e gênero. É comum encontrar quem reconheça a importância de todas, mas posicione alguma como a fundamental. Além de prejudicar nossa compreensão acerca de uma realidade complexa, essa postura diminui a relevância das lutas de mulheres e negros por igualdade, não? Refletir em profundidade sobre as categorias de dominação é a melhor forma de evitar essa armadilha.

A ideia de consubstancialidade remete à própria natureza das relações sociais. Se percebermos as relações sociais como relações de poder, argumenta a autora francesa Danièle Kergoat (2010, p. 94), veremos que "elas formam um nó que não pode ser desatado no nível das práticas sociais, mas apenas na perspectiva da análise sociológica". Para ela, os conceitos de classe, raça e gênero – categorias analíticas que usamos para simplificar essa realidade complexa – são também coextensivos, isto é, "ao se desenvolverem, [...] se reproduzem e se coproduzem mutuamente" (Kergoat, 2010, p. 94).

Kergoat, assim como outras autoras feministas, queria compreender por que avanços consideráveis nos direitos das mulheres ao longo das últimas décadas, tais como sua crescente participação no mercado de trabalho, frequentemente foram acompanhados pelo reforço das desigualdades de gênero num outro nível. Por exemplo, esse mesmo mercado manteve-se segmentado entre "profissões masculinas" e "profissões femininas". Mesmo quando mulheres conseguem fazer-se representar em redutos masculinos, são acossadas por preconceito e desigualdade salarial. É como se o sistema compensasse os avanços igualitários reafirmando a posição dos grupos privilegiados – no caso, os homens – em outras dimensões. Esse exemplo deixa claro que a dimensão de gênero está articulada com as demais, produzindo e sofrendo efeitos em função dessa articulação. É difícil transformar um sistema baseado em múltiplas formas de dominação atacando-se apenas uma de suas dimensões.

A consubstancialidade sugere que as relações sociais de dominação são indivisíveis. Dessa forma, é necessário compreender e lutar de forma unificada contra as injustiças. A ideia de interseccionalidade aponta para outra questão: a combinação entre categorias de dominação causa uma dupla marginalização de certos grupos. A americana Kimberlé Crenshaw propôs a ideia de interseccionalidade ao analisar casos de violência contra mulheres negras. Ela percebeu que a dupla condição (mulheres e negras) tornava a situação delas particularmente difícil (Crenshaw, 1991).

Enquanto questões de gênero tendem a ser analisadas a partir da experiência de mulheres brancas, se o viés da pesquisa é a raça, o personagem principal é o homem negro. A experiência própria das mulheres negras acabava sendo ignorada por agentes do Estado (policiais e juízes) e pesquisadores acadêmicos. Crenshaw (1991) mostrou que a dupla subordinação criava um ponto cego, capaz de ocultar a experiência e calar a voz dos grupos mais dominados, aprofundando ainda mais seus problemas. Desde então, tornou-se fundamental refletir sobre a combinação das formas de subordinação.

No Brasil, esse é um conceito muito influente no debate acadêmico atual. A democratização do acesso à universidade incorporou às ciências sociais e ao debate público a voz de sujeitos historicamente silenciados, como as mulheres, negros e, em especial, as mulheres negras. É natural que a sociologia tenha começado a dar atenção a esse fenômeno. Essa mudança, de certo modo, é parte das transformações que discutimos ao longo deste capítulo. Há, no entanto, um elemento novo. Historicamente, esses grupos foram tomados como objeto da reflexão sociológica, raramente, porém, foram os autores dessa narrativa. Eram sujeitos passivos, apreendidos em esquemas analíticos construídos "de cima para baixo", sendo muito raro que assumissem o protagonismo. Entretanto, o cenário começa a mudar. Os problemas passam a ser pensados também pelos membros dos grupos marginalizados, acrescentando-se experiências, leituras, habilidades e afetos imprescindíveis para se compreender um país tão complexo quanto o Brasil.

5.3.2 Novos sujeitos

Transformações sociais dificilmente ocorrem sem conflitos e, nos casos mais extremos, tragédias. Em um país historicamente marcado por dura e violenta repressão, o clamor de grupos minoritários com certeza enfrentaria tentativas de abafamento. Um dos símbolos – e vítima – desse processo foi a vereadora carioca Marielle Franco, assassinada em março de 2018. O crime, que chocou o Brasil e a comunidade internacional, expressou o caráter conflituoso e potencialmente trágico das transformações sociais.

Marielle Franco, socióloga e mestra em políticas públicas, era uma liderança política ascendente nos movimentos negro, feminista e de moradores de favelas. Em sua dissertação, defendida em 2014, analisou as Unidades de Polícia Pacificadora (UPPs), apontando os problemas dessa política de segurança. Ela tinha sido assessora do então deputado estadual Marcelo Freixo, do Partido Socialismo e Liberdade (Psol), durante a chamada *CPI das Milícias*, uma investigação sobre grupos criminosos formados por políticos, policiais e empresários. Essa apuração expôs ao público alguns signos reais do crime organizado no país. Lideranças criminosas podem estar próximas ao poder, muitas vezes passando-se por membros respeitáveis da comunidade. Já os ditos "bandidos", execrados diariamente em programas de tevê policialescos, são meras peças usadas na base da operação. Visíveis e descartáveis, representam um estereótipo forjado para canalizar o ódio da população. O *rap Crime vai e vem*, do grupo Racionais Mc's, ilustra esse contexto:

> Dinheiro, segredo, palavra-chave
>
> Manipula o mundo e articula a verdade
>
> Compra o silêncio, monta a milícia
>
> Paga o sossego, compra a política

Aos olhos da sociedade é mais um bandido

E a bandidagem paga o preço pela vida [...]

Las Vegas, o patrão gira a roleta

Controla tudo na ponta da caneta. (Rock, 2002)

O caso de Marielle aponta um caminho interessante para pensarmos a relação entre ciências sociais, política e a sociedade brasileira contemporânea. Primeiro, ela foi assassinada porque sua voz incomodava. Do ponto de vista político, é claro, compreender e denunciar esquemas como o das milícias ameaça a posição de grupos poderosos. Transcendendo o campo político, Marielle representava grupos, em grande medida, sem voz. Seu sucesso na esfera da política institucional, como representante de desfavorecidos, oferecia um novo e amplo desafio à estrutura de relações de poder sustentada pela exploração e invisibilização dos sujeitos. Quando os dominados constroem, a partir de experiências comuns, a percepção de que são oprimidos como grupo, passam a compreender que seus destinos estão vinculados. Surgem lideranças, estratégias e projetos comuns. Tornam-se, então, capazes de contestar a sujeição; mobilizam-se politicamente pela mesma ideia usada para oprimi-los. Muitos cientistas sociais buscam compreender esses processos de **formação de grupos**, que podem ser constituídos, por exemplo, por classes sociais, etnias ou raças. Você não concorda que Marielle (Figura 5.2), ao se tornar representante de grupos oprimidos, conjugou a visão crítica das ciências sociais com a militância política institucional que tem, pouco a pouco, conquistado avanços na sociedade brasileira?

Figura 5.2 – Marielle Franco

Rodrigo Chadi / Fotoarena

Marielle não foi a primeira. A professora e ativista negra Lélia Gonzalez (1935-1994) é, digamos, uma precursora relativamente distante – e importante – de processo semelhante. Aproveitando oportunidades raras para uma mulher negra no Rio de Janeiro das décadas de 1950 e 1960, Lélia estudou Filosofia, foi professora secundária e universitária, lecionando na Pontifícia Universidade Católica do Rio de Janeiro (PUC-Rio) e na Universidade Federal do Rio de Janeiro (UFRJ). Nos anos 1970, aproximou-se de movimentos sociais, "tornando-se", ao longo de sua atuação, "negra e feminista" (Ratts, 2010, p. 3; Ratts; Rios, 2010). Em 1978, foi uma das fundadoras do Movimento Negro Unificado (MNU), abordado no capítulo anterior.

Lélia foi precursora de um feminismo negro essencialmente preocupado com as questões de interseccionalidade. Isso fica claro em "Por um feminismo afro-latino-americano", texto de 1988, imerso no ambíguo clima do centenário da abolição da escravidão. Veja como a autora explica a combinação das categorias de dominação, vários anos antes do artigo em que Crenshaw cunhou o termo *interseccionalidade*:

> para nós, amefricanas do Brasil e de outros países da região – assim como para as ameríndias – a conscientização da opressão ocorre, antes de qualquer coisa, pelo racial. Exploração de classe e discriminação racial constituem os elementos básicos da luta comum de homens e mulheres pertencentes a uma etnia subordinada. A experiência histórica da escravização negra, por exemplo, foi terrível e sofridamente vivida por homens e mulheres, fossem adultos, crianças ou velhos. E foi dentro da comunidade escravizada que se desenvolveram formas político-culturais de resistência que hoje nos permitem continuar uma luta plurissecular de liberação. A mesma reflexão é válida para as comunidades indígenas. Por isso, nossa presença nos ME [movimentos étnicos] é bastante visível; aí nós amefricanas e ameríndias temos participação ativa e em muitos casos somos protagonistas.
>
> Mas é exatamente essa participação que nos leva à consciência da discriminação sexual. Nossos companheiros de movimento reproduzem as práticas sexistas do patriarcado dominante e tratam de excluir-nos dos espaços de decisão do movimento. E é justamente por essa razão que buscamos o MM [movimento de mulheres], a teoria e a prática feministas, acreditando aí encontrar uma solidariedade tão importante quanto a racial: a irmandade. (Gonzalez, 2011, p. 18)

É importante notar que a "voz", aqui, é fundamental. A partir dela, as experiências de determinados grupos podem se articular em sujeitos e movimentos. Atribuir-se uma identidade é parte do processo de existir com autonomia. Mas a imagem é igualmente importante. Um desdobramento desse processo é a questão da **representatividade**. Cada grupo manifesta o desejo de se ver representado nas diversas esferas da vida social (política, ciência, trabalho, artes). Desse modo, passa a se reconhecer como membro importante da coletividade. Isso tem tudo a ver com o modo como a brasilidade – um dos assuntos centrais deste livro – é definida: Se somos uma nação plural, por que, por exemplo, a maioria dos atores e atrizes de televisão é branca? Você já deve ter se deparado com esse debate. Muitos o refutam, acusando uma suposta irrelevância do tema. Temos de lembrar, porém, que a telenovela é o gênero de ficção mais consumido do Brasil. Levando em conta que as histórias, fictícias ou verídicas, são essenciais para a constituição das imagens que temos do mundo, como você pensa a relação entre invisibilização, silenciamento, estereótipos e dominação em nossa sociedade? Os conceitos de interseccionalidade e representatividade ajudam?

5.3.3 Novos problemas

A atual fase da sociologia brasileira é marcada por profunda renovação. Contribuem para isso a relativa democratização do acesso às instituições de ensino superior, especialmente à pós-graduação, e a multiplicação das vozes e dos sujeitos no debate público. Surgem novos temas e novos olhares para assuntos nem tão novos. Debates internacionais levam os cientistas sociais brasileiros a questionar temas e abordagens do pensamento sociológico nacional do século XX. É impossível, hoje, abordar qualquer tema clássico (trabalho ou desigualdade, por exemplo) sem incorporar as contribuições do feminismo. Há uma modificação irreversível no *status* da nação e da questão nacional – até então pontos de partida naturais, como apresentamos ao longo do livro. Como falar simplesmente em *povo brasileiro* ou mesmo em *Brasil* num contexto em que as identidades, os sujeitos e os projetos políticos se multiplicam, tornando-se mais complexos?

Vamos agora buscar analisar algumas linhas da configuração atual por meio da reflexão sobre dois problemas que têm levado a sociologia para além do paradigma nacional e da questão de classe: primeiro, a branquitude e, em seguida, os efeitos extraeconômicos do combate à pobreza extrema.

A branquitude (ou branquidade) não é tema completamente novo. Você deve lembrar que, no Capítulo 3, abordamos a produção de Alberto Guerreiro Ramos, membro do Instituto Superior de Estudos Brasileiros (Iseb). Em suas pesquisas sobre as relações sociais no Brasil, realizadas nos anos 1950, esse autor já havia criticado o fato de que os negros eram sempre objetos, e nunca sujeitos. O negro era reduzido a "negro-tema". A questão racial era pensada por pesquisadores brancos como um problema particular das pessoas negras. A insegurança de muitos autores quanto à própria brancura os levaria a demarcar diferenças raciais rígidas, apontou o sociólogo, confinando o negro brasileiro ao exotismo folclórico de "negro-tema" (Ramos, 1995).

O texto de Guerreiro Ramos exemplifica um preceito recorrente neste livro: novos sujeitos aportam novas perspectivas ao debate. Assim como todas as identidades e os grupos, as raças são socialmente definidas em contraste. É uma identificação construída cotidianamente, por pequenas e grandes diferenças, nos mais variados contextos de interação. Uma raça, uma etnia e até mesmo um sexo são definidos em relação a outro (ou outros), e essas definições são fruto de processos sociais e históricos. A natureza relacional dos grupos é amplamente aceita nas ciências sociais desde, pelo menos, o texto do antropólogo Fredrik Barth sobre as fronteiras étnicas (Barth, 1969). Há, ainda, diversas outras perspectivas teóricas sobre as implicações desse caráter relacional para as relações raciais.

Nos últimos anos, diversas análises mobilizaram a ideia de branquitude buscando explicar o lado invisível da classificação racial. Em geral, partem da ideia de que não pode haver negros sem existirem brancos. O adjetivo *negro* classifica uma oposição a *branco*. A partir disso, constroem-se definições de raça negra para que esse conceito não permaneça abstrato. Porém, o mesmo não ocorre com o termo *branco*. É como se o branco não tivesse raça. A branquitude é invisível, mas não como resultado de opressão, como sugeria a ideia de interseccionalidade.

Num sistema racialmente hierarquizado, herdado da colonização europeia sobre o resto do mundo, o branco "invisível" sente-se como o ser humano universal, enquanto todos os não brancos são condicionados racialmente. É fundamental perceber como isso contribuiu para bloquear a discussão sobre privilégios e discriminações raciais: se o branco não vê sua raça, não consegue compreender que ela, num sistema racialmente hierarquizado, concede-lhe privilégios em relação às pessoas de outras cores.

De fato, é difícil perceber que só existe discriminação contra não brancos porque existem brancos que, em face dos negros, são vistos pelo pensamento discriminatório como "melhores". Vamos pensar na discussão sobre cotas raciais: o brasileiro branco contrário ao sistema costuma afirmar que nada tem a ver com o racismo, portanto não deve ser "prejudicado" pela reserva de vagas. Ele não está, de certo modo, escondendo-se na invisibilidade de sua branquitude? Essa é apenas uma das possibilidades. Há outros exemplos, mais sofisticados, que reforçam o argumento.

O modo como os próprios brancos constroem a identidade branca é uma questão central. No Brasil, essa investigação começou pela psicologia social (Carone; Bento, 2002). Para compreender a discriminação, o branco deve reconhecer que "tem" raça, num sistema racista, e que sua raça é parte do problema. Aqui, raça significa muito mais que diferença. A variedade de cor não é um problema em si, mas somente na medida em que funciona como uma marca (recordemos o conceito de Oracy Nogueira) que opera, por meio da discriminação, na construção das desigualdades.

Lia Schucman, por exemplo, procurou compreender como moradores brancos da cidade de São Paulo, pertencentes a diferentes classes sociais, entendiam a própria cor. Por meio de entrevistas, investigou se isso era relevante em sua vida e se a branquitude lhes trazia algum tipo de privilégio (Schucman, 2012). Trabalhar com a dimensão psicológica permite entender motivações, atitudes, imagens (de si e dos outros), dilemas e ambiguidades; porém, capta a questão racial somente conforme vista pelos agentes no momento atual.

Algumas pesquisas procuraram colocar a branquitude em perspectiva histórica. Lourenço Cardoso (2008) relacionou a emergência do tema na universidade à atuação do movimento negro, uma luta iniciada pelo sociólogo negro Guerreiro Ramos, nos anos 1950, e que seguiu até a retomada do tema, nos anos 2000. A sociologia das relações raciais, em geral produzida por autores brancos, teria feito sua parte para reproduzir, na academia, a invisibilidade social da branquitude. Liv Sovik (2009) questionou as ligações entre branquidade e identidade brasileira, com especial atenção para a ideologia da democracia racial e o âmbito das culturas "alta" e popular. Diferentemente do que ocorre em boa parte do mundo colonizado pelos europeus, no Brasil a branquitude tem de lidar com uma ideologia nacional (mestiçagem, democracia racial) que aparentemente nega tanto a hierarquia racial quanto a própria existência de raças definidas (Sovik, 2009).

Ainda sabemos muito pouco sobre a construção da branquitude e suas conexões com ideologias e processos sociais. Somos carentes de pesquisas sobre a relação das imigrações europeia e asiática com a branquitude. Como se deu a integração dos imigrantes à nacionalidade, incluindo a campanha de nacionalização do Estado Novo? Qual foi a influência do discurso étnico posterior à Segunda Guerra para a brasilidade? As mudanças no sistema de classificação racial por "cor" ao longo dos séculos XIX e XX modificaram as ideias raciais de que maneira? E como toda essa construção histórica tem refletido nas recentes migrações de não brancos para o Brasil?

Estes são apenas alguns caminhos possíveis para a pesquisa sociológica. Você não acha que essa virada em direção a uma nova forma de abordar um velho problema ilustra bem a contribuição de novos sujeitos para o debate acadêmico?

Para encerrar este capítulo, voltemos à interseccionalidade. Com base em um caso concreto, vamos observar determinados aspectos da interação entre classe e gênero.

O Programa Bolsa Família (PBF) é uma política federal de transferência de renda a famílias em situação de pobreza extrema. Por via de regra, o benefício é pago às mulheres, mães de família, por meio de um cartão magnético. O governo exige algumas contrapartidas, como manter os filhos na escola.

Você deve se lembrar das polêmicas que envolveram o PBF na década de 2000. De tempos em tempos, esse debate retorna à pauta dos meios de comunicação. O programa, afinal, toca em pontos fundamentais dos conflitos sociais e políticos do Brasil contemporâneo.

O programa foi várias vezes criticado por desvios, frequentemente relacionados à gestão municipal dos cadastros de famílias. Mas há quem discorde da própria concepção do PBF. Os meios de comunicação consumidos pela classe média urbana perceberam que seu público concordava com os seguintes argumentos:

- o programa consistiria numa compra indireta dos votos da população mais pobre;
- os participantes se recusariam a trabalhar, acomodando-se à modesta renda;
- os beneficiados não teriam responsabilidade com o dinheiro.

Várias "reportagens investigativas" foram veiculadas com a finalidade de demonstrar esses pontos. Contudo, os dados oficiais contam outra história. O programa foi amplamente exitoso no combate à pobreza extrema e a males associados, como desnutrição, mortalidade infantil e evasão escolar, além de criar efeitos multiplicadores em economias locais até então estagnadas. Essa informação, no entanto, não tem o mesmo alcance das matérias na imprensa.

O livro *Vozes do Bolsa Família*, de Walquiria Leão Rego e Alessandro Pinzani, apresentou diversos aspectos desse debate a partir de uma pesquisa empírica (Rego; Pinzani, 2013b). Os autores entrevistaram centenas de beneficiárias (mulheres) nas áreas mais pobres e desassistidas pelo Estado. Para isso, visitaram localidades do interior, como municípios do Piauí e do Vale do Jequitinhonha, e periferias de grandes cidades. Selecionando 150 entrevistas, os autores buscaram dar voz a um fenômeno quase sempre visto de fora e avaliado segundo os critérios de quem não dependia do benefício.

Eles constataram, em primeiro lugar, uma espécie de "morte civil" (Rego; Pinzani, 2013a, p. 23): sem emprego, sem dinheiro e sem qualquer oportunidade para progredir, as famílias de muitas beneficiárias estavam condenadas à condição subcidadã, sem direitos. A falta de qualificações sociais, como a leitura e a expressão culta, bem como profissionais, é prejudicial em todas as esferas, em especial nas relações com o mercado de trabalho e com o Estado. Afinal, conforme apontam os autores, o exercício mínimo da cidadania exige uma combinação de capacidades e habilidades. É compreensível que uma pessoa desesperada pela sobrevivência diária coloque qualquer consideração de longo prazo em segundo plano. Uma das consequências mais cruéis da privação material é o sofrimento psíquico decorrente da privação e da humilhação. Lembremo-nos dos argumentos de Jessé Souza, já expostos neste capítulo.

Vamos deixar de lado o impacto objetivo sobre a cidadania, sugerido pelos dados oficiais, e focar questões menos evidentes, destacadas pelos autores. A primeira passa pela sociologia do dinheiro, um tema pouco explorado no Brasil. Muitas das famílias beneficiadas pelo PBF nunca haviam tido renda regular em dinheiro. Você pode imaginar as consequências disso sobre o planejamento de todos os aspectos da vida familiar? Quando havia trabalho para esses homens e mulheres, era intermitente e frequentemente rendia menos que o baixíssimo valor do benefício. A renda em dinheiro incentivou um aprendizado de planejamento e economia, além de incluir as famílias – em especial, as mulheres – em novas esferas sociais, como a prefeitura, o banco e até o comércio local.

Mulheres como consumidoras sugerem uma segunda mudança importante. Como disse uma das entrevistadas, "a gente tem mais liberdade no dinheiro" (Rego; Pinzani, 2013a, p. 29). Elas se sentem livres para escolher o que consumir, inclusive experimentando itens novos. O sentido dessa liberdade desperta especial preconceito em críticos comprometidos com uma visão assistencialista, de caridade. Para estes, é como se beneficiários de políticas públicas não tivessem o direito de escolher. A liberdade do dinheiro, argumentam Rego e Pinzani (2013a), causa um efeito nivelador, impactando direta e positivamente a dignidade.

Para as mulheres beneficiárias, a liberdade tem significado especial para além da dimensão do consumo. Com frequência, a pobreza extrema combina-se com a submissão ao marido, à família e à comunidade. A política de confiar os recursos às mulheres conferiu-lhes autonomia. Elas passaram a sair de casa, frequentar o espaço público e, em alguns casos, contestar relacionamentos abusivos. Podem ter as próprias economias, sem depender completamente da vontade do marido. Dessa forma, ampliam suas possibilidades de liberdade econômica e moral. É preciso notar aqui o efeito na autoestima: as entrevistadas concordam com a decisão do governo de entregar o dinheiro a elas, pois se veem como mais responsáveis, capazes de aplicar o benefício no bem-estar da família. O programa, portanto, teve impacto sobre questões de classe e de gênero. A isso se deve, em boa medida, seu sucesso.

O conceito de consubstancialidade explicava a dificuldade de efetivar avanços; relações de poder intocadas tenderiam a compensar avanços, pressionando em sentido oposto. A interseccionalidade, por outro lado, recomendava atentar para o cruzamento das categorias de dominação – nesse caso, classe e gênero. Uma análise do PBF a partir dessas categorias possibilita um entendimento para além dos clichês do debate público. É outro bom exemplo de como uma sociologia brasileira, em sua jornada de evolução, tem absorvido e reelaborado as mais diversas influências sem perder contato com os problemas da atualidade.

Este capítulo, é claro, não teve o propósito de apresentar uma síntese da rica e diversa sociologia brasileira da atualidade. Seria difícil demarcar seus contornos disciplinares. Perceba que abordamos contribuições de diversas áreas, como a economia e a psicologia social. Para termos ideia do panorama da sociologia feita no Brasil, um bom ponto de partida é examinar os bancos de teses e dissertações dos programas de pós-graduação das principais universidades. O objetivo deste capítulo final foi conectar temas e abordagens clássicos a perspectivas atuais. A preocupação foi sempre demonstrar que as reflexões da sociologia e do pensamento social continuam relevantes e que os problemas antigos reaparecem sob novas formas, sendo necessário observar, porém, que há mudanças profundas em curso.

Vamos pensar em *nação* e *povo*: Qual é o papel que esses conceitos, antes centrais, passaram a desempenhar nas reflexões contemporâneas? Como os processos políticos influenciaram a metamorfose ou a fragmentação desses conceitos? *Nação* e *povo* ainda são conceitos relevantes para compreender nossa realidade? O que as ambiguidades percebidas durante a Copa do Mundo de 2014, sediada no Brasil, e a apatia dos brasileiros em relação ao torneio seguinte, em 2018, sugerem sobre as fraturas sociais e políticas que têm dividido o povo e confundido nossa ideia de nação? Quais forças políticas disputam o poder de definir ("dizer" quem são) a nação e o povo brasileiro neste momento? O que está em jogo? Estas são questões que ocuparão os interessados em interpretar a sociedade brasileira atual e futura.

Síntese

A sociologia não é apenas uma caixa de ferramentas teóricas. Suas interpretações têm transbordado das universidades para o dia a dia, auxiliando os cidadãos a compreender melhor a sociedade brasileira atual.

Nesse sentido, Jessé Souza busca explicar a reprodução da subcidadania – uma forma extrema de desigualdade – em função dos mecanismos de exploração do mercado, atentando para seus aspectos objetivos e subjetivos. O autor tem analisado processos políticos à luz das motivações dos agentes – superar ou preservar a extrema desigualdade brasileira.

A dinâmica de classes pode ensejar outras visões, como a de Chico de Oliveira, para quem o aprofundamento do neoliberalismo conjuga setores modernos e atrasados da sociedade à lógica da exploração capitalista. Trata-se de uma regularidade histórica que não foi interrompida sequer por governos que tinham o potencial de desafiá-la, como o do PT. Esses governos teriam até mesmo aprofundado a exploração neoliberal, ao engendrar uma hegemonia às avessas.

André Singer enxerga nas políticas progressistas das últimas décadas (erradicação da miséria, promoção da cidadania, ativação da economia popular etc.) a evolução do capitalismo brasileiro para um novo patamar, bem como a consolidação de um novo fenômeno político-eleitoral, que denominou *lulismo*.

Essas mudanças, combinadas a outros fatores, deram voz a grupos até então alijados do debate público. Ganhou força nas ciências sociais a ideia de interseccionalidade, que enfatiza a interação das diversas dimensões da dominação, em especial, classe, raça e gênero. Também nas mídias sociais e nos meios de comunicação, novos debates têm sido pautados por essa mudança de agenda influenciada pela sociologia.

Indicações culturais

QUE HORAS ela volta? Direção: Anna Muylaert. Brasil: Pandora Filmes, 2015. 114 min.

Encontramos nesse filme exemplos de trabalhadores que Jessé Souza chama de *ralé*. A obra mostra as relações de dominação no interior de uma família de classe alta. A filha da empregada doméstica de uma família de classe média alta chega a São Paulo, vinda do Nordeste, para morar com a mãe, expondo e desequilibrando as relações de dominação entre patrões e empregada. As situações retratadas estimulam uma reflexão crítica sobre a meritocracia, nos moldes de Jessé Souza.

CASA grande. Direção: Fellipe Barbosa. Brasil: Imovision, 2014. 115 min.

Esse filme trata das relações de dominação no interior de uma família rica. O antigo tema do amor, que cruza as barreiras de classe social, é usado para discutir a combinação explosiva de dominação e afeto num contexto político cada vez mais polarizado. Numa cena, a discussão sobre cotas durante o churrasco de família se transforma em quase hostilidade. Quem nunca presenciou uma situação parecida nos últimos anos?

O SOM ao redor. Direção: Kleber Mendonça Filho. Brasil: Vitrine Filmes, 2013. 131 min.

Esse filme explora a recriação da dominação senhorial e rural na sociedade urbana. Você perceberá o diálogo direto do filme com a discussão de Chico de Oliveira: as relações de dominação mais modernas dependem diretamente das relações mais atrasadas.

AQUARIUS. Direção: Kleber Mendonça Filho. Brasil; França: Vitrine Filmes, 2016. 145 min.

A leitura feita da obra anterior, *O som ao redor*, aplica-se também ao filme *Aquarius*, no qual a construção de um novo empreendimento imobiliário coloca membros de duas frações antagônicas da classe dominante local em conflito.

BACURAU. Direção: Kleber Mendonça Filho e Juliano Dornelles, 2019. 132 min.

Ambientado no sertão, num futuro distópico que pode estar mais próximo do que parece, o filme questiona os rumos da sociedade brasileira afundada numa crise social e política prolongada. Dominação estrangeira, divisões regionais, banalização da violência e a atuação de milícias privadas obrigam a população de uma vila que estranhamente "sumiu do mapa" a redescobrir sua própria história de resistência e reagir a estranhos ataques.

O POVO pode. Brasil: DCM, 2018. Websérie. Disponível em: <https://www.youtube.com/watch?v=B9VxsMRUH10&list=PLw6DbWkRNj66ugzfiV-Vro4vfZ1mJep3p>. Acesso em: 15 ago. 2019.

Se você se interessou pela tese de André Singer de que o lulismo, assim como o getulismo, estabeleceu uma conexão pessoal, para além dos partidos, entre o político carismático e o povo, não pode deixar de assistir à série *O povo pode*. Filmada em diversos lugares "invisíveis" do Brasil, a produção acompanha a caravana do ex-presidente pelo Nordeste. Os episódios estão disponíveis no YouTube.

BRANCO sai, preto fica. Direção: Adirley Queirós. Brasil: Vitrine Filmes, 2015. 133 min.

Esse filme questiona o apagamento histórico das inúmeras violências cometidas contra os negros no Brasil, sobretudo pelos agentes do Estado. Um detetive vem do futuro e depara-se com o desafio de reconstruir o massacre ocorrido num baile *black*. Porém, só é possível contar essa história por meio das recordações dos sobreviventes. Quantas violências assim, desde a época da escravidão, foram apagadas da história oficial?

O DIA de Jerusa. Direção: Viviane Ferreira. Brasil, 2014. 20 min.

Esse curta-metragem enfatiza a relação entre memória, identidade e resistência. Duas mulheres negras, oriundas de diferentes gerações, encontram-se por acaso. Conforme conversam, as lembranças vão construindo um laço afetivo que passa pela exploração escravista, mas também pela resistência, pelo orgulho e pelas alegrias da vida.

Atividades de autoavaliação

1. Jessé Souza (2003, p. 17) afirmou que a desigualdade, "ao contrário de ser personalista, [...] retira sua eficácia da 'impessoalidade' típica dos valores e instituições modernas". Segundo o argumento, qual instituição (no sentido sociológico) é a maior responsável pela reprodução da desigualdade no Brasil?
   a) O agronegócio.
   b) O mercado.
   c) A burocracia estatal.
   d) O setor econômico com alto emprego de tecnologia.

2. O que é, para Jessé Souza, a "corrupção real"?
   a) A "fábrica de delações" da Operação Lava-Jato.
   b) Crimes cometidos em associação por agentes públicos (corruptos) e agentes privados (corruptores).
   c) A "roubalheira" dos políticos.
   d) Um mecanismo de exploração baseado no sucesso e no fracasso programados.

3. De acordo com a análise de André Singer, qual é a causa do realinhamento eleitoral que, a partir de 2006, consolidou o lulismo como força política?
   a) A capacidade de o lulismo representar, na política institucional, os interesses de uma massa subproletária com baixo nível de organização política – os "pobres".

b) A acentuada polarização político-ideológica da sociedade brasileira, que fez importantes setores do funcionalismo público aderirem ao projeto lulista.

c) A mística varguista, que emergiu no debate público após a descoberta do pré-sal e foi habilmente incorporada ao *marketing* eleitoral.

d) A crescente influência dos grandes grupos econômicos sobre os principais partidos, o que levou à configuração de dois blocos políticos com projetos distintos, determinados pela origem do financiamento: um desenvolvimentista e outro neoliberal.

4. Quais das seguintes características não fazem parte da definição de "ornitorrinco" proposta por Chico de Oliveira?

a) Alta urbanização e industrialização; no campo, pouca força de trabalho, mas forte agronegócio.

b) Combinação entre uma estrutura de serviços diversificada para os mais ricos e serviços rudimentares para os pobres.

c) Presença de setores econômicos capitalistas lado a lado com setores não capitalistas; mão de obra pouco qualificada, em geral.

d) Sistema bancário que se apropria de parte significativa do Produto Interno Bruto (PIB) e alta proporção de emprego no setor de serviços.

5. Sobre o conceito de interseccionalidade proposto por Kimberlé Crenshaw, é **incorreto** afirmar:

a) Permite compreender a combinação de categorias distintas de dominação, como raça e gênero.

b) Considera secundária a dimensão de classe social.

c) Põe em evidência as experiências e as vozes de grupos submetidos a múltiplas opressões.

d) Tem sido pouco influente, especialmente no Brasil.

Atividades de aprendizagem

Questões para reflexão

1. Por que o mercado é um elemento central nos debates sobre a sociedade brasileira contemporânea? Como o mercado, definido pelos sociólogos se diferencia do mercado mencionado constantemente pelos meios de comunicação? Você consegue formular um conceito sociológico ou histórico de mercado? Procure recapitular, com base nos elementos trabalhados neste capítulo e em outros que você conheça, a importância da ideia de mercado para compreender diferentes fases e aspectos da formação da sociedade brasileira.

2. Que filmes, livros, músicas e artistas do Brasil atual (além dos mencionados nas "Indicações culturais" deste capítulo) podem nos fazer refletir sobre os temas que discutimos neste capítulo? Pense, por exemplo, em como a música e o cinema foram fundamentais para construir uma visão crítica sobre o período da ditadura militar (certamente você conseguirá lembrar-se de várias músicas e filmes que refletem diferentes visões, em geral de caráter crítico). Trazendo a discussão para a atualidade, reflita: Como as artes têm se engajado no debate sobre as transformações e os rumos atuais da sociedade brasileira? Como você interpretaria a proposição, cada vez mais comum, de que a arte dá voz a novos sujeitos e grupos, os quais em geral não têm voz nem na política nem nos principais meios de comunicação? Que novos sujeitos seriam esses? Como eles se relacionam com as transformações recentes de nossa sociedade?

Atividade aplicada: prática

1. **Prática biográfica**

A biografia é sempre um ponto de partida interessante para abordar os processos históricos. Vamos então fazer um exercício: pense em sua trajetória de vida (ou de alguma pessoa próxima) e tente imaginar como os processos e os mecanismos históricos que examinamos afetaram suas possibilidades, limitações, escolhas e destinos. Você pode escrever um texto ou desenhar um "mapa", levando em conta que uma trajetória é um caminho que leva de algum lugar a outro. Em qualquer caso, o importante é definir os principais marcos: um diploma, um emprego, uma mudança de cidade, enfim, todas as "encruzilhadas" importantes que o fizeram chegar à condição em que você está agora. Imagine como cada uma dessas etapas se relaciona com forças maiores que o indivíduo, isto é, forças sociais que influenciam simultaneamente a vida de muitos indivíduos. Um exemplo comum são as migrações internas, que transformaram o Brasil ao longo do século XX. Algum membro de sua família participou de alguma dessas ondas migratórias, como a de nordestinos para as regiões Norte ou Sudeste; a de paulistas, mineiros e gaúchos para o norte e o oeste do Paraná; ou ainda a de sulistas para o Centro-Oeste? As interpretações apresentadas neste livro ajudam a compreender algum aspecto de sua trajetória?

considerações finais

A sociologia é uma ciência humana e, como tal, é tão diversa quanto os usos que as pessoas podem fazer dela. É também uma das chamadas *ciências sociais*: disciplina acadêmica ensinada nas universidades, matéria presente nas escolas, um conjunto – sempre em evolução – de conceitos para explicar as relações sociais. É, ainda, um modo específico de conceber o mundo social construído na interação entre os sujeitos. A sociologia deve ser compreendida como uma prática que une leitura e interpretação, observação e discussão, conhecimento e ação.

Avaliamos que o melhor modo de introduzi-la seria buscar esclarecer seu desenvolvimento e seus usos nos contextos históricos em que foi produzida. O conceito de nação, que reapareceu como preocupação central de sociólogos brasileiros em diversos momentos de nossa história intelectual, é um exemplo da contribuição da disciplina para o debate sobre o passado e o futuro do país.

Como a sociologia brasileira reafirma sua relevância? Por que estudá-la e por que fazer sociologia, hoje, no Brasil? Sobretudo porque muitos dos problemas e das respostas lançadas no passado continuam presentes. Ao incorporarem, adaptarem, desenvolverem e aplicarem diversos conceitos e métodos de pesquisa, os cientistas sociais produziram, desde o final do século XIX até as primeiras décadas do século XXI, análises capazes de esclarecer aspectos essenciais da formação de nossa sociedade. Ao oferecer novas interpretações à sociedade, a sociologia também se converteu em força transformadora da realidade, pois as ideias moldam o sentido de nossas ações. A sociologia, portanto, contribuiu e contribuirá para a construção reflexiva de nossa história.

Desejamos que a abordagem adotada para este livro tenha despertado seu interesse pela sociologia brasileira. Escolhemos o caminho longo, buscando sempre o contexto e a conexão interdisciplinar. Dessa jornada, caminhamos juntos apenas os primeiros passos. Não queremos, entretanto, que você pense ser esta a única rota. Como em toda ciência humana, há outros pontos de vista possíveis. Olhando para trás, procuramos mostrar como conceitos fundamentais da disciplina balizaram o percurso retraçado neste livro: raça, classe, gênero e povo, quatro edifícios sociológicos centenários, e ainda em construção.

Ressaltamos a relação entre as ferramentas conceituais de análise da realidade e o problema da formação nacional. A sociologia brasileira tem essas duas faces. É difícil imaginar que uma disciplina científica pudesse ser desenvolvida sem que seus membros sentissem o impulso de, por meio dela, transformar a realidade. E a ação, por sua vez, exige o desenvolvimento de conceitos, a aplicação de métodos e a submissão de interpretações ao debate.

Se a sociologia brasileira e o pensamento social brasileiro não chegam a se confundir, é certo que se impulsionam. Hoje, convergem para a construção de um projeto democrático de sociedade. É nosso desejo, com as indicações e provocações registradas neste livro, ampliar a comunidade dos que se interessam pela sociologia brasileira e debatem o país com base em princípios legítimos: razão, ciência, conhecimento e democracia.

glossário

Apartheid: regime de segregação racial entre um grupo branco, dominante, e grupos não brancos, dominados. O termo foi cunhado para descrever o regime colonial de ocupação de descendentes britânicos na África do Sul, embora seja aplicado às relações entre brancos e negros no sul dos Estados Unidos.

Civilização: repertório de bens materiais e simbólicos desenvolvido pela sociedade ao longo da história. A expressão também foi utilizada para descrever estágios do desenvolvimento humano, da barbárie à civilização (ver *Evolucionismo social*).

Comunidade: resultado de um processo de formação de grupo, a comunidade é a expressão de traços, hábitos e práticas culturais a unir os indivíduos. Nem todos os grupos formam comunidades, mas toda comunidade é resultado de um processo de formação de grupos (ver *Formação de grupos*).

Demografia: campo interdisciplinar de pesquisa sobre a dinâmica das populações. Estuda os fluxos dessas populações, a fim de entender sua evolução ou interpretar seu perfil em torno de alguns indicadores centrais, como sexo, faixa etária e declaração étnico-racial.

Diáspora: dispersão geográfica de um grupo (ou etnia) que, mesmo disperso, mantém o sentimento de unidade. Fala-se, por exemplo, em *diáspora negra* para fazer referência à conexão de origem que liga as diversas culturas que se formaram ao longo do "Atlântico Negro", sobretudo nas Américas, em razão das migrações forçadas pelo tráfico escravista.

Direitos civis: direitos que garantem a igualdade de todos os membros de uma comunidade na condição de cidadãos. Tal expressão é geralmente usada em referência ao movimento que, nos anos 1960, derrubou as leis de segregação racial nos Estados Unidos.

Discriminação racial: tratamento diferenciado em virtude de diferenças raciais. Quem sofre discriminação é o indivíduo, mas, no caso da discriminação racial, ela ocorre sempre por conta da identificação do indivíduo com um grupo racial. Vale lembrar que os grupos raciais são definidos socialmente. Portanto, a discriminação racial é baseada em preconceitos. A diferença é que, enquanto o preconceito pode permanecer no plano privado sem consequências mais sérias, a discriminação é uma efetivação do tratamento diferenciado e fere o princípio (ético e, em geral, legal) da igualdade.

Dominação: de acordo com Max Weber, refere-se à chance de encontrar obediência para determinada ordem. A dominação é, portanto, um aspecto das relações sociais e é determinada pelas diferenças de poder entre os agentes. Weber define, ainda, alguns tipos de dominação conforme a origem da autoridade que os sustenta: racional-legal, tradicional ou carismática.

Episteme: conceito que descende da tradição filosófica e faz referência ao conhecimento verdadeiro, objeto de busca incessante da ciência. Nas ciências sociais, esse termo pode ser utilizado para denominar um processo de elaboração de determinado conjunto de técnicas, métodos e pensamentos que organiza a exploração de um problema de pesquisa em certo tempo histórico.

Escola Nova: movimento de renovação e modernização da educação originado na Europa que atingiu o contexto brasileiro nas décadas de 1920 e 1930. Inspirado por ideias liberais, ganhou fôlego com a publicação do Manifesto dos Pioneiros da Educação Nova (1932), advogando por uma educação pública, gratuita e laica.

Establishment: a "situação", a ordem estabelecida. Refere-se também aos grupos políticos e econômicos que têm interesse na manutenção dessa ordem. Com frequência, grupos antagônicos, como partidos que competem em eleições ou, então, distintas frações da classe dominante, têm em comum o interesse na manutenção da ordem, cujo colapso poderia arruiná-los.

Estamentos: na definição de Max Weber, são grupos sociais definidos por diferenças de prestígio as quais estão associadas ao estilo de vida, ou seja, aos capitais não monetários. Outros grupos usados para descrever a estrutura social são as classes (relacionadas à posse de recursos e à "situação de mercado" dos indivíduos) e as castas (grupos de prestígio ainda mais fechados do que os estamentos, marcados pela endogamia estrita e por restrições de contato social com outros grupos).

Estatuto: conjunto de regras ou normas sociais, escritas ou oralizadas, que definem a organização de determinada instituição social.

Estratificação: à disposição de agrupamentos humanos em camadas sociais organizadas por princípios econômicos, sociais ou culturais. Distingue-se da ideia de *hierarquia* – na literatura de Louis Dumont – por não criar um todo social homogêneo em que as camadas se inter-relacionam de forma holística.

Etnia: tipo de grupo social caracterizado pela crença numa origem comum, a qual pode estar relacionada a um ancestral, a uma região ou a determinada história de formação do povo – muitas vezes, assumindo uma forma mítica. As etnias frequentemente se diferenciam por traços culturais, pelo idioma ou pelos costumes, mas não é razoável defini-las em função da coleção desses traços. Os grupos étnicos diferenciam-se ativamente uns dos outros, reforçando suas diferenças e fronteiras étnicas. Nesse processo, contribuem para a caracterização e a definição dos outros grupos.

Etnografia: método de pesquisa em antropologia que considera a participação/observação do etnógrafo em uma pesquisa de campo. Consagrada pelo antropólogo polonês Bronisław Malinowski na década de 1930, a etnografia é, ao mesmo tempo, fonte de dados para as pesquisas antropológicas e campo de elaboração de suas teorias sociais.

Evolucionismo social: doutrina pseudocientífica que vigorou até o limiar do século XX. Fundamentava-se na equiparação dos pressupostos do evolucionismo biológico ao estudo das sociedades humanas. Hierarquizava as sociedades segundo o grau de complexificação que seu processo civilizatório tinha sido capaz de produzir.

Fetiche: objeto com atributos mágicos. Na tradição marxista, remete ao conceito de *fetichismo da mercadoria*. O trabalho, que transforma a natureza em coisas úteis, é a substância do valor de todas as mercadorias. Sob o capitalismo, o trabalho se torna, também, uma mercadoria abstrata, comprada do trabalhador em troca de um valor em dinheiro. Produzidas industrialmente pela soma de trabalho abstrato, e não mais pelo trabalho peculiar de cada artesão, as mercadorias se transformam em objetos desvinculados das pessoas que as produzem e passam a constituir um mercado impessoal, no qual se trocam apenas objetos de valores equivalentes. O fetichismo da mercadoria é a ocultação das relações sociais de dominação sob a aparente impessoalidade do mercado. Essa dominação dos humanos pelas coisas (como se elas tivessem atributos mágicos) decorre da transformação, tipicamente capitalista, do trabalho humano em mercadoria.

Folk: povo. Conceito pouco utilizado hoje, refere-se às manifestações populares de determinado povo ou nação. Evoca a manifestação autêntica da alma popular, sempre com conotação local, como no folclore. Opõe-se às manifestações sofisticadas, eruditas, associadas a uma cultura cosmopolita. Foi uma noção central para a criação das nações modernas.

Formação de grupos: processo pelo qual um conjunto de indivíduos se associa em relações de consanguinidade ou afinidade, formando um grupo social. Um grupo é, portanto, mais do que a soma dessas partes divisíveis (os indivíduos), mas pode ser sintetizado por essas relações sociais que o constituem.

Híbrido: tipo novo que resulta da combinação de tipos distintos. Nas ciências sociais, pode-se falar em *culturas híbridas*, por exemplo, para designar as culturas originais formadas pela combinação de elementos de outras culturas.

Ideologia/ideólogo: ideologia é um conjunto articulado de ideias que (1) se destina a descrever o mundo social (como ele é ou como deve ser) e que (2) mantém algum vínculo com as estruturas de poder e dominação. As ideologias costumam refletir os interesses ou as visões de mundo de determinados grupos ou classes sociais, criando então um vínculo. Nesse sentido, elas podem visar à manutenção ou à transformação das relações sociais. Ideólogos são os intelectuais que contribuem para a formulação das ideologias, sendo muitas vezes considerados, por essa razão, representantes dos interesses de determinados grupos.

Indicador: métrica para avaliar problemas que envolvam uma correlação de variáveis. Pode ser utilizado para os mais diversos objetivos, como realizar uma pesquisa científica ou subsidiar um ato de gestão. Exemplo de uso no campo da demografia: rendimento *per capita* da população ocupada.

Infraestrutura: de acordo com a teoria marxista, trata-se do conjunto das forças de produção. Inclui as matérias-primas, os meios de produção e os próprios trabalhadores. Forma, portanto, a base econômica da sociedade, onde se dão as relações de trabalho. Ver *Superestrutura*.

Laissez-faire: expressão em francês que significa "deixar fazer". Representa o pensamento econômico liberal, que preconiza a não intervenção do Estado na atividade econômica.

Latifúndio: propriedade rural de grande extensão caracterizada geralmente pela desproporção entre a ocupação produtiva, a exploração econômica do território e seu uso para especulação financeira e imobiliária.

Macroeconomia/macroeconômico: ramo da economia que estuda, por meio de inferências estatísticas, os fenômenos econômicos estruturais do capitalismo global ou de uma economia nacional. Tem como objeto de estudo o Produto Interno Bruto (PIB), o desemprego, a política cambial e de juros, entre outros.

Miscigenação: mistura de "raças". O termo foi muito usado no Brasil entre a metade do século XIX e a década de 1930, período em que boa parte dos intelectuais acreditava na existência de raças humanas em sentido biológico. A partir dos anos 1930, adquiriu um sentido cada vez mais "cultural".

Mito: relato simbólico que narra a origem e o destino de determinado grupo humano. Nas sociedades ditas *primitivas*, o mito se confunde com os limites da própria construção identitária, descrevendo ou orientando sua percepção cíclica de história. Nas sociedades ditas *modernas*, a palavra também é utilizada para se referir a uma crença supostamente infundada ou inverídica.

Nativo(s): relativo aos sujeitos sobre os quais o conhecimento antropológico é construído. São os informantes – ou interlocutores – com os quais o cientista social dialoga para coletar dados de pesquisa (ver *Sujeito*).

Paradigma: modelo usado para compreender determinados fenômenos. Thomas Kuhn propôs que a ciência evolui por meio da sucessão de paradigmas (que surgem, competem, se estabelecem e entram em crise), e não por meio de avanços cumulativos, como proclamava a visão positivista sobre a história da ciência. Nas ciências sociais, diversos paradigmas costumam conviver e evoluir em paralelo, como o marxista e o weberiano. Alguns também são refutados e desaparecem, como o darwinismo social, o evolucionismo e o racismo científico, que chegaram a ser muito influentes no final do século XIX.

Populismo/populista: há um extenso debate nas ciências sociais sobre o conceito de *populismo*. Discute-se até mesmo se o termo *populismo* deve ser utilizado como conceito ou se é apenas uma expressão vaga e impossível de ser definida. No contexto latino-americano, o populismo é frequentemente usado para descrever o período democrático entre o fim da Segunda Guerra e o início das ditaduras militares. Esse período foi marcado por presidentes populares, que deixaram marcas profundas na cultura política de seus países, como Getúlio Vargas no Brasil e Juan Perón na Argentina. Assim, a República que vigorou entre 1945 e 1964 no Brasil é denominada por alguns autores de *República Populista*. O termo também é usado para descrever um estilo de política. Assim, não se restringe a determinada época. O político populista (em geral, carismático) é aquele que extrai sua legitimidade mais do amor do povo que das instituições. Deixando de lado o domínio dos conceitos e debates acadêmicos, o termo *populista* ainda é usado no senso comum na qualidade de acusação contra políticos populares.

Povo: tipo de sujeito coletivo unido pela ideia de origem e destino comuns. Os indivíduos que se veem como parte de um povo têm, uns em relação aos outros, um sentimento de comunidade. Em muitos casos, apresentam uma série de características em comum, como língua, cultura, história e território. Um povo que se organiza politicamente e aspira à autodeterminação pode formar uma nação. A ideia de povo decorre, muitas vezes, de formulações intelectuais e artísticas, por meio das quais seus contornos conceituais e imagéticos ganham certa materialidade (ver *Sujeito*).

Predisposição: disposição, naturalidade ou inclinação dos sujeitos para se integrarem em determinadas situações sociais.

Protagonismo: termo utilizado para indicar a posição de destaque que determinado ator social representa em uma cena política.

Raça: em ciências sociais, *raça* pode ser um conceito nativo ou analítico. Quando é um conceito nativo, é utilizado pelos grupos humanos para formar comunidades em torno de características fenotípicas comuns. Quando constitui um conceito analítico da sociologia, deve ser estudado como uma construção social de identidades.

Recessão econômica: queda da capacidade de determinada economia capitalista, nacional ou global, de gerar riquezas. Pode-se medir a recessão econômica a nível nacional e subnacional por meio da variação negativa de seu Produto Interno Bruto (PIB).

Sociologia pública: grande parte da produção sociológica costuma ficar restrita aos acadêmicos. Assim, a sociologia pública se refere ao esforço para atingir públicos mais amplos, por meio do engajamento e da intervenção dos sociólogos nos debates relevantes para a sociedade em cada momento, valendo-se de conceitos, argumentos e achados das ciências sociais.

Sujeito: em ciências sociais, diz respeito a um conceito elaborado para expressar como a ação social eleva indivíduos à condição de atores. O termo é utilizado no par opositor *sujeito/objeto* para denotar o caráter dinâmico pelo qual os indivíduos interagem em determinado contexto social. Contrasta com a visão estática – objetificante – que, muitas vezes, os analistas sociais constroem sobre seus informantes.

Superestrutura: na teoria marxista, as relações de produção formam a base ou infraestrutura de determinada sociedade. A superestrutura (estrutura que se constrói sobre essa base) é o conjunto das instituições que não estão diretamente relacionadas à produção: a cultura, as identidades, a ideologia, o Estado etc. Essa é uma visão materialista, porque assume que a produção material determina os demais aspectos da vida social. Contudo, a superestrutura não é meramente acessória: são as instituições e os fenômenos superestruturais que possibilitam a manutenção (ou a transformação) das relações de produção. Ver *Infraestrutura*.

Survey: técnica de pesquisa que utiliza questionários abertos ou fechados para a coleta de dados.

Tipificação: em ciências sociais, o termo pode se referir a um procedimento de pesquisa que consiste na categorização de tipos ideais para fins de comparação. Também pode ser aplicada para a construção de perfis sociais: por exemplo, para uma vaga de emprego ou para categorizar um perfil criminoso com base em certas evidências.

Universo (estatística): conjunto total de casos possíveis sob os quais incide determinado estudo estatístico. No caso do Censo Demográfico do Instituo Brasileiro de Geografia e Estatística (IBGE), o universo diz respeito ao conjunto de domicílios em território nacional, universo sob qual o instituto investiga uma amostra de 99,9% dos casos possíveis.

Viés: determinado ponto de vista ou entendimento prévio que, aplicado a um determinado estudo sociológico, recorta ou delimita os fatos observados para construir uma narrativa preconcebida sobre tais fatos.

Vanguarda: grupo artístico ou intelectual que se coloca à frente de seu tempo, seja por apresentar ideias ou costumes que ainda não se tornaram consenso, seja por defender determinada perspectiva política dominada em certo contexto.

referências

ABREU, A. A. de. A ação política dos intelectuais do ISEB. In: TOLEDO, C. N. de (Org.). **Intelectuais e política no Brasil**: a experiência do ISEB. Rio de Janeiro: Revan, 2005. p. 97-117.

ADUSP – Associação dos Docentes da USP. **O controle ideológico na USP**: 1964-1978. São Paulo, 2004.

AGÊNCIA BRASIL. **Manifestantes protestam no Congresso Nacional**. 17 jun. 2013. Disponível em: <http://memoria.ebc.com.

br/agenciabrasil/galeria/2013-06-17/manifestantes-protestam-no-congresso-nacional>. Acesso em: 18 ago. 2019.

ALMEIDA, M. L. de; LARANGEIRA, S. M. G. Tendências do mercado para os anos 90: estudo comparativo das regiões metropolitanas de São Paulo e de Porto Alegre. **Revista de Indicadores Econômicos da FEE**, Porto alegre, v. 24, n. 3, p. 264-280, 1996. Disponível em: <https://revistas.fee.tche.br/index.php/indicadores/article/viewFile/1242/1598>. Acesso em: 18 ago. 2019.

AS IMAGENS marcantes de Evandro Teixeira feitas em 1968. **O Globo**, 2 abr. 2017. Disponível em: <https://oglobo.globo.com/cultura/revista-da-tv/as-imagens-marcantes-de-evandro-teixeira-feitas-em-1968-21143306>. Acesso em: 18 ago. 2019.

BARRUCHO, L. 50 anos do AI-5: os números por trás do 'milagre econômico' da ditadura no Brasil. **BBC News Brasil**, 13 dez. 2018. Disponível em: <https://www.bbc.com/portuguese/brasil-45960213>. Acesso em: 18 ago. 2019.

BARTH, F. **Ethnic Groups and Boundaries**: the Social Organization of Culture Difference. Boston: Little, Brown, and Co., 1969.

BASTIDE, R. **As religiões africanas no Brasil**: contribuição para uma sociologia das interpenetrações de civilizações. São Paulo: Pioneira, 1985. v. I e II.

BASTIDE, R.; FERNANDES, F. **Brancos e negros em São Paulo**: ensaio sociológico sobre aspectos da formação, manifestações atuais e efeitos do preconceito de cor na sociedade paulistana. 4. ed. São Paulo: Global, 2008.

BIELSCHOWSKY, R. **Cinquenta anos de pensamento na CEPAL**. Rio de Janeiro/São Paulo: Record, 2000. v. I.

BIELSCHOWSKY, R. **Pensamento econômico brasileiro**: o ciclo ideológico do desenvolvimento. Rio de Janeiro: Contraponto, 1988.

BLUMER, H. Preconceito de raça como sentido de posição de grupo. **Plural**: Revista do Programa de Pós-Graduação em Sociologia da USP, São Paulo, v. 20, n. 1, p. 145-154, 2013. Disponível em: <http://www.revistas.usp.br/plural/article/download/74426/78050>. Acesso em: 18 ago. 2019.

BRAGA, M. L. de S. A recepção do pensamento de Roger Bastide no Brasil. **Sociedade e Estado**, Brasília, v. 15, n. 2, p. 331-360, 2000.

BRAGA, R. **A política do precariado**: do populismo à hegemonia lulista. São Paulo: Boitempo, 2012.

BRASIL. Câmara dos Deputados. **Deputados constituintes**. Disponível em: <http://www2.camara.leg.br/atividade-legislativa/legislacao/Constituicoes_Brasileiras/constituicao-cidada/constituintes/parlamentaresconstituintes/deputados-constituintes>. Acesso em: 18 ago. 2019a.

BRASIL. Decreto n. 91.861, de 1º de novembro de 1985. **Diário Oficial da União**, Poder Executivo, Brasília, DF, 4 nov. 1985. Disponível em: <https://www2.camara.leg.br/legin/fed/decret/1980-1987/decreto-91861-1-novembro-1985-442031-publicacao original-1-pe.html>. Acesso em: 18 ago. 2019.

BRASIL. Ministério do Trabalho e Emprego. Cadastro Geral de Empregados e Desempregados. **Acesso ao sistema**. Disponível em: <http://bi.mte.gov.br/bgcaged/>. Acesso em: 18 ago. 2019b.

BRESSER-PEREIRA, L. C. O conceito de desenvolvimento do ISEB rediscutido. **Dados**, Rio de Janeiro, v. 47, n. 1, p. 49-84, 2004. Disponível em: <http://www.scielo.br/pdf/dados/v47n1/a02v47n1.pdf>. Acesso em: 18 ago. 2019.

CAMPOS, P. H. P. Empresariado e ditadura no Brasil: o estado atual da questão e o caso dos empreiteiros de obras públicas. **Revista Transversos**, Rio de Janeiro, n. 12, p. 335-358, abr. 2018. Disponível em: <https://www.e-publicacoes.uerj.br/index.php/transversos/article/download/33710/23909>. Acesso em: 18 ago. 2019.

CARDOSO, L. **O branco "invisível"**: um estudo sobre a emergência da branquitude nas pesquisas sobre as relações raciais no Brasil (1957-2007). 232 f. Dissertação (Mestrado em Sociologia) – Centro de Estudos Sociais, Universidade de Coimbra, Coimbra, Portugal, 2008.

CARONE, I.; BENTO, M. A. da S. (Org.). **Psicologia social do racismo**. Petrópolis, RJ: Vozes, 2002.

CAVALCANTI, M. L. V. de C. Oracy Nogueira: esboço de uma trajetória intelectual. **História, Ciências, Saúde – Manguinhos**, Rio de Janeiro, v. 2, n. 2, p. 119-134, jul./out. 1995. Disponível em: <http://www.scielo.br/pdf/hcsm/v2n2/a09v2n2.pdf>. Acesso em: 18 ago. 2019.

CELESTE FILHO, M. Os primórdios da Universidade de São Paulo. **Revista Brasileira de História da Educação**, n. 19, p. 187-204, jan./abr. 2009. Disponível em: <https://edisciplinas.usp.br/pluginfile.php/4147971/mod_resource/content/1/texto%20base%20os%20primordios%20da%20usp.pdf>. Acesso em: 18 ago. 2019.

COSTA PINTO, L. de A. **O negro no Rio de Janeiro**: relações de raças numa sociedade em mudança. Rio de Janeiro: Ed. da UFRJ, 1998.

COSTA, S. O Brasil de Sérgio Buarque de Holanda. **Sociedade e Estado**, Brasília, v. 29, n. 3, p. 823-839, set./dez. 2014. Disponível em: <http://www.scielo.br/pdf/se/v29n3/a08v29n3.pdf>. Acesso em: 18 ago. 2019.

CRENSHAW, K. Mapping the Margins: Intersectionality, Identity Politics, and Violence against Women of Color. **Stanford Law Review**, v. 43, n. 6, p. 1241-1299, July 1991. Disponível em: <https://alexy.asian.lsa.umich.edu/courses/readings/Crenshaw_Mapping%20the%20Margins.pdf>. Acesso em: 18 ago. 2019.

CUNHA, E. da. **Os sertões**. São Paulo: Três, 1984.

DOMINGUES, P. Movimento negro brasileiro: alguns apontamentos históricos. **Tempo**, Niterói, v. 12, n. 23, p. 100-122, 2007. Disponível em: <http://www.scielo.br/pdf/tem/v12n23/v12n23a07.pdf>. Acesso em: 18 ago. 2019.

DURKHEIM, E. **As formas elementares da vida religiosa**. São Paulo: M. Fontes, 1996.

EL-DINE, L. R. Z. Eugenia e seleção imigratória: notas sobre o debate entre Alfredo Ellis Junior, Oliveira Vianna e Menotti Del Picchia, 1926. **História, Ciências, Saúde - Manguinhos**, Rio de Janeiro, v. 23, p. 243-252, dez. 2016. Disponível em: <http://www.scielo.br/pdf/hcsm/v23s1/0104-5970-hcsm-23-s1-0243.pdf>. Acesso em: 18 ago. 2019.

FAORO, R. **Os donos do poder**: formação do patronato político brasileiro. São Paulo: Global, 2008.

FERNANDES, F. **A integração do negro na sociedade de classes**. São Paulo: Globo, 2008. v. I e II.

FERNANDES, F. A percepção popular da Assembleia Nacional Constituinte. **Estudos Avançados**, São Paulo, v. 2, n. 2, p. 86-88, 1988. Disponível em: <http://www.scielo.br/pdf/ea/v2n2/v2n2a10.pdf>. Acesso em: 18 ago. 2019.

FERNANDES, F. **A sociologia no Brasil**. Petrópolis: Vozes, 1977.

FERNANDES, F. **Fundamentos empíricos da explicação sociológica**. São Paulo: Companhia Editora Nacional, 1959.

FERNANDES, F. **O negro no mundo dos brancos**. 2. ed. São Paulo: Global, 2007.

FERNANDES, F. **O PT em movimento**: contribuição ao I Congresso do Partido dos Trabalhadores. São Paulo: Cortez/Autores Associados, 1991.

FLORESTAN, eleito pelas "bases do PT". **Jornal do Senado**, 1987. Disponível em: <http://www2.senado.leg.br/bdsf/bitstream/handle/id/115959/1987_05%20a%2008%20de%20fevereiro_104b.pdf?sequence=1>. Acesso em: 18 ago. 2019.

FONTANA, F. O diagnóstico sobre o Brasil: Oliveira Vianna e a sua primeira grande contribuição à ciência política brasileira. **Revista Florestan**, São Carlos, n. 1, p. 116-125, 2014. Disponível em: <http://www.revistaflorestan.ufscar.br/index.php/Florestan/article/download/21/pdf_7>. Acesso em: 18 ago. 2019.

FREYRE, G. **Casa-grande & senzala**: formação da família brasileira sob o regime da economia patriarcal. 42. ed. Rio de Janeiro: Record, 2001. (Série Introdução à História da Sociedade Patriarcal no Brasil, v. I).

FREYRE, G. **Ordem e progresso**. São Paulo: Global, 2004a. (Série Introdução à História da Sociedade Patriarcal no Brasil, v. III).

FREYRE, G. **Sobrados e mucambos**. São Paulo: Global, 2004b. (Série Introdução à História da Sociedade Patriarcal no Brasil, v. II).

FURTADO, C. **Formação econômica do Brasil**. São Paulo: Companhia Editora Nacional, 1982.

GODOY, J. M. T.; CARVALHO, M. G. de. Roger Bastide e a abordagem acadêmica da vida religiosa no Brasil. **Caminhando,**

v. 20, n. 1, p. 65-88, jan./jun. 2015. Disponível em: <https://www.metodista.br/revistas/revistas-ims/index.php/Caminhando/article/viewFile/6022/5038>. Acesso em: 18 ago. 2019.

GOLDMAN, M. Cavalo dos deuses: Roger Bastide e as transformações das religiões de matriz africana no Brasil. **Revista de Antropologia**, São Paulo, v. 54, n. 1, p. 407-432, 2011. Disponível em: <https://www.revistas.usp.br/ra/article/download/38604/41451>. Acesso em: 18 ago. 2019.

GONZALEZ, L. Por um feminismo afro-latino-americano. **Caderno de Formação Política do Círculo Palmarino**, n. 1, p. 12-20, 2001. Disponível em: <https://edisciplinas.usp.br/pluginfile.php/271077/mod_resource/content/1/Por%20um%20feminismo%20Afro-latino-americano.pdf>. Acesso em: 18 ago 2019.

GUIMARAES, A. S. A. Como trabalhar com "raça" em sociologia. **Educação e Pesquisa**, São Paulo, v. 29, n. 1, p. 93-107, 2003. Disponível em: <http://www.scielo.br/pdf/ep/v29n1/a08v29n1.pdf>. Acesso em: 18 ago. 2019.

GUIMARAES, A. S. A. Preconceito de cor e racismo no Brasil. **Revista de Antropologia**, São Paulo, v. 47, n. 1, p. 9-43, 2004. Disponível em: <http://www.scielo.br/pdf/ra/v47n1/a01v47n1.pdf>. Acesso em: 28 fev. 2019.

GUIMARAES, A. S. A. Sociologia e natureza: classes, raças e sexos. In: ABREU, A. R. de P.; HIRATA, H.; LOMBARDI, M. R. (Org.). **Gênero e trabalho no Brasil e na França**: perspectivas interseccionais. São Paulo: Boitempo, 2016. p. 27-36.

GUTMAN, G. Raça e psicanálise no Brasil. O ponto de origem: Arthur Ramos. **Revista Latinoamericana de Psicopatologia Fundamental**, São Paulo, v. 10, n. 4, p. 711-728, dez. 2007.

Disponível em: <http://www.scielo.br/pdf/rlpf/v10n4/a14v10n4.pdf>. Acesso em: 18 ago. 2019.

HASENBALG, C. **Discriminação e desigualdades raciais no Brasil**. Rio de Janeiro, Graal, 1979.

HASENBALG, C.; SILVA, N. do V. Educação e diferenças raciais na mobilidade ocupacional no Brasil. In: ENCONTRO ANUAL DA ANPOCS, 22., 1998, Caxambu. **Anais**...Caxambu: Anpocs, 1998. Disponível em: <https://www.anpocs.com/index.php/encontros/papers/22-encontro-anual-da-anpocs/gt-20/gt03-6/5050-chasenbalg-ndovalle-educacao/file>. Acesso em: 18 ago. 2019.

HOLANDA, S. B. de. **Raízes do Brasil**. 26. ed. São Paulo: Companhia das Letras, 1995.

IBGE – Instituto Brasileiro de Geografia e Estatística. SIDRA – Sistema IBGE de Recuperação Automática. **Censo Demográfico 2010**. Disponível em: <https://sidra.ibge.gov.br/pesquisa/censo-demografico/demografico-2010/inicial>. Acesso em: 18 ago. 2019a.

IBGE – Instituto Brasileiro de Geografia e Estatística. **Contas Nacionais Trimestrais**. Disponível em: <https://sidra.ibge.gov.br/pesquisa/cnt/tabelas>. Acesso em: 18 ago. 2019b.

IBGE – Instituto Brasileiro de Geografia e Estatística. **Pesquisa Mensal de Emprego**: motivação para a revisão da pesquisa. Disponível em: <https://sidra.ibge.gov.br/pesquisa/pme/quadros/total-das-areas/fevereiro-2016>. Acesso em: 18 ago. 2019c.

JUVENTUDE no Estado Novo: textos do Presidente Getúlio Vargas, extraídos de discursos, manifestos e entrevistas a imprensa, A. Rio de Janeiro: DIP, 1937-1945. Disponível em: http://www.fgv.br/cpdoc/acervo/arquivo-pessoal/GV/impresso/juventudeno-estado-novo-textos-do-presidente-getulio-vargas-extraidos-de-discursos-manifestos-e-entrevistas-a-imprensa-a. Acesso em: 30 ago. 2019.

KERGOAT, D. Dinâmica e consubstancialidade das relações sociais. **Novos Estudos**, São Paulo, n. 86, p. 93-103, mar. 2010. Disponível em: <http://www.scielo.br/pdf/nec/n86/n86a05.pdf>. Acesso em: 18 ago. 2019.

LIMA, M. O legado de Oracy Nogueira ao estudo das relações raciais. **Tempo Social**, São Paulo, v. 19, n. 1, p. 283-285, 2007. Disponível em: <http://www.scielo.br/pdf/ts/v19n1/a14v19n1.pdf>. Acesso em: 18 ago. 2019.

LIMONGI, F. A Escola Livre de Sociologia e Política em São Paulo. In: MICELI, S. (Org.). **História das ciências sociais no Brasil**. São Paulo: Vértice/Idesp/Finep, 1989a. p. 217-233. v. I.

LIMONGI, F. Mentores e clientelas da Universidade de São Paulo. In: MICELI, S. (Org.). **História das Ciências Sociais no Brasil**. São Paulo: Vértice/Idesp/Finep, 1989b. v. I. p. 111-187

LYNCH, C. E. C. Ascensão, fastígio e declínio da "Revolução Judiciarista". **Insight Inteligência**, n. 79, p. 158-168, out./dez. 2017.

MAIO, M. C. O Projeto Unesco e a agenda das ciências sociais no Brasil dos anos 40 e 50. **Revista Brasileira de Ciências Sociais**, v. 14, n. 41, p. 141-158, out. 1999. Disponível em: <http://www.scielo.br/pdf/rbcsoc/v14n41/1756.pdf>. Acesso em: 18 ago. 2019.

MAIO, M. C.; LOPES, T. da C. Entre Chicago e Salvador: Donald Pierson e o estudo das relações raciais. **Estudos Históricos**, Rio de Janeiro, v. 30, n. 60, p. 115-140, jan. abr. 2017. Disponível em: <http://www.scielo.br/pdf/eh/v30n60/0103-2186-eh-30-60-0115.pdf>. Acesso em: 18 ago. 2019.

MAIO, M. C.; OLIVEIRA, N. da S.; LOPES, T. da C. Donald Pierson e o Projeto do Vale do Rio São Francisco: cientistas sociais em ação na era do desenvolvimento. **Dados**, Rio de Janeiro, v. 56, n. 2, p. 245-284, 2013. Disponível em: <http://www.scielo.br/pdf/dados/v56n2/01.pdf>. Acesso em: 18 ago. 2019.

MARQUES, J. Para maioria da população, golpe de 1964 deveria ser desprezado, diz Datafolha. **Folha de S.Paulo**, 6 abr. 2019. Disponível em: <https://www1.folha.uol.com.br/poder/2019/04/para-maioria-da-populacao-golpe-de-1964-deveria-ser-desprezado-diz-datafolha.shtml>. Acesso em: 18 ago. 2019.

MARTINS, C. B. A reforma universitária de 1968 e a abertura para o ensino superior privado no Brasil. **Educação & Sociedade**, Campinas, v. 30, n. 106, p. 15-35, jan./abr. 2009. Disponível em: <http://www.scielo.br/pdf/es/v30n106/v30n106a02.pdf>. Acesso em: 18 ago. 2019.

MELO, D. B. de. Ditadura "civil-militar"?: controvérsias historiográficas sobre o processo político brasileiro no pós-1964 e os desafios do tempo presente. **Espaço Plural**, Marechal Cândido Rondon, n. 27, p. 39-53, 2012. Disponível em: <http://e-revista.unioeste.br/index.php/espacoplural/article/download/8574/6324>. Acesso em: 18 ago. 2019.

MOTTA, L. E. P. O ISEB no banco dos réus. **Comum**, Rio de Janeiro, v. 5, n. 15, p. 119-145, 2000.

MÜLLER, T.; CARDOSO, L. (Org.). **Branquitude**: estudos sobre a identidade branca no Brasil. Curitiba: Appris, 2017.

MUNANGA, K. As facetas de um racismo silenciado. In: SCHWARCZ, L. M.; QUEIROZ, R. S. (Org.). **Raça e diversidade**. São Paulo: Edusp; Estação Ciência, 1996. p. 213-229.

NASCIMENTO, A. F. do. **A questão indígena no livro escolar no Estado Novo (1937-1945)**. 62 f. Trabalho de Conclusão de Curso

(Graduação em Pedagogia) – Universidade do Extremo Sul Catarinense, Criciúma, 2010. Disponível em: <http://repositorio.unesc.net/bitstream/1/86/1/Alessandra%20Felisberto%20do%20Nascimento.pdf>. Acesso em: 18 ago. 2019.

NERI, M.; CAMARGO, J. M.; REIS, M. C. Mercado de trabalho nos anos 90: fatos estilizados e interpretações. **Texto para Discussão**, n. 743, Rio de Janeiro/Brasília: Ipea, 2000.

NOGUEIRA, O. **Negro político, político negro**: a vida do Dr. Alfredo Casemiro da Rocha, parlamentar da República Velha. São Paulo: Edusp, 1992.

NOGUEIRA, O. **Preconceito de marca**: as relações raciais em Itapetininga. São Paulo: Edusp, 1998.

NOGUEIRA, O. Preconceito racial de marca e preconceito racial de origem: sugestão de um quadro de referência para a interpretação do material sobre relações raciais no Brasil. **Tempo Social**, São Paulo, v. 19, p. 287-308, 2006. Disponível em: <http://www.scielo.br/pdf/ts/v19n1/a15v19n1.pdf>. Acesso em: 18 ago. 2019.

OLIVEIRA, A. S. de. Roger Bastide e a identidade nagocêntrica. **Sankofa**: Revista de História da África e de Estudos da Diáspora Africana, São Paulo, n. 2, p. 81-96, 2008. Disponível em: <http://www.revistas.usp.br/sankofa/article/view/88732/91628>. Acesso em: 18 ago. 2019.

OLIVEIRA, F. de.; BRAGA, R.; RIZEK, C. S. (Org.). **Hegemonia às avessas**: economia, política e cultura na era da servidão financeira. São Paulo: Boitempo, 2010.

OLIVEIRA, F. de. **Crítica à razão dualista/O ornitorrinco**. São Paulo: Boitempo, 2003.

OLIVEIRA, F. de. **Elegia para uma re(li)gião**: SUDENE, Nordeste – planejamento e conflito de classes. 2. ed. Rio de Janeiro: Paz e Terra, 1977.

OLIVEIRA, L. L. de. Donald Pierson e a sociologia no Brasil. **BIB**, Rio de Janeiro, n. 23, p. 35-48, 1987. Disponível em: <https://www.anpocs.com/index.php/bib-pt/bib-23/388-donald-pierson-e-a-sociologia-no-brasil/file>. Acesso em: 18 ago. 2019.

OLIVEIRA, M. M. de. **O "Professor Florestan" e as lições que o PT esqueceu**. 2005. Disponível em: <http://www.achegas.net/numero/vinteedois/marcos_oliveira_22.htm>. Acesso em: 18 ago. 2019.

PAIXÃO, M. **Desenvolvimento humano e relações raciais**. Rio de Janeiro: DP&A, 2003.

PEREIRA, A. E. Organização, estrutura e trajetória do ISEB. In: TOLEDO, C. N. de (Org.). **Intelectuais e política no Brasil**: a experiência do ISEB. Rio de Janeiro: Revan, 2005. p. 253-260.

PIERSON, D. **Cruz das almas**. Rio de Janeiro: J. Olympio, 1966. (Coleção Documentos Brasileiros, v. 124).

PIERSON, D. **O homem no Vale do São Francisco**. Rio de Janeiro: Suvale, 1972.

PINHEL, A. M. Identidades e identificações. In: COSTA, H.; SILVA, P. V. B. da (Org.). **África da e pela diáspora**: pontos para a educação das relações étnico-raciais. Curitiba: Neab/UFPR, 2013. p. 41-51

PINHEL, A. M. **Negritude e miscigenação nos concursos de beleza afro de Campo Largo – Paraná**. 217 f. Dissertação (Mestrado em Antropologia Social) – Universidade Federal do Paraná, Curitiba, 2012.

PINHEL, A. M.; COSTA, H.; SILVEIRA, M. S. da (Org.). **Uma década de políticas afirmativas**: panorama, argumentos e resultados. Ponta Grossa: Ed. da UEPG, 2012.

POLÍCIA prende suspeitos de matar Marielle Franco e Anderson Gomes. **Congresso em Foco**, 12 mar. 2019. Disponível em: <https://congressoemfoco.uol.com.br/especial/noticias/policia-prende-suspeitos-de-matar-marielle-franco-e-anderson-gomes>. Acesso em: 18 ago. 2019.

PORTAL BRASIL. **IGP – Índice Geral de Preços**. Disponível em: <http://www.portalbrasil.net/igp.htm>. Acesso em: 19 jan. 2019.

PRADO JÚNIOR, C. **Formação do Brasil contemporâneo**. São Paulo: Brasiliense, 1972.

PREBISCH, R. O desenvolvimento econômico da América Latina e alguns de seus principais problemas. **Revista Brasileira de Economia**, v. 3, n. 3, p. 47-111, 1949. Disponível em: <http://bibliotecadigital.fgv.br/ojs/index.php/rbe/article/view/2443/1767>. Acesso em: 18 ago. 2018.

QUEIRÓZ, M. I. P. de. Roger Bastide, professor da Universidade de São Paulo. **Estudos Avançados**, São Paulo, v. 8, n. 22, p. 215-220, 1994. Disponível em: <http://www.scielo.br/pdf/ea/v8n22/23.pdf>. Acesso em: 18 ago. 2019.

RAMOS, A. G. Apresentação. In: RANGEL, I. **A dualidade básica da economia brasileira**. 2. ed. [S.l.]: Instituto Ignácio Rangel, 1999. (Textos Brasileiros de Economia).

RAMOS, A. G. **A redução sociológica**: introdução ao estudo da razão sociológica. Rio de Janeiro: MEC/Iseb, 1958.

RAMOS, A. G. Patologia social do branco brasileiro. In: RAMOS, A. G. **Documentos de uma sociologia militante**. Rio de Janeiro: Ed. da UFRJ, 1995. p. 214-240.

RANGEL, I. **A dualidade básica da economia brasileira**. 2. ed. [S.l.]: Instituto Ignácio Rangel, 1999. (Textos Brasileiros de Economia).

RATTS, A. As amefricanas: mulheres negras e feminismo na trajetória de Lélia Gonzalez. In: FAZENDO GÊNERO, 9, 2010, Florianópolis. **Anais**... Florianólis: UFSC, 2010. Disponível em <http://fazendogenero.ufsc.br/9/resources/anais/1278274787_ARQUIVO_Asamefricanas.pdf>. Acesso em: 18 jan. 2019.

RATTS, A.; RIOS, F. **Lélia Gonzalez**. São Paulo: Selo Negro, 2010. (Coleção Retratos do Brasil Negro).

REGO, W. D. L.; PINZANI, A. Liberdade, dinheiro e autonomia: o caso da Bolsa Família. **Revista de Ciências Sociais Política & Trabalho**, ano 35, n. 38, p. 21-42, 2013a. Disponível em: <http://www.periodicos.ufpb.br/ojs/index.php/politicaetrabalho/article/download/15029/9376>. Acesso em: 18 ago. 2019.

REGO, W. D. L. **Vozes do Bolsa Família**: autonomia, dinheiro e cidadania. São Paulo: Unesp, 2013b.

REIS, D. A. **Ditadura e democracia no Brasil**: do golpe de 1964 à Constituição de 1988. Rio de Janeiro: Zahar, 2014.

REZENDE, M. J. de. Os sertões e os (des)caminhos da mudança social no Brasil. **Tempo Social**, São Paulo, v. 13, n. 2, p. 201-226, nov. 2001. Disponível em: <http://www.scielo.br/pdf/ts/v13n2/v13n2a11.pdf>. Acesso em: 18 ago. 2019.

RICUPERO, B. Celso Furtado e o pensamento social brasileiro. **Estudos Avançados**, São Paulo, n. 19, v. 53, p. 371-377, 2005. Disponível em: <http://www.scielo.br/pdf/ea/v19n53/24100.pdf>. Acesso em: 18 ago. 2019.

ROCK, E. Crime vai e vem. Intérprete: Racionais Mc's. **Nada como um dia após o outro**. São Paulo: Cosa Nostra, 2002. 1 LP. Lado B. Faixa 3.

RODRIGUES, R. N. **Os africanos no Brasil**. 4. ed. São Paulo: Companhia Editora Nacional, 1976.

SCHUCMAN, L. V. **Entre o "encardido", o "branco" e o "branquíssimo"**: raça, hierarquia e poder na construção da branquitude paulistana. 122 f. Tese (Doutorado em Psicologia) – Universidade de São Paulo, São Paulo, 2012.

SCHWARCZ, L. M.; BOTELHO, A. Cinco questões sobre o pensamento social brasileiro. **Lua Nova**, São Paulo, n. 82, p. 139-159, 2011. Disponível em: <http://www.scielo.br/pdf/ln/n82/a07n82.pdf>. Acesso em: 18 ago. 2019.

SENKEVICS, A. A cor e a raça nos censos demográficos nacionais. **Ensaios de Gênero**, 13 fev. 2015.

SILVA, R. Liberalismo e democracia na sociologia política de Oliveira Vianna. **Sociologias**, Porto Alegre, ano 10, n. 20, p. 238-269, jul./dez. 2008. Disponível em: <http://www.scielo.br/pdf/soc/n20/a11n20.pdf>. Acesso em: 18 ago. 2019.

SINGER, A. Cutucando onças com varas curtas: o ensaio desenvolvimentista no primeiro mandato de Dilma Rousseff (2011-2014). **Novos Estudos**, n. 102, p. 39-67, jul. 2015. Disponível em: <http://www.adcefetrj.org.br/arquivos/13_10_15_01.pdf>. Acesso em: 18 ago. 2019.

SINGER, A. **Esquerda e direita no eleitorado brasileiro**: a identificação ideológica nas disputas presidenciais de 1989 e 1994. São Paulo: Edusp, 2000.

SINGER, A. **Os sentidos do lulismo**: reforma gradual e pacto conservador. São Paulo: Companhia das Letras, 2012.

SORÁ, G. A construção sociológica de uma posição regionalista: reflexões sobre a edição e recepção de *Casa Grande e Senzala* de Gilberto Freyre. **Revista Brasileira de Ciências Sociais**, São

Paulo, v. 13, n. 36, p. 1-22, fev. 1998. Disponível em: <http://www.scielo.br/pdf/rbcsoc/v13n36/36sora.pdf>. Acesso em: 18 ago. 2019.

SOUZA, J. **A construção social da subcidadania**: para uma sociologia política da modernidade periférica. Belo Horizonte: Ed. da UFMG, 2003.

SOUZA, J. **A elite do atraso**: da escravidão à Lava-Jato. Rio de Janeiro: Leya, 2017.

SOUZA, J. **A radiografia do golpe**: entenda como e por que você foi enganado. Rio de Janeiro: Leya, 2016.

SOUZA, J. (Coord.). **A ralé brasileira**: quem é e como vive. Belo Horizonte: Ed. da UFMG, 2009.

SOVIK, L. **Aqui ninguém é branco**. Rio de Janeiro: Aeroplano, 2009.

SPIRANDELLI, C. C. Professoras, cátedras e o ensino de sociologia na USP: anos 1940-1960. **Revista Brasileira de Sociologia**, v. 2, n. 3, 2014.

TELLES, E. **Racismo à brasileira**: uma nova perspectiva sociológica. Rio de Janeiro: Relume-Dumará/Fundação Ford, 2000.

TOLEDO, C. N. de. **ISEB**: fábrica de ideologias. Campinas: Ed. da Unicamp, 1997.

TOLEDO, C. N. de (Org.). **Intelectuais e política no Brasil**: a experiência do ISEB. Rio de Janeiro: Revan, 2005.

VIANNA, F. J. de O. **Populações meridionais do Brasil**. Brasília: Senado Federal, 2005.

WARE, V. (Org.). **Branquidade**: identidade branca e multiculturalismo. Rio de Janeiro: Garamond, 2004.

bibliografia comentada

ARAÚJO, R. B. de. **Guerra e paz**: *Casa-grande & senzala* e a obra de Gilberto Freyre nos anos 30. São Paulo: Ed. 34, 2005.

O foco desse livro é a análise de *Casa-grande & senzala*, famosa obra de Gilberto Freyre situada no contexto das publicações do sociólogo nos anos 1930. A obra está dividida em duas partes: na primeira, o autor elenca os principais argumentos de *Casa-grande & senzala* e, na segunda, relaciona esses argumentos com as demais publicações do período, levantando questões paralelas à já conhecida interpretação de Freyre quanto à sociedade colonial brasileira.

BVPS – Biblioteca Virtual do Pensamento Social. Disponível em: <http://bvps.fiocruz.br/>. Acesso em: 18 ago. 2019.

Trata-se de um portal idealizado e mantido por um grupo de acadêmicos e instituições de pesquisa. Visa reunir, classificar e disponibilizar a produção científica sobre o pensamento social brasileiro. Apresenta fichas com informações básicas sobre intérpretes do Brasil e uma biblioteca temática com textos completos para baixar.

BOTELHO, A.; SCHWARCZ, L. M. (Org.). **Agenda brasileira**: temas de uma sociedade em mudança. São Paulo: Companhia das Letras, 2011.

Organizado por dois grandes especialistas no pensamento social brasileiro, o livro ***Agenda brasileira: temas de uma sociedade em mudança*** é um ótimo complemento ao Capítulo 5 desta obra. Embora tenha sido publicado há alguns anos, oferece um panorama único da produção recente das ciências sociais no país, partindo de um ponto de vista amplo. Em capítulos curtos, escritos pelos maiores expoentes em suas áreas, aborda temas como política, cultura, arte, religião e justiça.

BRANDÃO, G. M. **Linhagens do pensamento político brasileiro.** São Paulo: Hucitec, 2007.

Esse é um livro denso, que busca identificar as "famílias intelectuais" no Brasil, com foco no pensamento político, mais do que propriamente no pensamento social.

IANNI, O. **Pensamento social no Brasil**. São Paulo: Edusc, 2004.

Essa obra é uma referência interessante para pensar certos "climas" que influem sobre a produção acadêmica responsável por pensar o Brasil. O livro congrega artigos publicados pelo autor ao longo de diversas fases de sua carreira, organizados de forma temática, e não cronológica. Recomendamos especificamente o Capítulo 3: "Tipos e mitos do pensamento social brasileiro", que oferece um esquema analítico para situar os principais intérpretes do pensamento social brasileiro segundo suas conjunturas políticas e sociais.

MICELI, S. (Org.). **História das ciências sociais no Brasil**. São Paulo: Vértice/Idesp/Finep, 1989. 2 v.

Trata-se de dois volumes sobre a história das ciências sociais, seus principais intelectuais e instituições. Esse livro foi consultado principalmente para a elaboração do Capítulo 2 de nossa obra, embora contribua para conhecermos os bastidores da consolidação da Sociologia como disciplina acadêmica para além da Escola Paulista.

ORTIZ, R. **Cultura brasileira e identidade nacional**. São Paulo: Brasiliense, 1985.

Esse estudo clássico revisita diferentes momentos de formulação da identidade nacional, seguindo uma divisão parecida com a que adotamos neste livro. Traz um capítulo sobre o Instituto Superior de Estudos Brasileiros (Iseb), analisado do ponto de vista da cultura. É um interessante complemento ao Capítulo 3 de nosso livro, em que adotamos o ponto de vista da política.

SENTO-SÉ, J. T.; PAIVA, V. (Org.). **Pensamento social brasileiro**. São Paulo: Cortez, 2005.

Esse livro consiste em uma coletânea de artigos de comentadores de alguns dos principais intelectuais do pensamento social brasileiro, oferecendo um panorama introdutório para muitos pensadores que não foram tratados com profundidade em nossa obra. Inclui duas entrevistas transcritas com Cesar Guimarães e Luiz Jorge Werneck Vianna.

respostas

CAPÍTULO 1

Atividades de autoavaliação

1. d
2. b
3. d

4. d
5. c

CAPÍTULO 2

Atividades de autoavaliação

1. d
2. b
3. d
4. a
5. a

CAPÍTULO 3

Atividades de autoavaliação

1. d
2. a
3. b
4. c
5. b

CAPÍTULO 4

Atividades de autoavaliação

1. b
2. d
3. b
4. c
5. c

CAPÍTULO 5

Atividades de autoavaliação

1. b
2. d
3. a
4. c
5. b

sobre os autores

André Marega Pinhel é graduado em Ciências Sociais pela Universidade Federal do Paraná (UFPR) e mestre em Antropologia Social pelo Programa de Pós-Graduação em Sociologia da mesma universidade (PPGS/UFPR). Atualmente, cursa o doutorado em Sociologia pela Universidade de São Paulo (USP) e é pesquisador associado ao Departamento Intersindical de Estatística e Estudos Socioeconômicos (Dieese). Tem se concentrado no estudo das relações raciais e das políticas de cotas universitárias. Mais recentemente, iniciou pesquisa sobre políticas de ação afirmativa para o ingresso na carreira pública. Trabalha com uma variedade de métodos de pesquisa, como a abordagem etnográfica e análises quantitativas das principais bases de estudo demográfico e do mercado de trabalho.

Benno Warken Alves é sociólogo, graduado em Ciências Sociais pela Universidade Federal do Paraná (UFPR), mestre e doutor pela Universidade de São Paulo (USP). Atualmente, pesquisa a construção das raças e do racismo de um ponto de vista histórico, atentando especialmente para a relação entre região, nação e racismo no Sul do Brasil no período posterior à Segunda Guerra. Tem interesse no estudo dos problemas e métodos da sociologia histórica e da sociologia política.

Impressão: